CW00970108

COLLECTION POÉSIE

Anthologie de la poésie russe

Édition de Katia Granoff
Préface de Brice Parain

GALLIMARD

Cette anthologie, qui a paru pour la première fois en 1961 aux Éditions Gallimard, a été revue et complétée en 1974 et en 1980 chez Christian Bourgois.

Au souvenir d'Eudoxie et de Théodore Granoff,
mes parents.

NOTE DE L'AUTEUR

Bien que profondément révolutionnaire, quant au fond, la poésie moderne russe obéit, quant à la forme, à sa prosodie qui est une émanation naturelle du langage et de l'âme russes.

La présente anthologie en vers rimés et rythmés n'est que le fidèle miroir de cette poésie, essentiellement humaine, écrite avec le sang de poètes qui, pour la plupart, ont eu un destin tragique.

Batiouchkov tente de se suicider et, mort-vivant, termine ses jours dans la folie. *Riléev,* chef décembriste, est exécuté par pendaison à trente et un ans. *Pouchkine* et *Lermontov* périssent en des duels qui ressemblent étrangement à des guets-apens : l'un à trente-sept ans, l'autre à vingt-sept. *Odoïevski* meurt peu après son retour des bagnes de Sibérie à trente-sept ans. *Koltzov* disparaît à trente-trois ans, victime d'un milieu ignorant et cruel. *Pletchéev* connaît les bagnes de Sibérie. *Feth* se tue. *Balmont* tente de se suicider à vingt-deux ans et *Gorki* à vingt ans. *Blok* meurt d'épuisement moral et physique à quarante et un ans. *Khlebnikov* succombe aux épreuves matérielles du début de la révolution à trente-sept ans. *Goumilev* est fusillé à trente-cinq ans. *Kluev* meurt dans le train qui le ramène de Sibérie. *Mandelstam* disparaît en déportation. *Zvétaéva* se tue. *Maïakovski* se suicide d'une balle de revolver à trente-six ans. *Essénine* se pend, après s'être coupé les veines, à trente ans.

Ce martyrologe est loin d'être complet.

Divers courants idéologiques se partagent la poésie russe : le *classicisme humanitaire* de Lomonossov et de Derjavine ; l'*héroïsme civique et oratoire* de Riléev ; le *romantisme et le réalisme poétique* de Pouchkine et de Lermontov. Tutchev, l'ancêtre du *symbolisme*, est suivi de Soloviov, Balmont, Blok d'avant les « Douze ». Khlebnikov fonde le *futurisme* russe et rallie Maïakovski, Zvétaéva, Pasternak. Plus tard, Maïakovski crée la nouvelle école du *réalisme socialiste*.

L'inspiration civique anime cette poésie, les sources folkloriques l'alimentent.

Mais quels que soient ses tendances, les climats et les époques dont elle émane, la poésie appartient à l'humanité tout entière. Elle abolit les frontières et porte en elle l'Ame et l'Amour universels.

Les poètes russes, prestigieux traducteurs, ont enrichi leur patrimoine de chefs-d'œuvre étrangers ; je souhaite que les trésors de la poésie russe entrent à leur tour dans le domaine poétique français.

Traductrice-messagère, je voudrais que ces versions françaises des poèmes russes fussent à la fois des traductions littérales et des correspondances lyriques.

Katia Granoff.

PRÉFACE

*On dirait que nos littératures commencent naturellement par la poé-
sie, Homère, la Chanson de Roland, les Nibelungen, les Bylines.
Ensuite textes en prose et poèmes se mélangent pour former ce qu'on
appelle de la civilisation. Mais en Russie, au XVIIIe siècle, il s'est
produit comme une seconde naissance, peut-être sous le choc du contact
avec l'Occident. Après une longue période d'épopées, de chroniques, de
traités, de sermons, de lettres édifiantes, que seules les chansons popu-
laires venaient un peu relever, une véritable et grande littérature s'est
créée, pareille à ce qu'il y avait de mieux chez nous, à partir de la poésie.
Il faut nommer Lomonossov, puisqu'il est le premier écrivain notable de
cette époque. Mais pour nous, de notre lointain, c'est Pouchkine qui est
le symbole de ce merveilleux recommencement, dont la fraîcheur et l'éclat
ne peuvent se comparer qu'à ceux de la jeunesse, lorsqu'elle est saine.
Entre 1790 et 1815, quatre grands poètes viennent au monde là-bas.
Ce sont dans l'ordre chronologique Griboiédov, Pouchkine, Tioutchev
et Lermontov. Trois d'entre eux mourront avant d'avoir vieilli, sans s'être
tués, Griboiédov à trente-quatre ans, assassiné pendant une émeute à
Téhéran, Lermontov et Pouchkine en duel, l'un à vingt-sept ans, l'autre à
trente-huit ans. Cependant, le XVIIIe siècle n'avait inspiré qu'une
seule œuvre en prose importante, l'Histoire de Karamzine, tandis
que Derjavine, I. Koslov, Joukovsky, Batiouchkov fondaient la poésie
russe moderne, avec Lomonossov.
A cette période presque exclusivement poétique, succédera une période
dominée par des prosateurs, les géants de la littérature russe, Gogol, Dos-
toïevski, Tolstoï, Tchekhov et les autres. Il n'y aura parmi eux, pendant
les quarante ou cinquante ans de leur activité, qu'un seul poète de renom,*

Nekrassov, et encore sera-t-il, lui aussi, surtout, un militant du messianisme, comme ses contemporains, les romanciers. La troisième période, celle du symbolisme, fin du XIXe, ressemblera déjà plus à ce qui paraît être l'expression normale d'une civilisation en mouvement : les philosophes, les essayistes, les conteurs seront en même temps de bons poètes, leurs œuvres auront l'allure à la fois véhémente et modeste des artisans consciencieux de la culture. Puis il y aura le renouveau de la poésie provoqué par la révolution, le Blok des Douze *et des* Scythes, *Essénine, Maïakovski, etc.*

Cette majestueuse alternance de la poésie et de la prose au départ correspond sans doute à ce qu'il y a d'entier dans la nature russe. On est là-bas volontiers tout d'une pièce, ou ceci, ou cela, avec passion. Mais elle nous révèle aussi, je crois, les deux instruments majeurs de la sensibilité russe à la recherche de la vérité, le sens de la plénitude dans l'amour et le besoin de lutter pour la justice. Il y a dans tout Russe deux personnes, celle qui n'aime que sa maison et celle qui pourtant s'en va dans la rue pour se battre. La poésie russe exprime surtout l'immobilité, la tiédeur de la vie russe, son attachement aux traditions, à la campagne, au foyer, à l'accord des hommes et des femmes, au bonheur dans la simplicité, les fêtes, le samovar, le romanesque, tandis que la prose est surtout un mouvement de l'esprit messianique. Bien sûr il y a Aksakov pour troubler ce partage, et Pouchkine était aussi un polémiste. Mais l'impression n'en est pas moins nette. La poésie russe, depuis Pouchkine (on pourrait également dire la langue russe, à laquelle la poésie a donné le ton), est faite de mots familiers, de sentiments premiers, elle rencontre la vie de chacun telle que la vie de chacun peut être lorsqu'elle est affinée par la délicatesse. Elle ne cherche pas l'éloquence, ou la hauteur, la puissance non plus, elle parle, tout simplement. En elle ce sont les besoins, les aspirations de l'âme la plus dépouillée qui chantent comme une musique de la mélancolie et de l'innocence. La traduction est difficile. Les vocabulaires ne sont pas les mêmes, parce que les structures de la vie sont différentes. L'homme russe est moins seul que l'homme d'Occident, peut-être parce qu'il est resté plus religieux. Le suicide est une maladie tardive en Russie, à côté de l'Allemagne. Pouchkine estimait que la tâche de l'écrivain est de dire « simplement des choses simples ». C'est probablement cette vérité qui est le ressort de toute la littérature russe de la grande époque. Elle est sans doute aussi la clef de n'importe quelle véritable création poétique. Il n'y a rien de plus simple que l'amour lorsqu'il

14

réussit à s'accomplir. La seule difficulté est dans le prix qu'il faut payer.

Pouchkine, Lermontov, Griboiédov étaient tous trois des libéraux, par conséquent des dandys. Tioutchev, avec sa longue vie et son œuvre peu abondante, est le modèle de la discrétion dans la tristesse d'une existence blessée. L'un est-il le contraire des autres ? Nullement. Le dandysme russe, à la différence de l'occidental, dont il procède en grande partie, n'a jamais rompu avec ce qui est indispensable pour que la vie de chacun ne devienne pas une vie séparée et désespérante. Il ne s'est jamais laissé aller aux humeurs de la morgue, qui ont enfermé chez nous l'homme dans la solitude. Même dans les excès du nihilisme d'avant la révolution, on doit distinguer, il me semble, une sourde constance des passions de l'amour, telles qu'elles étaient définies autrefois. Le poème de Pouchkine, **Eugène Onéguine**, qui est le récit d'un épisode donjuanesque, se termine par une sorte de coup d'arrêt. Tatiana ne sera pas infidèle à son mari. Non pas que ce soit là décision facile. Tatiana ne cache pas quel mal elle lui fait. Mais c'est la seule qui s'accorde avec la vie russe. L'auteur a décrit celle-ci, tout au long de son œuvre, avec une complaisance et un bonheur qui ne laissent aucun doute sur la sincérité de son adoration. Il a tout fait pour que la conduite de Tatiana soit illuminée par une vérité intérieure, et ne puisse passer à aucun moment pour la simple obéissance aux règles de la société. L'image de sa douceur dans la fermeté conserve jusqu'à maintenant en Russie la valeur d'un exemple. Ni Blok, ni Maïakovski, ni Essenine ne seront non plus des libertins à la manière d'ici. La liberté russe n'a jamais été la liberté occidentale. C'est ce que le ton de la poésie russe fait admirablement comprendre. Il suffit de l'écouter pour ne pas confondre les raisonnements de Dostoïevski avec l'usage que nos contemporains en font pour démontrer que la vie n'est pas bonne. A la base de tout, là-bas, il y a sans doute la parole que l'on chante le soir dans les églises : « que tout ce qui respire loue le Seigneur », pour le remercier d'être.

Brice PARAIN

MICHEL LOMONOSSOV

1711-1765

Michel Lomonossov naquit près de Kholmogor, au bord de la Dvina du Nord, à cent cinquante kilomètres environ de la mer Blanche, dans une famille de paysans, serfs de la couronne, privilégiés sous le régime féodal russe; car, n'étant pas assujettis à un propriétaire particulier, ils jouissaient d'un certain bien-être et de quelque indépendance.

La rude nature de l'extrême-nord, la navigation et la pêche développaient en eux l'esprit d'entreprise, le courage et l'habileté.

Partageant dès son enfance les travaux de son père, Michel naviga avec lui. Adolescent, il arriva à se procurer les meilleurs manuels de l'époque : une grammaire, une arithmétique et un psautier rimé qui l'incitèrent à étendre le champ de ses études.

Par une nuit d'hiver, il s'enfuit de la maison paternelle, gagna Moscou et se fit inscrire à l'Académie slavo-gréco-latine, en se faisant passer pour un fils de gentilhomme. Avec les meilleurs de ses condisciples, il fut envoyé d'abord à Pétersbourg, puis en Allemagne pour parfaire ses études.

En 1742, quand il rentra en Russie, c'était déjà un savant dont les connaissances, profondes et diverses, dépassaient dans maintes branches le niveau atteint par le savoir de l'époque. L'importance de certaines de ses découvertes et de certaines de ses expériences vient d'être seulement comprise de nos jours.

Pionnier du matérialisme dans la recherche scientifique, il s'adonne aussi à l'histoire, à l'ethnographie, à la philologie russe et surtout à la poésie. Il compose le premier traité de littérature russe ainsi qu'un manuel de l'art oratoire.

En 1755, paraît sa grammaire dans laquelle il sépare avec clarté la

17

langue d'église de la langue littéraire qui étaient confondues jusqu'à lui.

Dans le domaine politique, il croit que le mal dont souffre sa patrie vient de l'ignorance dans laquelle elle est plongée et que l'absolutisme éclairé et réformateur peut apporter le remède à cet état de choses. Il consacre tous ses efforts à élever la Russie, pays encore arriéré, au niveau culturel des autres nations d'Europe.

Initiateur dans la littérature du culte de Pierre le Grand, ses poèmes expriment son admiration pour cette puissante personnalité. Plus tard, il lutta en vain contre la réaction apportée par le règne d'Élisabeth, fille de Pierre.

Il aimait son pays par-dessus tout : ses odes humanitaires dédiées aux monarques formulent en termes audacieux les idées de leur auteur sur la façon de servir le peuple russe. Il croyait à l'influence directe de la poésie sur les esprits. Ses vers ne pouvaient échapper au classicisme qui régnait dans toute l'Europe de son temps. Mais, dans ces limites rigides, il insufflait à ses œuvres un esprit nouveau, les émaillant même parfois de telle métaphore vivante, de tel détail pris sur le vif. Unissant la tradition populaire, la littérature des monastères et celle des auteurs qui l'avaient précédé, il acquiert une virtuosité jamais atteinte avant lui. Son exaltation poétique, l'élévation de sa pensée, la rigueur de son rythme, la magnifique sonorité de son langage se retrouvent après lui dans la poésie de Derjavine, pour resplendir enfin dans certains chefs-d'œuvre de Pouchkine.

Parfois, le savant et le poète s'unissent chez lui en des vers admirables, où le savant inspire le poète, alors que dans une vision prophétique le poète devance quelquefois les découvertes de la science. Il en est ainsi dans le poème sur le soleil :

> Là-bas, des tourbillons ardents
> Comme sous l'ouragan se lèvent;
> Là-bas, des flots toujours brûlants
> Déferlent sans trouver de grève;
> La pierre bout dans les ravins,
> La pluie de feu tombe sans fin...

Les travaux littéraires de Lomonossov ont grandement contribué à la création du russe moderne, langue qui lui paraissait posséder « la magnificence de l'espagnol, la force de l'allemand, la tendresse de l'italien, la richesse et la brièveté du grec et du latin, la vivacité du français ». Il distingua trois styles littéraires : le sublime, le moyen et l'ordinaire, mais il fut le premier à les mêler dans son œuvre.

Enfin, c'est lui qui paracheva l'évolution de la prosodie russe dans le sens indiqué déjà par Trédiakovski.

La prosodie que celui-ci exposa dans son traité de 1735 reste toujours en vigueur dans la poésie russe. Au lieu du vers syllabique qui met l'accent à la césure et à la rime et qui ne convient pas à la langue russe où l'accent tonique est libre, Trédiakovski avait introduit le pied de deux syllabes, l'accent tonique étant sur la première; mais il imposait à la poésie russe uniquement des rimes féminines avec l'accent sur la pénultième syllabe. Complétant la réforme de son prédécesseur, Lomonossov fit usage de rimes masculines avec l'accent sur l'antépénultième, et libéra la poésie russe de ses entraves surannées.

Il espérait voir surgir du peuple russe des savants, des artistes comme ceux que l'on faisait alors venir en Russie des autres pays d'Europe.

Son œuvre poétique, d'une grande richesse, comporte également de nombreuses traductions et adaptations de grands poètes de l'Antiquité et de grands poètes contemporains, ainsi que des odes scientifiques, comme celle qu'il a consacrée à l'utilité du verre.

Ses méditations sur la gloire de Dieu, ses odes spirituelles, paraphrases des psaumes et des textes bibliques, sont animées d'un puissant souffle démocratique. Les odes de Lomonossov, inspirées par les événements nationaux, témoignent d'une indépendance et d'une dignité remarquables.

Gogol écrit que Lomonossov a fait, sur le plan spirituel, une œuvre égale à celle de Pierre le Grand sur le plan matériel, et qu'il a été le pionnier de la poésie russe moderne.

MÉDITATION MATINALE
SUR LA GRANDEUR DIVINE

I

Quand le soleil en sa beauté
Répand son éclat sur la terre,
L'œuvre de la Divinité
Nous apparaît dans sa lumière;

A ces rayons tu peux juger
D'où sont issus ces messagers.

II

Si les mortels pouvaient atteindre
Dans un envol à ces hauteurs,
Si nos yeux pouvaient, sans rien craindre,
Fixer cet astre en sa splendeur,
Tous les pays verraient les lames
D'un immense océan de flammes.

III

Là-bas, des tourbillons ardents
Comme sous l'ouragan se lèvent;
Là-bas, des flots toujours brûlants
Déferlent sans trouver de grève;
La pierre bout dans les ravins,
La pluie de feu tombe sans fin.

IV

Et cette immensité trompeuse
Nous semble une étincelle au ciel,
Allumée comme une veilleuse
Par la main du Père Éternel,
Afin que nous puissions parfaire
Ce qu'il nous enjoignit sur terre.

V

Les champs, les mers et les forêts
S'éveillant, surgissent de l'ombre
De la nuit enfin libérés,
Peuplés de merveilles sans nombre;
Et ces œuvres de Dieu en chœur
Chantent leur divin Créateur.

Mais ne sont qu'effleurés les êtres
Par les rayons du firmament,
Tandis que l'œil de Dieu pénètre
L'abîme dans un seul instant;
Et ce regard, de sa lumière
Anime la nature entière.

1743

ODE
POUR LE COURONNEMENT
D'ÉLISABETH PETROVNA

(Extrait)

Ô vous, que la patrie attend,
Vous, ses fils soumis et fidèles,
Devenez égaux maintenant
A ces étrangers qu'elle appelle.
Ainsi qu'au loin naquit Platon,
Ou bien le génial Newton,
Montrez-lui, vous, par votre zèle
Quels grands hommes naissent chez elle;
Et, tous obstacles aplanis,
Que vos jours s'écoulent bénis!

Nourriture de la jeunesse,
La science orne le bonheur,
Elle console la vieillesse,
Prête un appui dans le malheur.
Utile en chemin, la science
Allège partout l'existence;
Dans les villes comme au désert
L'accueillent les esprits ouverts.
Au travail, dans la quiétude,
On goûte au doux fruit de l'étude.

1747

INSCRIPTION
POUR LA STATUE
DE PIERRE LE GRAND

D'un très sage héros se dresse ici l'image.
Pour aider ses sujets quittant ses apanages,
Il prend le dernier rang comme un simple ouvrier
Et rend leur prix aux lois s'y pliant le premier.
Sa main qui doit régner, s'offre aux plus rudes tâches.
Pour nous cueillir les fruits du savoir il se cache,
Il bâtit Petropole, il livre des combats,
Il vogue sur les mers, au loin porte ses pas,
Il forme des soldats, fait venir des artistes,
Au-dedans, au-dehors, il vainc l'antagoniste.
Comptez autant d'autels dressés en son honneur,
Que de reconnaissants et de fidèles cœurs.
Il sert de Providence à son peuple sur terre,
Père de la patrie, en un seul mot, c'est Pierre!

1750

22

GABRIEL DERJAVINE

1743-1816

Né près de Kazan, fils d'un soldat sans fortune, Gabriel Derjavine devint simple soldat lui aussi. Il passa dix ans de sa jeunesse à la caserne, écrivant, pour gagner quelque argent, des lettres pour ses camarades.

A cette époque, Catherine II entrait en relations épistolaires avec Voltaire et avec Diderot et invitait Beaumarchais à mettre en scène à Pétersbourg Le Barbier de Séville *qui venait d'être interdit à Paris.*

Elle réunissait une commission chargée de jeter les bases d'un nouveau code, mais, en même temps, durcissait le servage, la menace du knout, la déportation, et retirait aux moujiks le droit de porter plainte contre leurs seigneurs. Ses amants pillaient le trésor.

Envoyé à Pétersbourg pour collaborer au projet du nouveau code, Derjavine se met au travail. Mais la guerre contre la Turquie met fin à cette parade de libéralisme. Derjavine doit combattre Pougatchev qui, s'étant fait passer pour le tzar Pierre III, avait réuni autour de lui une armée de paysans révoltés et, remontant la Volga, prenait ville après ville. Ses campagnes lui valent un don de trois cents serfs et une charge au sénat.

Le règne de Catherine II fut l'époque des succès militaires, du développement économique de la Russie, ainsi que celle de son éclosion culturelle. L'ouverture de nombreuses écoles en province, la fondation d'une Académie des sciences, l'achat d'une collection d'œuvres d'art pour l'Ermitage, la naissance d'un art typographique et la création des librairies caractérisent cette époque.

Ces avantages ne profitaient toutefois qu'aux classes supérieures; le peuple croupissait dans l'ignorance, la misère et l'esclavage.

Derjavine forma autour de lui un petit cercle d'écrivains aux ten-
dances libérales. Il croyait que, par une juste application des lois, une
monarchie éclairée pouvait éviter les soulèvements paysans et consolider
la situation des classes dominantes. Mais les envolées du poète l'entraî-
naient irrésistiblement au-delà de ses propres opinions politiques. Son
admiration pour l'impératrice, qu'il appelle « Félice » dans ses poèmes,
s'exprime dans une ode célèbre qui, soumise par hasard à Catherine,
eut l'heur de lui plaire. Ce fut le début de l'ascension de Derjavine et
des missions importantes dont il fut chargé.

Administrateur énergique et libéral, le poète ne rencontra partout
qu'opposition et inimitié. Bientôt cependant il fut nommé secrétaire du
cabinet de l'impératrice, car Catherine attendait de lui qu'il composât
d'autres odes en son honneur qui eussent étayé sa popularité face à la
révolution française. Mais, de son côté, Derjavine ne pensait plus qu'à
défendre la justice et la vérité. Ce zèle ayant été jugé naïf par la souve-
raine, le secrétaire fut licencié et renvoyé au sénat. Sa disgrâce s'accrut
encore lorsque le poète présenta à la souveraine un manuscrit où figurait
la pièce Aux Puissants et aux Juges. *Derjavine dut fournir des*
explications et fut invité à composer des odes dans l'esprit de sa Félice.

Le règne de Paul Ier, fils de Catherine II, ne lui fut pas favorable. Pour
une réponse jugée trop audacieuse, l'empereur le chassa un jour de son
cabinet de travail.

L'arrivée au pouvoir d'Alexandre Ier inspire de nouveau Derjavine;
il adresse une ode à l'empereur. La censure en défend la publication,
mais Alexandre lui fait présent d'une bague.

Nommé ministre de la Justice en 1802, il prend sa retraite l'année
suivante et passe désormais l'hiver à Pétersbourg et l'été dans sa pro-
priété de Zvanka où il meurt en 1816.

En Europe le classicisme touchait à sa fin avec David en peinture et
Casimir Delavigne en poésie. L'idée de l'homme évolue en philosophie,
en politique, dans les sciences et dans les arts. De son côté, Derjavine
s'attache à la dignité de l'homme dans son ode Dieu *et appelle de ses*
vœux le bien social et le triomphe de la vérité. Sa forme demeure celle
du classicisme russe entaché de didactisme et de rhétorique, mais sa
poésie manifeste une grande élévation d'esprit. Il est aussi le créateur
d'un style enjoué et familier et traite en ce style nouveau les sujets les
plus solennels. Ses personnages ne sont pas des entités abstraites, et sont
peints de traits qui les rapprochent du lecteur. Les descriptions des

24

paysages russes vibrent de vie et de vérité. Sa langue est d'une richesse parfois chaotique, où le russe d'église se mêle à la langue littéraire et à la langue parlée, ce qui détruit souvent l'harmonie de l'œuvre et sa pureté, défaut souligné par Pouchkine qui, par ailleurs, reconnaissait son génie poétique.

Derjavine a créé quantité de mots et d'expressions, dont une grande partie lui a survécu. Malgré son classicisme et sa position de haut fonctionnaire d'un État autocratique, il enfreint les cadres étroits qui devraient logiquement limiter son inspiration, et en arrive à partager les sentiments orageux de son siècle, si bien que ce défenseur de la monarchie sera considéré plus tard comme l'un des leurs par les décembristes.

Ayant ainsi dans son élan dépassé sa propre pensée, sa poésie annonce déjà celle de Pouchkine.

AUX PUISSANTS ET AUX JUGES

I

Un jour lançait le Très Haut Juge
Aux dieux terrestres cet appel :
« Offrirez-vous longtemps refuge
Aux incroyants comme aux cruels?

II

Il faut exercer la justice
Malgré les grands, les inhumains,
Étendre une main protectrice
Sur la veuve et sur l'orphelin.

III

Vous devriez toujours défendre
Les faibles contre les puissants,
Sur les vrais innocents répandre
Et sur les pauvres, vos présents. »

IV

N'écoutant pas Sa voix ils errent,
Un brouillard épais sur les yeux;
Leurs actes font trembler la terre,
Leurs méfaits outragent les cieux.

V

Pensant à vos grandeurs, ô tzars,
Je vous croyais inébranlables;
Pourtant, mortel et vulnérable,
Éphémère est votre pouvoir.

VI

« Vous tomberez ainsi que tombent
Aux bois les feuillages fanés,
A descendre dans votre tombe
Ainsi que vos serfs condamnés. »

Octobre 1780

26

DIEU

(Extrait)

Lien des mondes divergeants,
Et le sommet de la matière,
Je suis le premier trait vivant
De la divinité sur terre.
Mon esprit domine l'éclair,
Mon corps dans le néant se perd.
Quelle est mon origine obscure?
Esclave? Roi? Vermisseau? Dieu?
Seigneur, je suis ta créature,
Car me créer, je ne le peux!
Je suis issu de ta sagesse,
Dispensateur de tous les biens,
De mon âme, âme et souverain!
Pour que ta loi nous apparaisse
Il faut que je passe, éphémère,
Cet abime préliminaire;
Mais mon esprit désincarné
Par la mort sera redonné
A ton éternité, mon Père.

1780-1784

27

LE MONUMENT

Plus haut qu'un obélisque et plus dur qu'un métal,
Je me suis érigé un monument moral,
Que ne pourront briser ni le vent, ni l'orage,
Ni même ruiner le cours fatal des âges.

Donc, je ne mourrai pas tout entier. Une part
De moi-même vivra d'une autre vie plus tard.
Mon nom s'élèvera, grandira sans entraves,
Tant que l'esprit du monde honorera les Slaves.

Des eaux blanches mon nom ira jusqu'aux eaux noires,
Chacun se rappelant comment jusqu'à la gloire,
Le long de la Volga, du Don, de la Neva,
Il a surgi de l'ombre et toujours s'éleva,

Comment j'avais osé proclamer le premier
Les vertus de « Félice[1] » en russe familier,
Célébrer le Seigneur avec simplicité,
Aux tzars en souriant dire la vérité.

Ô Muse, dans le juste orgueil de tes mérites,
Ignore avec dédain ceux que ta voix irrite,
Et couronne ton front heureux, sans te hâter,
D'une aurore de gloire et d'immortalité!

1795

---

1. Nom poétique que Derjavine donne à Catherine II.

IVAN KOSLOV

1779-1848

Né à Moscou en 1779, Koslov devint un brillant officier et plus tard un fonctionnaire important; mais, en 1816, il eut une attaque qui lui fit perdre d'abord l'usage de ses jambes, puis la vue.

Depuis lors, il dicte ses vers à sa fille et étudie les poètes étrangers qu'on lui lit. Ses amis l'aident matériellement et le soutiennent moralement, mais il meurt néanmoins très pauvre.

Ami de Joukovski et très influencé par lui, Koslov a écrit des poèmes d'un grand charme et d'une belle sonorité, dont plusieurs furent mis en musique, comme ses Cloches vespérales.

La traduction qu'il fit de Byron est supérieure à celle de Joukovski.

La poésie de Koslov est le plus souvent empreinte d'une mélancolie sereine. Pouchkine lui prodigua ses louanges et ses encouragements.

CLOCHES VESPÉRALES

Ô son de cloches vespéral,
Tu réveilles toujours mes rêves
D'amour et du pays natal,
De ma jeunesse, hélas! trop brève...
Quand je partis à tout jamais
Sonnaient les cloches que j'aimais.

Les jours heureux de ma jeunesse
Pour toujours se sont effacés.
Combien déjà sont trépassés
D'amis, alors pleins d'allégresse?
Ils dorment d'un sommeil profond
Et n'entendront plus votre son.

Comme eux je descendrai sous terre,
Le vent alors dispersera
D'un triste chant la plainte amère;
Un autre chanteur passera
Sur cette terre sépulcrale,
Puis, à ma place il entendra
Le son des cloches vespérales.

1827

BASILE JOUKOVSKI

1783-1852

Né dans la province de Toula, en 1783, Basile Joukovski était le fils illégitime d'un riche propriétaire terrien du nom de Bounine, et d'une jeune Turque amenée captive en Russie.

Un gentilhomme pauvre vivant chez les Bounine, Joukovski, déclara l'enfant comme étant le sien. En 1797, Basile entre à Moscou à la pension des nobles, et, ses études terminées, devient fonctionnaire. Bientôt il se voue sans partage à la littérature, se donnant pour tâche de traduire **La Messiade** *de Klopstock, des extraits d'Homère, de Virgile, d'Horace, d'Ovide,* **Don Carlos** *de Schiller, des œuvres dramatiques grecques, françaises, anglaises et allemandes, des élégies, des poèmes, des odes, des églogues, des ballades, des fables et des contes d'auteurs célèbres.*

Non loin du village de Michenskoié, où il séjournait chez son père, demeurait sa demi-sœur, Catherine Protassov, veuve avec deux filles à qui elle lui demanda de donner des leçons. Joukovski s'éprit de l'aînée, Marie; mais Mme Protassov s'opposant à ce mariage, Joukovski, déçu, s'engagea dans l'armée et fit la campagne de 1812. C'est de cette époque que date son **Chanteur parmi les combattants de l'armée russe** *qui lui apporte la célébrité et lui vaut le poste de lecteur et de professeur de russe à la cour, puis celui de précepteur d'Alexandre II. Tombé malade, il revient à Michenskoié et tente d'obtenir de nouveau, mais en vain, la main de sa nièce Marie. Il quitte alors le pays et apprend bientôt son mariage. Marie mourut en couches en 1823. Son souvenir est présent dans toute l'œuvre poétique de Joukovski.*

Séduit par le faux libéralisme d'Alexandre Ier, accordant des réformes sans grande portée, il resta fidèle sa vie durant à la monarchie, se bornant à exprimer des sentiments humanitaires et prenant comme idéal le

31

*perfectionnement individuel. Il avait désapprouvé l'insurrection mili-
taire du 14 décembre 1825, mais fit ce qu'il put pour adoucir le sort des
condamnés.*

*Après avoir pris sa retraite en 1841, il se marie la même année à
Stuttgart et vit le plus souvent à Dusseldorf.*

Au cours de ses dix dernières années, il traduit encore les récits indiens
Nal et Diamenti, Rousten et Sorab *et* L'Odyssée; *sa mort, à
Baden-Baden, interrompit la traduction de.l'*Iliade.

Gogol a dit de lui : « On ne sait comment l'appeler, traducteur ou
poète original! Un traducteur perd souvent sa personnalité, Joukovski,
au contraire, montre plus d'originalité qu'aucun des poètes russes. »

*Tout est subjectif dans cette œuvre. Musicale, elle crée de nouveaux
rythmes,, de nouvelles mesures. Les découvertes poétiques de Joukovski
imprègnent toute la poésie postérieure et Tutchev est déjà comme annoncé
dans ces écrits.*

Ses travaux sont innombrables; il a traduit, entre autres : Le Prison-
nier de Chillon *de Byron,* La Pucelle d'Orléans *de Schiller,* Walter
Scott, L'Ondine *de Lamotte-Fouquet.*

Gogol ajoute : « Le poème traduit reste celui de Schiller, de Walter
Scott, de Byron, mais en le lisant on lit du Joukovski. Loin de se trouver
inférieur à ses modèles, le traducteur est leur égal. »

*Pouchkine, dans sa jeunesse, avait pris souvent exemple sur lui et se
reconnaissait plus tard comme son élève.*

*Joukovski introduisit le romantisme dans la poésie russe en découvrant
la vie intérieure de l'âme. Grâce à son influence, la forme classique,
didactique et fastueuse est abandonnée. Pour la première fois en Russie,
la vie d'un poète devient le centre de son œuvre.*

*Marie, son héroïne et sa muse, à servi de modèle à Pouchkine pour
Tatiana, et c'est Pouchkine qui conclut dans son poème* « Inscription sur
un portrait de Joukovski » :

Le charme captivant et tendre de ses vers
Aux jaloux survivra, comme aux siècles qui passent :
La jeunesse à leur gloire aspirant avec grâce,
Le plaisir s'arrêtant parmi ses jeux divers,
Et, se consolera le désespoir amer
Au charme captivant et tendre de ses vers.

1818

CHANT

Pourquoi l'évoquer, la merveille,
L'enchantement des jours passés?
Endormis, qui donc les réveille,
Devant moi les fait se dresser?
En cet instant, qui me désigne
Ce qui me fut caché longtemps?
A mon cœur qui donc fait un signe,
Me jette ce regard troublant?

Pourquoi forcer ainsi mon âme,
Hôte chéri, Saint-Aurevoir,
A renouer encor la trame,
A ranimer mon vain espoir?
Puis-je revoir cette beauté
Flétrie, en sa splendeur première,
Et me voiler la nudité
D'une existence solitaire?

Pourquoi, pourquoi l'âme s'élance
Au pays des jours révolus,
Qui ne verra plus l'abondance
Et ne se ranimera plus?
Muet, en ce pays demeure
Un témoin du passé, un seul,
Auprès de lui gisent ces heures
Dormant sous le même linceul.

1815

Le jour lassé déjà s'incline
Au-dessus des flots empourprés,
L'azur céleste est altéré,
L'ombre vers l'ombre s'achemine.
Là-haut, sur le chemin des airs
Passe la nuit silencieuse;
Devant elle vole Vesper,
Première étoile merveilleuse.

Descends, ô nuit, dans ta splendeur,
Drapée en ton manteau féerique
Et, portant ta coupe magique,
Apaise, apaise enfin nos cœurs!
Descends sur nous, ô nuit de grâce,
Délivre-nous de notre angoisse;
Berce notre âme de ton chant,
Comme une mère son enfant.

1825

DENIS DAVIDOV

1784-1839

Poète, il est aussi un remarquable écrivain militaire. Défenseur héroïque de la patrie en *1812* et conducteur d'armée, il fut le premier, dit Léon Tolstoï, à comprendre la portée de la lutte partisane pour libérer le sol de la Russie de ses envahisseurs.

Né en *1784*, il fut élevé dans le milieu de la noblesse militaire. Son père, officier de l'armée de Souvarov, fut mis à la retraite avec d'autres militaires par Paul I*er*, acquis au système prussien. Opposés à ce système, ils fomentèrent un complot qui, découvert, coûta au père de Denis ses domaines et ses revenus.

Plus tard Paul fut étranglé par les nobles; mais bien que sympathisant, Denis Davidov ne prit pas part à cet assassinat politique.

L'esprit d'insoumission dans lequel il avait grandi marque le caractère de Denis. Il débuta en poésie par des attaques contre Alexandre I*er* et ses conseillers (satires, fables), opposition qu'il paya par son renvoi de la garde et par l'exil.

Pourtant, il ne se joignit pas au mouvement décembriste; le projet d'une constitution ne l'intéressait guère. Il disait : « En tant que militaire, je serai toujours un esclave. » De son côté la bureaucratie, se vengeant de ses critiques et de ses attaques, lui refusait les postes importants et le faisait espionner. En *1823*, sous Nicolas I*er*, il fut obligé de prendre sa retraite et se retira dans ses terres, s'adonnant aux travaux littéraires.

Il mourut d'une attaque à l'âge de cinquante-cinq ans.

Unique et précieux épanchement lyrique d'un militaire authentique, la poésie de Davidov eut un grand succès.

Il comprenait fort bien qu'il devait ce succès à la saveur et à l'origina-

lité de sa verve de hussard, et il chercha à rénover l'élégie amoureuse en l'adaptant à son tempérament.

Enthousiaste, enflammé, emporté, il s'exprimait dans une forme parfaitement châtiée avec une audacieuse énergie.

Il influença les vers de jeunesse de Pouchkine qui lui dit :

> « Je chevauche le doux Pégase
> Dans l'uniforme vieillissant
> De notre archaïque Parnasse;
> Mais, ô mon cavalier ardent,
> Même en cet art tu me dépasses,
> Restant mon père et commandant. »

RÉPONSE

Poète? Oh! non, je suis partisan et Kosak,
Au Pinde bienheureux je viens chemin faisant,
Par caprice j'y fais un hasardeux bivouac,
Près de la Castalie arrêté quelque temps.

Un cavalier ne peut dans un fauteuil se plaire,
Chanter la volupté, le repos, la douceur;
Mais lorsque la Russie entonne un chant de guerre,
De ce chœur menaçant, je suis premier chanteur.

1826

VALSE

Le torrent passe en la chênaie,
Son cours se hâte en bondissant
Et ses vagues roulent, déchaînées,
Du sable et des cailloux pesants;

Mais dans un geste involontaire,
Soumis, il berce sur ses flots
La jeune rose printanière
Que le vent déposa sur l'eau.

Ainsi sur les flots de la danse,
Comme une rose, en tes atours,
Dans un léger vol tu t'élances,
Ô toi, ma Grâce et mon amour!
. . . .

CONSTANTIN BATIOUCHKOV

1787-1855

Constantin Batiouchkov, né à Vologda en 1787, passa son enfance dans la propriété de son père. Atteinte d'une maladie mentale peu après sa naissance, sa mère mourut en 1795.

Il apprend des langues étrangères et la littérature dans la pension du Français Jaquinot, puis dans celle de l'Italien Tripoli. En 1802 il entre, à Pétersbourg, au ministère de l'Instruction publique et fréquente les milieux littéraires où il rencontre Derjavine.

En 1807, lorsque Napoléon menace la Russie, il quitte son poste et s'enrôle dans l'armée. Il est blessé à la jambe.

Il revient en Russie deux ans plus tard et s'adonne à son œuvre littéraire faisant entre autres de très remarquables traductions. A partir de 1812 son patriotisme s'exalte, il voudrait combattre, mais la maladie l'en empêche. Chargé d'accompagner une famille amie dans un voyage de Moscou à Nijni, il voit les malheurs du peuple russe et les destructions du pays. En 1813, dès que sa santé le lui permet, il s'enrôle de nouveau dans l'armée. Blessé sous Leipzig, il traverse le Rhin, séjourne en France et revient à Pétersbourg par l'Angleterre, la Suède et la Finlande.

Nommé à un poste diplomatique à Rome, une mésentente pénible l'oppose à son chef. A l'âge de trente-trois ans, tourmenté par les maladies, les vexations, fatigué des campagnes, des changements de vie, trop sensible aux attaques de la presse, il sombre dans la folie, détruit tous ses écrits d'Italie et tente plusieurs fois de se suicider. Il n'écrit plus, et pendant trente ans se croit en prison, entouré d'ennemis. Il meurt à Vologda en 1855.

L'apport de Batiouchkov est des plus importants. Le poème où il dépeint les malheurs de Moscou annonce les meilleures œuvres de la poésie civique russe. Un autre poème, bref et dense, sur Melchisédek, écrit en *1821*, à la veille de sa folie, est un des plus désespérés de la poésie russe.

Dès le lycée, Pouchkine lui avait voué une admiration qui ne se démentit jamais.

Le premier poème de Byron traduit en russe le fut par Batiouchkov : **Il** est des voluptés dans les forêts sauvages.

Sa poésie, qui prépare celle de Pouchkine, a servi de lien entre les poètes du XVIIIe siècle et ceux du XIXe siècle.

Travailleur infatigable, Batiouchkov arrivait à donner à ses vers *une* sonorité toute nouvelle pour son époque, retrouvant la musique des chants populaires russes.

A DACHKOV

Ami, j'ai vu la mer tragique
Du mal ; comme un fléau du ciel,
La guerre et son brasier cruel,
Les actes d'ennemis, iniques ;
Les riches en de longues files,
Déguenillés, fuyant de peur ;
Et les mères quitter leur ville
Tout en laissant couler des pleurs.
Elles serraient désespérées,
Leur nourrisson contre leur sein ;
Je les ai vues sur les chemins,
Défaites, pâles, éplorées,
Fixant d'un regard aux abois
Le ciel en feu. L'âme affligée,
Je fis, à pied, ton tour trois fois,
Ô capitale ravagée !
Trois fois j'arrosai de mes pleurs
Parmi les tombes, les ruines,
Les restes saints de ta splendeur,
De palais, d'églises divines.

J'ai vu des décombres épars;
Sur les rives, des corps en masses;
Des indigents aux tristes faces,
Partout s'offraient à mes regards.
Ah! mon ami, mon camarade,
Tu me demandes de chanter
En de plaisantes sérénades
La joie, l'amour et la gaieté!
En regardant Moscou brûlante,
Devant ces combats et ces maux,
Tu voudrais qu'à présent je chante
Sur un paisible chalumeau!
Que je conte la belle histoire
D'Armide et de Circé, parmi
Les tombes fraîches des amis
Qui sont tombés au champ de gloire?
Le jour où j'aurais oublié
Moscou, trésor de ma patrie,
Que ma voix, douce à l'amitié,
Se taise à tout jamais tarie!
Car, tant que sur le champ d'honneur
Vengeant la cité des ancêtres,
Je n'aurai pas livré mon cœur
Et mon amour, et tout mon être;
Tant qu'avec des héros blessés
Je n'offrirai pas ma poitrine
Aux ennemis en rangs pressés,
Jusqu'à ce jour-là je m'obstine
A demeurer comme étranger
A des chants tendres et légers.

1813

40

SENTENCE
DE MELCHISÉDECH

Du grand Melchisédech connais-tu la sentence ?
Il a dit quand il prit congé de l'existence :
« L'homme, triste esclave en naissant,
En esclave au tombeau descend
Et, sans comprendre son secret,
Le long de la vallée de larmes
Chemine parmi les alarmes,
Souffre, gémit et disparaît. »

1821

ÉLÉGIE

Il est des voluptés dans les forêts sauvages,
Et des plaisirs naissant sur de vides rivages,
Il est une harmonie en ce langage fier
Des vagues se brisant sur les grèves des mers.
Oui, j'aime mon prochain, mais toi, mère Nature,
Je te préfère à tout, souveraine, oubliant
Près de toi ce que fut naguère mon printemps,
Et ce que fit de moi la froide flétrissure
Des ans. Ainsi mon cœur, se ranimant encor,
Plein de sentiments neufs et d'ardeur salutaire,
Cherche à les exprimer en des paroles d'or,
Mais ne les trouvant pas, pourtant, ne peut se taire.

1819

41

PIERRE VIASEMSKI

1792-1878

De sept ans plus âgé que Pouchkine, le prince Viasemski lui a survécu quarante ans. Né à Moscou, connaissant les langues étrangères, il prit d'abord du service à Pétersbourg, puis dans l'administration russe à Varsovie. En raison de son libéralisme et de ses amitiés polonaises, auxquelles il resta toujours fidèle, il fut révoqué de son poste.

Il fut lié par une solide amitié et par une grande admiration réciproque à Pouchkine qui le considérait comme l'un des pionniers du romantisme russe. Toutefois, ce mouvement n'était pour Viasemski que le moyen de secouer le style raide et conventionnel des classiques et d'introduire dans la littérature le langage courant et la passion.

A la fin de sa carrière littéraire, il se consacra à la critique. Il affirmait que la connaissance de la vie des écrivains ajoute à leurs œuvres de la couleur et du mouvement en précisant leurs diverses personnalités.

La poésie fut cependant sa passion majeure; son objet, c'était la vie même. Le poème La Mi-Carême à l'étranger *est déjà très remarquable, mais plus célèbre encore est celui qu'il avait intitulé* La Troïka.

Viasemski passait pour manquer d'assiduité au travail, mais les vers qu'il a laissés sont pleins d'esprit, d'imprévu et souvent teintés d'une certaine mélancolie.

Il prit part aux réformes d'Alexandre II dans le domaine de la censure et de l'éducation nationale et détestait les révolutionnaires roturiers qui, à leur tour, critiquaient ses écrits.

Isolé dans un monde auquel il devenait de plus en plus étranger, Viasemski fut remis à l'honneur, comme d'autres poètes russes, par les générations qui lui ont succédé. L'Académie soviétique réédite avec soin ses ouvrages et ne lui marchande pas son estime.

Sa vieillesse trouva quelque consolation dans l'amitié que lui portait Tutchev.

L'HIVER

Extrait du poème

LA MI-CARÊME À L'ÉTRANGER

Sois la bienvenue en ta robe,
Ta robe de brocart d'argent;
Parmi les vifs rayons de l'aube
Sur toi brillent les diamants.
Au fond de nos cœurs qui sommeillent,
Ton sourire, tes traits charmants,
Ta grâce animent et réveillent
Le feu des nouveaux sentiments.
Je te salue, ô passagère,
Belle comme un cœur rayonnant!
Sois bienvenue, petite mère,
Saison d'hiver, beau cygne blanc!

LA TROÏKA

(Extrait)

Une troïka va rapide,
La route poudroie sous ses fers,
Sa clochette tinte, limpide,
Rit ou pleure ou glapit dans l'air.

Par les chemins la sonnerie
En notes claires se répand;
Tantôt proche résonne ou crie,
Tantôt au loin va se perdant.

Et l'on dirait qu'à la sorcière
Fait écho la voix du sylvain;
Ou que l'ondine à la rivière
Sans arrêt jase avec entrain.

C'est le poétique message
Des steppes russes, de leur nuit,
Tout frémissant d'accents sauvages,
Et dont le rêve nous séduit...

1834

CONDRAT RILÉEV

1795-1826

Né dans le gouvernement de Pétersbourg, dans la propriété de sa mère, d'un père colonel retraité, le jeune Riléev entre à l'âge de six ans à l'école des Cadets où il poursuit ses études durant douze ans et marque une vive prédilection pour l'histoire et la littérature. La guerre de 1812 l'enflamme d'un ardent patriotisme qui s'exprime dans ses premiers vers. En 1814-1815, avec l'armée russe, il traverse deux fois l'Europe occidentale et séjourne pendant quelque temps à Paris. Comme d'autres officiers, futurs décembristes, il resta profondément imprégné par le souvenir encore vivace de la révolution de 1789 et par les idées démocratiques propagées par les guerres de Napoléon.

Ses lettres disent son indignation devant les outrages que l'occupant prussien infligeait alors à l'honneur national français.

Rentré en Russie, il put observer dans sa garnison de Voronej les mauvais traitements subis par les soldats qui venaient de libérer l'Europe. En 1818, il démissionne, se marie et s'installe à Pétersbourg.

Le mouvement révolutionnaire s'étend à cette époque sur toute l'Europe. En 1820-1821 éclatent une révolution en Espagne, un soulèvement dans le Nord de l'Italie, un autre en Grèce; en Russie, l'agitation secoue les campagnes et les camps militaires. Le poète s'inspire alors du classicisme pathétique, profondément humain de Lomonossov et fait paraître ses satires et ses « douma » (poèmes historiques).

Son ardente jeunesse, sa généreuse indignation contre la tyrannie lui attirent l'intérêt des lecteurs.

Deux odes : l'une ayant pour sujet la lutte des Grecs contre leurs oppresseurs turcs, l'autre, Vision, qui s'adresse à l'héritier du trône russe, exprimant l'espoir de trouver en lui un monarque libéral et réformateur, le rendent suspect à la censure, mais l'introduisent dans « l'Union secrète du Nord » où bientôt il groupe autour de lui les jeunes gens de l'association. Au contact de Pestel, chef de « l'Union secrète du Midi », il penche désormais vers une tactique plus audacieuse et se déclare pour le régime républicain.

Les décembristes prévoyaient plusieurs années de préparation avant un soulèvement militaire, mais la mort subite d'Alexandre Ier les incita à agir immédiatement. Riléev devient l'âme de ce complot. Sa poésie enflamme ses compagnons de lutte. Il est à croire qu'en se décidant pour l'action immédiate, les décembristes savaient qu'ils allaient presque certainement à la mort et Riléev pressent que ce sacrifice préparera la libération future de la Russie. Le soulèvement est décidé pour le matin du 14 décembre 1825. Le soir du 13 décembre, les officiers essaient d'entraîner leurs soldats derrière eux, mais un régiment seulement répond à leur appel. Tambours en tête, étendards déployés, il sort sur la place du Sénat, se range en bon ordre en attendant des renforts. Mais seul le petit peuple apporte son appui à ce régiment; un détachement de marins ainsi que certains groupes d'insurgés le rejoignent plus tard, mais leur nombre est insignifiant. Après avoir donné ses instructions, le matin du 14 décembre, Riléev se rend sur la place du Sénat et y reste jusqu'à l'écrasement de l'insurrection. Quelques heures après il est arrêté. L'erreur des décembristes fut d'entreprendre leur action en ne comptant que sur leurs propres forces sans s'appuyer sur la grande masse du peuple. Nicolas réunit l'armée et ordonna de tirer sur la foule.

Très déprimé au début de sa captivité et cédant aux instances d'une enquête habilement menée, Riléev fait montre d'abord d'une trop grande sincérité, mais se reprend et ce n'est qu'en mars 1826 que son rôle primordial apparaît aux enquêteurs. Il se voit condamné à l'écartèlement, comme Pestel, comme Bestoujev, comme Mouraviov et comme Kahovski, condamnation qui fut ensuite commuée en peine de mort par pendaison. Ils furent exécutés le matin du 13 juillet 1826; cent vingt autres décembristes furent déportés en Sibérie.

Après avoir écrit ses Douma, Riléev adhère au romantisme qui venait de faire son entrée dans la littérature russe, mais contrairement au romantisme conservateur de Joukovski, celui de Riléev est animé d'un souffle révolutionnaire; dans son célèbre poème Le Citoyen, il flétrit les éléments décembristes qui ont capitulé avant la bataille, il leur oppose le poète dévoué au bien du peuple. Un lyrisme ardent résonne dans son emporte-

ment oratoire. Lorsque les insurgés marchaient à la mort, les vers de Riléev étaient sur leurs lèvres :

> Non, je ne puis choisir la honteuse paresse,
> Au sein des voluptés voir s'enfuir ma jeunesse
> Et sous le despotisme et son joug écrasant
> Languir, d'une âme ardente arrêtant les élans.

Les poèmes écrits par Riléev dans la forteresse de Petropavlovsk sont pénétrés d'un mysticisme profond. La poésie de Riléev a eu sur les lettres russes une grande influence. Opposé à la théorie de « l'art pour l'art », il voyait avant tout dans le poète un tribun inspiré. Il mettait la poésie au-dessus de toute querelle d'écoles; elle ne devait exprimer que des pensées élevées et des vérités éternelles.

Dans l'apologie de Derjavine, son poète préféré, il définit ainsi le rôle du poète :

> Il doit ignorer toute crainte,
> Avec mépris fixer la mort,
> Doit attiser les flammes saintes
> Dans les âmes, c'est là son sort.
> . . . .
> Veillant sur l'immortelle flamme,
> Et d'une sainte gloire épris,
> Il ne pervertit pas les âmes
> Et ne corrompt pas les esprits.

Depuis plus de cent ans l'œuvre de Riléev forme les citoyens russes.
L'émotion, l'enthousiasme s'emparent de l'esprit et du cœur lorsque surgit des ténèbres de l'histoire cette figure héroïque, brillant de toutes les vertus de la jeunesse et de tous les attraits de la plus haute poésie.

A GNEDITCH

(Extrait)

Imitation de la VIIe Épître de Despréaux

Il n'est pas de meilleure part
Que d'être un poète sur terre!
Dire vrai, c'est là son devoir,
Son but est de servir ses frères.
Porte-parole du Seigneur,
Libre de tout lien ou pacte,
Ce nom vénéré de Chanteur
Il doit l'acquérir par ses actes.

Il doit ignorer toute crainte,
Avec mépris fixer la mort,
Car attiser les flammes saintes
Voilà ton devoir et ton sort.
Qui donc régnerait sur son cœur?
A la vertu pure et sacrée
Il a dévoué ses ferveurs
Sans la trahir, même en pensée.

Ainsi Derjavine, un grand barde,
Mena jadis le bon combat;
De la vertu montant la garde,
Son verbe en vifs éclairs flamba :
« Il faut exercer la justice
Malgré les grands, les inhumains,
Étendre une main protectrice
Sur la veuve et l'orphelin.

Vous devriez toujours défendre
Les faibles contre les puissants;
Sur les seuls innocents répandre
Et sur les pauvres vos présents. »

48

Le chanteur doit rester sans tache
Aux yeux de la postérité;
De pensers bas jamais hanté,
Poursuivre jusqu'au bout sa tâche.

Veillant sur l'immortelle flamme,
Et d'une sainte gloire épris,
Il ne pervertit pas les âmes
Et ne corrompt pas les esprits.
Ardent adorateur du Bien,
Jamais, jamais il ne s'abaisse;
La plume qu'en ses doigts il tient
Ne connaît aucune faiblesse.

*

Tu disais vrai, poète, affirmant qu'une part
De toi vivra... vivra d'une autre vie, plus tard.
Plus haut qu'un obélisque et plus dur qu'un métal,
Toi-même t'élevant un monument moral
« Que ne pourront briser ni le vent ni l'orage,
Ni même ruiner le cours fatal des âges[1]. »

1821

*

Je ne veux pas de ton amour,
Je ne veux pas t'appeler mienne,
T'aimer, te payer de retour...
Mon âme ne vaut pas la tienne.

Vibrant de nobles sentiments,
Tu m'es pourtant comme étrangère,
Ignorante de mes tourments
Et de mes jugements sévères.

1. Citation du poème de Derjavine, *Le Monument*, inspiré par une ode d'Horace
Exegi Monumentum aere perennius.
Le même thème sera plus tard repris par Pouchkine.

Ton cœur pardonne aux ennemis,
Je n'éprouve rien de semblable,
Mes insulteurs, plus qu'à demi,
Me paieront leurs traits coupables !

Ils sont trop brefs mes abandons,
A mon cœur je mets des entraves,
Je dois ignorer le pardon,
N'être pas plus chrétien qu'esclave !

Non, ton amour, je n'en veux pas...
Devant moi s'ouvrent d'autres tâches,
Mon seul bonheur c'est le combat,
Combat sans merci ni relâche.

Comment à l'amour d'une femme
Songer, quand j'ai l'esprit hanté
Par mon pays, et que mon âme
N'aspire qu'à la liberté !

1824

•

En cette époque fatidique
Vais-je déshonorer l'ancien,
Le noble rang de citoyen,
Et t'imiter, ô race inique
De Slaves asservis et vains ?

Non, je ne puis choisir la honteuse paresse,
Au sein des voluptés voir s'enfuir ma jeunesse,
Et sous le despotisme et son joug écrasant
Languir, d'une âme ardente arrêtant les élans.

Que de leur vrai devoir, les jeunes gens se moquent,
Ne voulant pas saisir le sens de leur époque,
Et ne s'apprêtent pas, dès ce jour, à lutter

50

Pour leurs frères souffrants et pour la liberté !
Jetant un regard froid, car leur âme est glacée,
Sur leur patrie en sa cruelle adversité,
Ils n'y déchiffrent pas leur honte ineffacée
Et les justes griefs de la postérité.

Ils se repentiront... Un peuple qui se dresse,
Qui cherche dans l'émeute accès aux droits égaux,
Les trouvera distraits. plongés dans la mollesse,
Sans voir en aucun d'eux Brutus ni Riégo.

1824-1825

*

*Écrit pendant sa détention
dans l'enceinte de la forteresse de Petropavlovsk,
dans l'attente de son exécution.*

Je suis là comme dans la tombe,
Pour moi la terre est une geôle...
Donne-moi tes ailes, colombe,
Qu'enfin je m'apaise et m'envole !

Tout m'est pourriture mortelle,
L'âme aspire à quitter le corps...
Ô Créateur, mon cœur t'appelle,
Sois mon refuge et rends-moi fort !

Écoute, écoute ma prière,
Sauve mes amis ! Que ma mort
Rachète mes péchés ! Ô Père,
Délivre l'âme de mon corps !

1826

ANTOINE DELVIG

1798-1831

Antoine Delvig, descendant de barons baltes, était de mère russe. Sa destinée est liée à celle de Pouchkine, son condisciple au lycée de Tsarskoié Sélo.

Ses études terminées, il participa à la vie littéraire de Pétersbourg, proclamant partout le talent de Pouchkine, avec lequel il édita plusieurs revues et gazettes, dont Les Fleurs du Nord, *où il défend les nouvelles tendances de la littérature russe.*

La Gazette littéraire *qu'il dirigea par la suite avait su réunir les meilleurs talents de l'époque.*

Delvig figure dans la littérature russe surtout comme l'ami très cher de Pouchkine et le représentant de sa pléiade. Cependant, il ne le copia jamais; son œuvre est limitée, mais originale.

Bien qu'il fréquentât les décembristes et connût Riléev, il était trop flegmatique et paresseux pour prendre part à un mouvement politique quelconque. Un mariage malheureux assombrit son existence.

Pouchkine pleura amèrement la mort prématurée de son ami.

Delvig laissa des poésies dans le style antique, des sonnets et des romances que ses amis avaient mis en musique, mais surtout des chansons dans le genre folklorique si parfaites que souvent on les prend pour d'authentiques chants populaires.

Ô jour merveilleux, jour limpide
De soleil et d'amour!
L'ombre s'enfuit par les champs vides,
L'âme s'ouvre en ce jour.
Réveillez-vous, plaines et bois,
La vie brille partout!
« Elle est à moi, elle est à moi! »,
Me dit mon sang qui bout.
Hirondelle, tu viens chanter,
Tu voles vers mon toit,
Appelant l'amour, la beauté,
Le printemps, mais pourquoi?
Même sans toi, vibrant d'émoi,
Mon cœur chante en ce jour,
« Elle est à moi, elle est à moi!
Elle est tout mon amour! »

1823

*

Ô bonheur des heures passées
Tu m'abandonnes à jamais;
Mon âme par l'amour blessée,
De vains espoirs enfin lassée,
Ne me demande plus d'aimer.

L'illusion de la jeunesse,
Me soufflant des mots prometteurs,
Ne peut plus calmer ma douleur
Et, vers des pays enchanteurs
Ne m'entraîne plus sans cesse.

Je vais, privé de sentiments,
Sur ma route déserte, amère,
Et m'éloignerai tristement,
Parmi les hymnes funéraires,
En n'emportant que des prières.

ALEXANDRE POUCHKINE

1799-1837

> Ainsi que son premier amour
> La Russie ne peut t'oublier.
>
> TUTCHEV.

Fondateur de la littérature russe moderne, Alexandre Pouchkine crée une nouvelle langue littéraire où il unit l'héritage des grands écrivains, le langage parlé et les expressions populaires. Malgré tous les obstacles de la censure impériale, de la presse réactionnaire et des persécutions policières, son œuvre est tout entière pénétrée par la passion de la liberté et par les idées des décembristes, avec lesquels il resta en relation continue, avant comme après l'insurrection du 14 décembre 1825.

Pouchkine a su rendre poétique la quotidienneté de la vie russe, extrayant de cette gangue toute la beauté rayonnante des événements et des caractères. Ce réalisme poétique, une langue rajeunie, enrichie et familière, font la grande originalité et l'éternel attrait de son œuvre qui rayonne de beauté, d'intelligence et de clarté.

Pouchkine naquit en 1799 à Moscou. Son père, Serge Pouchkine, descendait d'une très vieille noblesse; sa mère, née Hannibal, était la petite-fille du Noir que Pierre le Grand avait ramené de ses voyages. Encore enfant, Pouchkine dévorait les livres de la bibliothèque paternelle et faisait des vers.

Ses parents s'occupant peu de lui, il s'attacha profondément à sa « niania ». Par elle et par les domestiques de la maison, il connut le folklore russe. En 1811, il entra au lycée de Tzarskoié Sélo, créé pour former les hauts fonctionnaires, mais en réalité devenu un foyer d'idées

libérales opposées à l'autocratie comme au servage. Les meilleurs cama-
rades du jeune Pouchkine étaient de futurs décembristes.

Lycéen, il fréquentait les jeunes officiers de la garde cantonnée à
Tzarskoié Sélo et acquis, eux aussi, aux idées nouvelles. En 1812,
l'héroïsme du peuple russe libérateur de l'Europe exalte son patrio-
tisme. Dans une promotion de lycéens (1815) à laquelle assistait Der-
javine, le jeune Pouchkine récite un poème qu'il avait écrit pour la
circonstance et fut complimenté par l'auguste vieillard. Sorti du lycée
en 1817, déjà connu comme poète, il devint secrétaire au ministère des
Affaires étrangères.

Les années 1817-1820 furent marquées par des soulèvements révolu-
tionnaires en Europe et en Russie. Présidée par Alexandre Ier, la Sainte-
Alliance avait pour objet de les réprimer. Le mythe du tzar libéral et réfor-
mateur fut ainsi dissipé; des sociétés secrètes, ayant pour but l'abolition
de l'autocratie et du servage, se créèrent en Russie, mais Pouchkine ne
fut jamais invité à en faire partie, car ses amis, les futurs décembristes,
ne voulaient pas mettre en danger une vie trop précieuse pour les lettres
russes. La poésie de Pouchkine de ces années n'en reflète pas moins ses
aspirations révolutionnaires; ses vers manuscrits passent de main en main.
Son poème, Rouslan et Ludmila, prend la portée d'un véritable mani-
feste littéraire qui provoque des attaques violentes de la critique
traditionnelle contre « ce langage de moujik » et ces « images popula-
cières ». En revanche, la jeunesse accueille ces nouveautés avec enthou-
siasme.

Très mécontent de Pouchkine, l'empereur songe à le faire déporter
en Sibérie; l'intervention de ses amis le sauve; il est exilé dans le midi
de la Russie. Après un voyage au Caucase et en Crimée et un séjour à
Odessa, il est envoyé à Kichinёv, où il séjourne sous la surveillance du
gouverneur de ces régions.

Kichinёv et Kamenka, bourgades voisines, étaient les centres méridio-
naux du « décembrisme ». Pouchkine y fait la connaissance de Pestel,
chef de l'Union secrète du Midi. Non seulement ses idées demeurent
inchangées, contrairement à ce que l'on avait espéré en haut lieu, mais
ses écrits vibrent de sympathie pour tous les mouvements insurrectionnels
de l'Europe.

C'est dans le Midi que Pouchkine conçut ses poèmes romantiques,
Prisonnier du Caucase, Les Tziganes, Les Frères brigands qu'il
achèvera plus tard. Mais son romantisme diffère de celui des poètes

conservateurs qui lui avaient donné un caractère mystique et s'en servaient comme d'un moyen pour s'évader des réalités fastidieuses. Le romantisme de Pouchkine, au contraire, libère la poésie des règles stagnantes, donne un essor à la personnalité et s'alimente aux sources populaires.

Le poème le plus romantique de Pouchkine est celui qu'il écrivit à Odessa, La Fontaine de Baktchisaraï. Son sujet est une légende d'après laquelle une princesse polonaise, Marie Potozka, enlevée par le Khan Guiré, serait morte en captivité. Poème étincelant qui eut un grand succès, mais une certaine critique accusa Pouchkine de copier Byron. Or, s'il admire le grand poète anglais révolté par les préjugés et l'hypocrisie, Pouchkine n'a pas le caractère individualiste, hautain et sarcastique de Byron. Il ne se croit pas supérieur aux autres hommes, ni aux événements de la vie; il reste toujours humain, optimiste, sa pensée et sa langue demeurent claires, simples, accessibles à tous.

La mésentente toujours croissante avec ses supérieurs fait qu'il se retrouve à Mikhaïlovskoïé, son village natal, sous la surveillance des autorités civiles et ecclésiastiques. Il continue à y travailler aux Tziganes et à son roman en vers Eugène Onéguine où il déploie un vaste panorama de la vie russe, et où triomphent les tendances réalistes de sa poésie. C'est également à Mikhaïlovskoïé qu'il écrit sa tragédie, Boris Godounov.

Dans Les Tziganes, le héros est un transfuge de la société civilisée, un révolté-Aleko. Admis à partager la vie libre, simple et naturelle des Tziganes, il tue dans un accès de jalousie la jeune Tzigane, sa femme, et l'amant de celle-ci; montrant ainsi qu'il reste toujours attaché aux conceptions de morale et d'honneur d'un monde qu'il avait abandonné. Le chef des Tziganes, le père de sa femme, le chasse de la communauté dans un monologue empreint de sagesse et de mansuétude.

Dans Boris Godounov, Pouchkine démocratise la tragédie par une manière nouvelle de poser le problème historique, de même que par la forme littéraire qu'il donne à son ouvrage. Le conflit central de Boris Godounov est l'opposition du peuple et du tzar. Ayant acquis le pouvoir par l'assassinat du jeune Dimitri, héritier du trône dont il était le régent, Boris cherche à mériter la confiance du peuple par une sage et habile gestion. Mais ses efforts sont vains et il se débat au milieu des intrigues des boyards. Ce caractère complexe de despote ambitieux finit par devenir presque sympathique, car Pouchkine en fait un père au grand cœur et nous le montre affreusement tourmenté par des remords de conscience.

Après l'écrasement de l'insurrection décembriste, la pendaison de cinq de ses chefs, dont le poète Riléev, et la déportation au bagne de Sibérie de cent vingt autres, Nicolas Ier, n'ayant pas de preuves de la participation de Pouchkine au complot, fit comparaître le poète, amené par un gendarme au palais impérial. Il lui promit, comme une grâce, qu'il serait désormais personnellement le censeur de ses écrits.

Profondément déprimé par le sort de ses amis décembristes et par la terrible réaction du pouvoir, Pouchkine ne rompt pas les liens qui l'unissaient aux déportés. Il envoie en Sibérie un message clandestin en vers, auquel Odoiévski répondit également en vers au nom des prisonniers.

Après des renseignements favorables fournis sur lui à la famille Gontcharov, par son ennemi Benkendorf, qui espérait ainsi le voir se ranger, Pouchkine obtient la main de Mlle Gontcharova et, grâce supplémentaire, Boris Godounov est enfin autorisé à paraître. Vers 1830, il écrit Poltava et Le Cavalier d'airain. En prose paraissent La Fille du capitaine, La Dame de pique et enfin Eugène Onéguine, roman en vers, « encyclopédie de la vie russe », comme le disait Bélinski. Trois caractères principaux apparaissent ici : Onéguine, Lenski et Tatiana. Esprit aux vastes horizons, enfermé dans les limites étroites de la vie de son monde, ne trouvant aucun idéal, aucune raison de vivre, Onéguine devient indifférent et sceptique; son âme est ravagée. Soumis aux préjugés mondains d'un faux sens de l'honneur, il accepte l'absurde provocation en duel de son ami d'hier, le jeune poète Lenski, un romantique enthousiaste, une âme pure et chevaleresque; mais dans le milieu qui l'entoure, ne perdrait-il pas bientôt ses qualités, se demande Pouchkine. Lenski est tué en pleine jeunesse dans ce duel semblable en tous points à celui où devait périr Pouchkine lui-même.

Le personnage de Tatiana se détache dans toute sa pureté morale, sa spontanéité, son horreur du mensonge. Ce caractère exceptionnel se révèle dans deux passages principaux : la lettre passionnée adressée à Onéguine en qui elle avait cru reconnaître son idéal, et le monologue de la fin où elle condamne la vanité de la mascarade mondaine à laquelle l'astreignent ses nouveaux devoirs.

Dans les débuts des années 30, Pouchkine écrit entre autres des pièces courtes : Le Chevalier avare *où il analyse avec une grande pénétration le pouvoir de l'argent;* Mozart et Salieri *où le vrai et pur génie est opposé à la jalousie d'un médiocre;* L'hôte de pierre *où il montre un Don Juan, habile séducteur, certes, mais aussi un amoureux prêt à sacrifier sa vie à sa passion.*

Dans Le Cavalier d'airain, *Pouchkine exprime l'idée que le progrès historique entraîne des sacrifices de vies et d'intérêts particuliers. Pierre le Grand construit Pétersbourg sur les marais et ouvre pour son pays une fenêtre en Europe, mais il est aussi le tzar terrible qui fait se cabrer la Russie sous sa poigne de fer en sacrifiant les petites gens à son œuvre de titan.*

Ce poème ne vit le jour qu'après la mort de Pouchkine; Nicolas Ier avait exigé trop de corrections, il n'acceptait pas la scène où Eugène, dont la fiancée avait péri dans l'inondation de Pétersbourg, menace la statue de Pierre le Grand.

Dignitaire de la cour de Russie, le poète songe à démissionner mais il renonce à cette idée devant les nécessités matérielles de plus en plus aiguës de sa situation. Obligé de paraître constamment à la cour, de prendre part aux fêtes et aux réceptions, il voit se creuser l'abîme entre lui et le monde où il vit. Situation intolérable qui se termine par un duel avec l'émigré français d'Anthès; duel qui n'était qu'un traquenard où le poète se trouva poussé par des intrigues de cour portant atteinte à son honneur, comme à celui de sa femme; mais qui était aussi une provocation jetée par le poète au monde aristocratique où il étouffait.

Le 27 janvier 1837, Pouchkine est mortellement blessé par d'Anthès. Conscient de son état, il serre la main de ses amis qui passent tour à tour devant lui, et meurt après deux jours de terribles souffrances. Le peuple afflue en masse vers son cercueil et ressent ce deuil comme un deuil national. Pour éviter des manifestations de caractère politique, le service funèbre eut lieu dans la chapelle de la cour, et le cercueil fut dirigé de nuit vers Mikhaïlovskoïé. Seul un ami de Pouchkine, un serviteur et des gendarmes accompagnaient sa dépouille mortelle.

Alors, un jeune homme inconnu, apprenant la perfidie avec laquelle Pouchkine avait été contraint à ce duel fatal, écrit un poème La Mort du Poète, *terminé par des strophes indignées et vengeresses qui lui valent d'être exilé à son tour. Aucun poème ne fut lu comme celui-là; aucun n'a davantage ému le public de son temps. Le flambeau des lettres* russes passe ainsi dans les mains d'un autre poète de génie qui est, lui aussi, un homme de cœur, Michel Lermontov.

Après Pouchkine, une langue littéraire simple, claire, à la portée de tout le peuple russe était créée. La langue écrite et la langue parlée étaient désormais fondues en une seule; fait d'importance primordiale pour l'histoire russe et la propagation des idées nouvelles. L'ancien jargon des salons, émaillé de mots étrangers, était condamné. L'œuvre de Pouchkine, d'une incomparable beauté littéraire, donne une image fidèle de son époque. Le poète de la liberté, du bon sens, de l'amour de la patrie, de la foi en ses destinées, garde tout son ascendant. Au cours de la dernière guerre, un petit volume de Pouchkine se trouvait dans bien des sacs de soldats, et beaucoup de jeunes poètes esquissèrent sa silhouette dans leurs œuvres les plus émues.

L'apport de Pouchkine à la littérature mondiale est d'autant plus précieux qu'il demeure profondément russe. Ami et consolateur des âmes russes, il suffirait que ce grand poète fût bien traduit pour qu'il devînt aussi le compagnon attachant et familier du lecteur français.

SOUHAIT

Avec langueur coulent mes jours
Multipliant au fond de l'âme
Les maux d'un malheureux amour,
Des rêves fous, de tristes flammes;

Mais, devenant silencieux,
Je pleure, les pleurs me consolent,
Et mon âme qui se désole
Y trouve un goût délicieux.

Que de la vie il ne demeure
Rien... Je n'aime que mes tourments...
Disparaissez, ô tristes heures,
Je veux mourir, mais en aimant!

1816

LE CHANTEUR

L'avez-vous entendu, dans la forêt épaisse,
Le chanteur de l'amour qui chante sa tristesse?
Parmi le matinal silence dans les champs,
Du simple chalumeau l'accent long et dolent,
        L'avez-vous entendu?

L'avez-vous rencontré, dans la forêt immense,
Le chanteur de l'amour qui chante sa souffrance?
L'avez-vous vu sourire, avez-vous vu ses pleurs
Ou bien son doux regard pénétré de douleur,
        L'avez-vous rencontré?

Avez-vous soupiré sous la voix de caresse
Du chanteur de l'amour qui chante sa tristesse?
Rencontrant ce jeune homme ainsi dans la forêt,
Avez-vous vu ses yeux et leur regard navré,
        Avez-vous soupiré?

1816

ROUSLAN ET LUDMILLA

(Prologue)

Dans l'anse verdoie un grand chêne,
Autour de lui brille une chaîne
D'or, sur laquelle un chat savant
Marche jour et nuit en tournant.
A gauche, il parle, il dit un conte;
A droite, c'est un chant qui monte.

C'est là que rôde le sylvain,
Que s'agrippe aux branches l'ondine,

Que d'étranges bêtes piétinent
Sur de mystérieux chemins.
On voit là-bas une chaumière,
Toute de guinguois et qui n'a
Pas de fenêtres, de verrières,
Pas de portes, de cadenas.
Là, sur un rivage désert,
A l'aube sortent de la mer
Trente guerriers; ils étincellent,
Et l'aîné modère leur zèle.
Là-bas, un beau prince royal
Fléchit la colère sauvage
D'un monarque et, sur les nuages,
Devant tout un peuple féal,
Apparaît un sorcier qui porte
Un chevalier de bonne sorte;
Un loup est le seul serviteur
D'une princesse dans sa geôle
Et dans l'or un roi s'étiole.

Tout ça c'est russe et reste tel;
J'y fus et j'y bus l'hydromel.
Dans cette anse où verdoie le chêne
Je vis briller l'or d'une chaîne
Et, sur la chaîne un chat savant
Marche nuit et jour en tournant.

1817-1820

POUR UN RÊVEUR

Trouvant la volupté dans ta douce folie,
   Heureux, tout en versant des pleurs,
D'une flamme secrète, en ta mélancolie,
   Content ainsi que d'un bonheur,
Crois-moi, tu n'aimes pas, ô rêveur qui soupire...
Il ne t'a pas frappé, chercheur d'émotion,

61

Le véritable amour en son affreux délire,
Ton sang n'a pas brûlé de son cruel poison.
Sans sommeil dans la nuit, durant de longues heures
Cet amour ne t'a pas lentement torturé,
Tu n'as pas attendu que le sommeil t'effleure,
Fermant toujours en vain tes yeux désespérés;
Et, serrant contre toi tes chaudes couvertures,
Consumé longuement dans le feu du désir,
Tu n'as pas prodigué tout ton cœur en pâture
    Au rêve où tu trouves plaisir.
Sinon, tombant aux pieds de ta maîtresse altière,
    Pâle, éperdu, tremblant, tes cris
Imploreraient les dieux de la céleste sphère
    Afin qu'ils te rendent l'esprit.
Tu crierais : « Oh! pitié! Retirez cette image,
Je ne veux plus aimer, rendez-moi ma torpeur! »
Mais ce funeste amour règnerait sans partage
    A jamais sur ton cœur.

1818

       ●

    J'ai survécu à mes désirs
    Et quitté mes rêves. Lucide,
    Il ne me reste qu'à souffrir
    Devant les fruits de mon cœur vide.

    Couronne effeuillée au matin
    Sous l'orage d'un sort contraire…
    Déjà je vis en solitaire,
    Et tristement j'attends ma fin.

    L'orage siffle sur la terre.
    Frappée par la rigueur du sort,
    Tremble sur l'arbre, seule encor,
    Une feuille retardataire.

1821

LE PRISONNIER

Debout, près des barreaux de mon cachot humide,
Je regarde un jeune aigle en cet enclos obscur,
Compagnon de malheur qui de son bec avide
Déchire sa pâture informe auprès du mur.

Parfois s'interrompant, il fixe ma fenêtre;
Devinant ma pensée, il paraît m'appeler,
Du regard il m'invite et son cri me pénètre,
Comme s'il me disait : « Viens, on va s'envoler!

« Oiseau de liberté, frère, brisons la cage!
Il est l'heure à présent de prendre notre essor,
D'avoir avec le vent cet espace en partage
Où blanchissent les monts derrière les nuages,
Où bleuissent les mers parmi les sables d'or. »

1822

L'OISEAU

En pays étranger,
Fidèle au vieil usage,
J'ouvre aujourd'hui la cage
A cet oiseau léger.

Et je me sens renaître,
Heureux, réconforté,
De mettre en liberté
Ne fût-ce qu'un seul être!

1823

Ma jalousie, ô folle inquiétude
De mon amour, il faut la pardonner!
Tu m'es fidèle : Alors pourquoi donner
Ainsi sujet à mon incertitude?
Pourquoi régner sur tant d'adorateurs?
Pourquoi vouloir toujours plaire et répandre
Ce vain espoir subtil et prometteur
En ton regard mélancolique ou tendre?
Je t'appartiens, tu troubles ma raison...
De mon cruel amour déjà certaine,
Parmi leur foule, ah! tu ne vois pas donc
Qu'en mon silence, étranger à la scène,
Plongé dans un dépit secret et noir,
J'attends en vain un mot, un seul regard!
Si je veux fuir, plein de crainte et prière,
Ton doux regard ne me suit pas pourtant,
Et, lorsqu'une autre alors veut me distraire,
Me prodiguant des mots à double sens,
Rien ne t'émeut et ton riant reproche
Me tue, étant étranger à ton cœur.
Dis-moi, pourquoi mon rival qui s'approche,
Nous trouvant seuls, marque-t-il de l'humeur?
Qu'est-il pour toi, lui qui se croit sans cesse
Ainsi le droit d'être jaloux et qu'est-ce
Qui l'autorise à venir vers le soir
Te visiter? Pourquoi le recevoir,
Vêtue à peine et seule, sans ta mère?
Je suis aimé... Tous deux nous retrouvant,
Tes doux baisers soudain sont pleins de flamme,
Des mots d'amour jaillissent de ton âme,
Tu ris alors de mes cruels tourments.
Je suis aimé... Je t'aime et te comprends.
Mais, mon amie, assez! Je t'en conjure,
Je t'en supplie, arrête ma torture!
Tu ne sais pas combien je puis chérir,
Tu ne sais pas jusqu'où je puis souffrir.

1823

64

SOIRÉE D'HIVER

Le ciel est noir et la tempête
Chasse la neige à coups de vent
Avec des hurlements de bête
Ou des vagissements d'enfant,
Et sur notre toiture usée
Agite un chaume qui bruit
Ou bien frappe à notre croisée
En voyageur, tard dans la nuit.

Ta vétuste et pauvre chaumière
Est triste et sombre... Sans bouger,
Qu'as-tu, vieille amie, amie chère,
Près d'une fenêtre à songer?
Es-tu donc si lasse d'entendre
Ces hurlements dans la forêt,
Le sommeil vint-il te surprendre
Sous le ronron de ton rouet?

Buvons, buvons, ma bonne vieille,
Compagne de mes jeunes ans,
Et qu'une coupe nous réveille,
Le cœur en sera plus content.
Chante-moi comment vit sans peine
La mésange au pays lointain,
Comment la fille à la fontaine
Va chercher l'eau tous les matins!

Le ciel est noir et la tempête
Chasse la neige à coups de vent
Avec des hurlements de bête
Ou des vagissements d'enfant.
Buvons, buvons, ma bonne vieille,
Compagne de mes jeunes ans!
Où donc est la coupe des veilles?
Le cœur en sera plus content.

1825

65

LE PROPHÈTE

Languissant en plaine déserte,
Au croisement de mes chemins,
Aux six ailes grandes ouvertes,
Voici surgir un Séraphin.

Déjà ses doigts légers se portent
Sur mes prunelles et je vois...
Un aigle lève de la sorte
Ses yeux dans un soudain effroi.
Puis il effleure mes oreilles
Et mon ouïe alors s'éveille
Car je perçois un flot de sons :
Des célestes vibrations,
Le vol des anges sur les monts,
Dans la mer les monstres ignobles
Et, végétant dans le vignoble,
Le cep; et puis, d'un geste prompt
Arrachant ma langue hantée
De mots coupables et vantards,
Il plante dans ma bouche un dard
Avec sa main ensanglantée.
Pour me changer le cœur, il fend
De son saint glaive ma poitrine
Et dans la plaie il enracine
A sa place un charbon ardent.

Dans le désert laissé pour mort,
J'ai entendu la voix divine :
« Debout, prophète, et que dès lors
Partout mon Verbe t'illumine
Et dans les cœurs humains fulmine! »

1826

66

LE DÉMON

Aux jours passés où sur le sol
Tout me semblait si neuf encore :
La nuit, le chant du rossignol,
Les tendres yeux, les bois sonores;
Aux jours où les hauts sentiments
De liberté, d'amour, de gloire,
Avec force émouvaient mon sang,
Où l'art était pour moi le phare,
Soudain assombrissant ma vie,
Parmi le plaisir et l'espoir
Venait sur la route suivie
Un génie en secret me voir.
Que nos rencontres étaient tristes!
Sourire amer, regard moqueur,
Et ses discours d'immoraliste
Me versaient leur poison au cœur.
D'inépuisable médisance
Il défiait la Providence,
Méprisant l'inspiration,
Traitant le beau d'illusion,
La liberté d'une idée vaine.
Il ne croyait pas à l'amour
Et restait dédaigneux et sourd
A la nature souveraine.

1823

LA NUIT

Ma voix pour toi devient mélodieuse et tendre,
Tardive elle interrompt la paix de cette nuit,
La bougie brille à peine et je viens de m'étendre;
Comme un ruisseau chantant, mes vers coulent unis.
Ils coulent pleins de toi ces ruisseaux de l'amour
Et dans l'obscurité tes yeux brillent pour moi,
Tu souris et j'entends les mots de ton discours :
« Mon cher et tendre ami, je t'aime et suis à toi... »

1823

LA ROUTE HIVERNALE

Dans les brumes et les vapeurs
Apparaît la lune incertaine,
Qui verse une blême lueur
Sur la solitude des plaines.

La troïka rapide court;
Une clochette monotone
Parmi la triste fin du jour
Fastidieusement résonne.

Le cocher chante... Doux et cher
Nous est son chant mélancolique,
Tantôt plein de chagrin amer,
Tantôt de gaieté frénétique.

La neige et les champs seulement...
Pas un feu, pas une chaumière,
Seules accourent au-devant
De nous les bornes de repère.

68

Quelle tristesse! Mais demain,
Demain, ô Nina, ma charmante,
Devant la cheminée brûlante
Je pourrai t'admirer sans fin.

L'aiguille des heures sonores
Finira son tour mesuré,
Éloignant une fois encore
Les autres, sans nous séparer.

Quelle tristesse m'environne,
Mon cocher sommeille, il est tard,
Que la clochette est monotone!
La lune émerge des brouillards...

1826

A MA NOURRICE

Perdue au fond des bois de pins,
Ma vieille amie, ô ma colombe,
Tu veilles, lorsque le soir tombe,
Tristement et m'attends sans fin
A ta croisée en tricotant;
Et tes aiguilles attardées
Ralentissent à tout instant
Entre tes vieilles mains ridées.
Ce vieux portail, il te fascine
D'où part un long et noir chemin...
Sans cesse oppriment ta poitrine
Soucis, pressentiments, chagrins.
Il t'apparaît...

1826

L'ANGE

Tandis qu'un ange rayonnait
Et dans l'Éden penchait sa tête,
Sur l'abîme infernal planait
L'Esprit ténébreux des tempêtes
Qui dit : « Pardonne, Ange pieux,
En te voyant dans ta lumière,
Je n'ai pu tout haïr aux cieux,
Ni tout mépriser sur la terre. »

1827

MISSIVE EN SIBÉRIE

En Sibérie, au fond des mines,
Pleins d'endurance et de fierté,
Sachez que votre œuvre chemine
Vers l'idéal de liberté!

Fidèle sœur de l'infortune,
L'espérance dans vos sous-sols
Maintient courage et foi commune,
L'heure attendue a pris son vol!

Et malgré toutes les serrures,
L'amour ainsi que l'amitié
Vont au fond des prisons obscures
Porter la voix de Liberté.

Quand tomberont vos lourdes chaînes,
Vos frères rendront à vos bras
Le glaive et, terminant vos peines,
La Liberté vous attendra.

1827

70

TROIS SOURCES

Dans la plaine déserte et vaste de la vie
   Je vois couler secrètement jaillies :
La source de jeunesse agitée et torride
   Qui danse et court bruissante et rapide,
Et, l'inspiration, source de Castalie,
   Où l'exilé s'adonne à sa folie,
Et la plus douce au cœur, la source du mystère,
   Source d'oubli calmant la soif dernière.

1827

POÈTE

Quand ne requiert pas Apollon
Au sacrifice le poète,
Sa faible âme paraît distraite
Par le monde qui la corrompt.
Sa lyre se tait inutile,
Son âme dort et se dérobe;
Peut-être est-il le plus futile
Parmi tous les enfants du globe?

Mais dès que le verbe sacré
Parvient à sa subtile oreille,
Libre comme l'aigle, inspiré,
En tressaillant il se réveille.
Étranger aux humains discours,
Il languit au milieu des fêtes
Et, devant l'idole du jour,
Altier, n'incline pas sa tête.

Empli de trouble et plein de chants,
Il fuit, solitaire et sauvage,
Dans le fond des bois bruissants,
Sur la déserte et triste plage.

1827

LE CONFIDENT

Je ne veux perdre même un cri
De tes aveux ou tendres plaintes :
Ces passions et leurs atteintes
M'enivrent le cœur et l'esprit.
Mais je t'en prie : arrête, arrête,
Ne dis plus tes rêves, assez!
Je crains que tu me les transmettes
En m'apprenant ce que tu sais.

1828

PRESSENTIMENT

Les nuages silencieux
Sur ma tête à nouveau s'amassent,
Désormais le sort envieux
D'un nouveau malheur me menace.
Saurai-je encore avec dédain,
Comme jadis dans ma jeunesse,
Affronter ce cruel destin
Patiemment et sans faiblesse?
Mais avant que le sort se venge,
Avant l'heure que j'entrevois,
J'ai hâte de serrer, mon ange,
Ta main pour la dernière fois.
Que tes yeux se lèvent, se baissent,
Mon ange tendre et radieux,
Que tu t'attristes et m'adresses
Doucement un seul mot d'adieu,
Ton souvenir vivant, sans cesse,
Saura remplacer dans mon cœur
La fierté, l'espoir, la vigueur,
Le courage de ma jeunesse.

1828

LE SOUVENIR

Lorsque pour tout mortel vient cette paix du soir,
    Prix des tâches utiles,
Et que la nuit répand son transparent brouillard
    Au-dessus de la ville;
Heure après heure alors, ignorant le sommeil,
    Je languis, brûle et songe,
Et dans l'inaction de la nuit, en éveil
    Un long chagrin me ronge.
Mon rêve bout, l'esprit succombe à ma langueur,
    A mes sombres pensées;
Le souvenir déroule un papyrus vengeur
    Où ma vie est tracée.
Je lis à contrecœur et tout en frémissant,
    Je les maudis, je pleure,
Mais je n'efface pas ces mots bouleversants,
    Ces tristes mots demeurent.

1828

•

Quittant pour tes grèves natales
Ce pays d'exil étranger,
Dans les pleurs, à l'heure fatale,
Auprès de toi j'étais plongé.
Devant l'épreuve de l'absence,
N'osant l'étreinte desserrer,
Je gémissais en ta présence
Et te priais de demeurer.

73

Mais tu m'appelais à te suivre,
T'arrachant aux baisers amers,
Dans le pays où tu veux vivre,
Là-bas, sur le bord de la mer.
Tu me disais : « J'attends le jour
Où, me tenant entre tes bras,
Sous le ciel bleu ce grand amour
A nouveau nous réunira. »

Mais, hélas! où le ciel inonde
La mer d'azur et de vermeil,
Où l'olivier ombrage l'onde,
Tu dors de ton dernier sommeil.
Beauté, douleur, plus ne se montrent,
Elles sont dans l'urne avec toi,
Mais le baiser de la rencontre,
Moi, je l'attends... tu me le dois.

1830

LES DÉMONS

Les nuages dans un vertige
Fuient sur le ciel d'obscurité;
Perçant la neige qui voltige
Filtre à peine quelque clarté.
La clochette fait dine-dine,
Le cœur comme étreint d'un anneau,
L'immense plaine me fascine
Que seul traverse mon traîneau.

« Allons, cocher! – Mais non, Barine,
Vois, les chevaux sont anxieux,
Sans voir le chemin ils piétinent,
La rafale me clôt les yeux.
Sur cette neige aucune trace,
Que faire! Nous sommes hantés,

Et le diable qui nous pourchasse,
Nous fait tourner de tous côtés.

« De moi, vois donc, comme il se moque,
Je sens son souffle vipérin,
Mon pauvre cheval qui suffoque,
Il le pousse dans le ravin.
Cette borne, est-ce vraiment elle
Qui devant moi soudain se dresse?
Ou bien est-ce Lui, l'étincelle
Qui disparaît dans l'ombre épaisse? »

Les nuages dans un vertige
Fuient sur un ciel d'obscurité;
Perçant la neige qui voltige
Filtre à peine quelque clarté.
Les chevaux stoppent hors d'haleine,
La clochette se tait d'un coup...
Qui traverse là-bas la plaine,
Serait-ce un arbre ou bien un loup?

La tempête sanglote et fume.
Les chevaux soufflent, angoissés,
Des yeux brillent dans cette brume,
Est-ce Lui qui vient de passer?
La clochette fait dine-dine,
Les chevaux volent en avant;
C'est les esprits qui s'acheminent
Sur les vastes espaces blancs.

Hideux, ils agitent leurs membres,
Combien sont-ils sous le croissant,
Tourbillonnant comme en novembre
Les feuilles mortes dans le vent?
Combien sont-ils chassés de terre,
Pourquoi ces lamentables cris?
Mariage d'une sorcière?
Obsèques d'un malin esprit?

Les nuages dans un vertige
Fuient sur un ciel d'obscurité,
Perçant la neige qui voltige
Filtre à peine quelque clarté.
Les démons qui volent et volent
Dans l'infini de ces hauteurs
De leurs plaintes qui me désolent
Vont déchirant mon triste cœur.

1830

AUX DÉTRACTEURS DE LA RUSSIE

Pourquoi donc tout ce bruit, ô rhéteurs populaires
Et pourquoi de vos cris accabler notre terre?
. . . .
Peut-être parce que devant Moscou en flammes
De plier sous son joug cruel nous refusâmes,
Sous le joug de celui qui vous faisait trembler,
Que dans l'abîme, enfin, nous avons basculé,
L'idole dont le poids écrasait tous les peuples,
Et que, de notre sang alors, nous rachetâmes
La liberté, l'honneur et la paix de l'Europe.
. . . .
Déjà nous avons vu tellement de querelles;
Les victoires ne nous paraîtront pas nouvelles.
Sommes-nous peu nombreux, de Perm à la Tauride,
Et des murs du Kremlin, bien qu'ils soient affaissés,
A la muraille encor dormante de la Chine?
Quand se lèvera-t-il, de fer tout hérissé,
Ce grand peuple que meut la foi qui l'illumine?
. . . .
Envoyez donc ici votre imprudente engeance,
Ô vous rhéteurs fielleux, dépités et méchants!
Qu'ils viennent retrouver dans nos steppes immenses
Leurs aînés, à jamais endormis dans nos champs!

1831

LE NUAGE

Au ciel heureux et clair tu demeures toujours,
Tout seul assombrissant le triomphe du jour,
Nuage, le dernier que l'orage nous laisse,
Tu jettes, seul encor, l'ombre de la tristesse.

Tu cachais tout le ciel aux sinistres couleurs
Que l'éclair sillonnait dans toute sa largeur;
Mystérieusement résonnait le tonnerre;
Généreuse, la pluie abreuvait notre terre.

Nuage, disparais! Achève ton destin!
La terre est rafraîchie et l'orage a pris fin;
Et le vent, caressant les feuilles avec grâce,
Le calme revenu, du grand ciel bleu te chasse.

1835

EXEGI MONUMENTUM

J'ai moi-même érigé mon monument moral,
Où le peuple viendra par la sente fleurie;
Il lèvera plus haut son faîte triomphal
    Que le pilier d'Alexandrie.

Je resterai fameux, car s'il restait encor
Ne fût-ce qu'un poète en ce monde implacable,
Mon âme dans ma lyre, au-delà de mon corps,
    Résonnerait, impérissable.

77

En langages divers ils parleront de moi,
Sur l'immense étendue, dans toute la Russie :
Le pur Slave orgueilleux, le Kalmouk, le Finnois,
  L'habitant de la Circassie...

Clamant la liberté, j'ai supporté le blâme,
Mon peuple m'aimera car pour lui j'ai vécu;
Brûlant de réveiller la bonté dans les âmes,
  Je me penchais sur les vaincus.

Ô Muse, élève-toi contre la tyrannie!
L'offense, ignore-la, dédaigne ses assauts,
Sois sourde à la louange ainsi qu'aux calomnies,
  Ne contredis jamais le sot.

1836

LA FONTAINE
DE BAKHTCHISARAÏ

De toute sa cour entouré,
Muette, auprès du Khan farouche
Était assis le grand Guiré,
Avec sa chibouque à la bouche.
Tout se taisait dans le palais,
Les signes d'un prochain orage
Qu'une tristesse encor voilait
Se lisaient sur son fier visage,
Quand par un geste le seigneur
Congédia ses serviteurs.

Resté seul dans la vaste salle,
Il respire, soulagé,
Ses traits, qui s'animent, exhalent
Le trouble d'un cœur affligé.
Tel un miroir d'eau les nuages,
Sa face a reflété l'orage.

78

Quel mal secret le chagrinait,
L'assombrissait, le fascinait?
Quelle est la guerre qu'il fomente?
Veut-il vaincre les Polonais?
Attaquer la Russie immense?
Ou d'un complot qu'il soupçonnait
Cruellement tirer vengeance?
Craint-il de dangereux voisins?
De Gênes les secrets desseins?
Oh non, guerre et gloire passées
Ont pourtant quitté sa pensée,
Lasse est sa redoutable main.

Mais alors, se peut-il qu'au sein
Du harem ait trouvé chemin
La trahison; que prisonnière,
Une lascive fleur de serre
L'ait trahi pour un incroyant?
Non, les épouses du Sultan,
N'osant penser ni désirer,
Leur cœur ne pourrait s'égarer,
Et dans le calme monotone
D'une étroite captivité,
Ignorant l'infidélité,
Un morne ennui les environne.
Comme des fleurs sous des verrières
Elles vivent en prisonnières.
Hélas! ici, fastidieux,
Des jours, des mois et des ans passent
Entraînant lentement sans trace
Amour et jeunesse avec eux.
Le temps coule dans la mollesse,
Au harem règne la paresse,
La joie y passe en un éclair,
Et pour tromper leur cœur amer
Elles changent d'atours splendides
Parmi de gais propos et jeux,
Ou bien au bord des eaux limpides,

Dans le bois d'érables ombreux,
Glissent ainsi que des sylphides.

Sans cesse un eunuque méchant,
La vue et l'ouïe infaillibles,
A tous leurs gestes s'attachant,
Les suit... Le fuir est impossible.
Son zèle a fixé pour toujours
Un ordre sans faille ou détours.
Du Khan esclave fanatique,
Comme de la loi coranique,
Pour lui qui ne sait plus aimer
Plus rien ne compte désormais.
La haine ou la plaisanterie,
Mépris ou trait de moquerie,
Une offense, un regard brillant,
Soupirs, murmures suppliants
De femme, sur lui n'ont de prise;
Sa perfidie, il l'a comprise...
Soi qu'elle vive en liberté
Ou demeure en captivité,
Il connaît sa sincérité!
Muets reproches, pleurs de femme
N'ont plus de pouvoir sur son âme.

Lorsque, leurs beaux cheveux au vent,
Vont au bain les jeunes captives,
A l'heure où la chaleur est vive,
Les eaux d'une source coulant
Sur leurs charmes ensorcelants,
Toujours présent,' leur morne garde
Ces belles nudités regarde.
Il rôde à pas de loup la nuit,
Sur les tapis marchant sans bruit.
Pour épier de couche en couche
Leur sommeil superbe et charmant
Et pour surprendre sur leur bouche
Souffles, soupirs, gémissements...
Malheur, ô dormeuse imprudente,

Quel nom viens-tu de prononcer?
Ou tout bas quels lascifs pensers
Souffles-tu à ta confidente?

Alors pourquoi, pourquoi Guiré
Est-il sombre, désespéré?
Dans sa main s'éteint la chibouque,
Il sort, passe devant l'eunuque,
Vers son harem se dirigeant.

Sur les tapis dans la lumière,
Jouent en attendant le Khan
Les femmes qu'il aimait naguère.
A de grands enfants, pareilles,
Elles s'amusent, s'émerveillent,
Et jettent leurs boucles d'oreilles
Dans l'eau... Les esclaves autour
Versent le cherbet balsamique,
Quand un chant s'élève et parcourt
Le harem de son flot lyrique.

Chant tatar

1

Avec les pleurs et les tristesses,
L'homme reçoit un don des cieux,
Et le fakir en sa vieillesse
Verra la Mecque et les Saints Lieux.

2

Heureux qui tombe en la bataille
Sur les bords glorieux du Don,
Belle de visage et de taille
La Houri le comble de dons.

3

Mais celui qui, chère Zarème,
Au fond d'un harem langoureux
Dans l'ombre te caresse et t'aime,
Celui-là, c'est le plus heureux!
On chante... Mais qu'a donc Zarème,
Astre d'amour, beauté suprême?
Pourquoi dans sa pâleur étrange
N'entend-elle pas sa louange?
Comme un palmier qu'un vent maltraite
Elle incline sa jeune tête.
Rien ne lui plaît, ni chants, ni gemmes,
Car Guiré n'aime plus Zarème.

Il t'a trahie, et cependant
Ta beauté fraîche est sans égale,
Tes lourdes tresses encadrant
Deux fois ta face liliale.
Tes yeux, plus brillants que le jour,
Comme la nuit sont parfois sombres,
Ta voix sait exprimer l'amour,
Vibrer, fléchir et s'interrompre;
Aucun baiser ne vaut le tien,
Il plonge dans l'ardente ivresse.
Comment celui qui t'appartient
Pourrait-il changer de maîtresse?
Mais, devenu froid et cruel,
Le Seigneur dédaigne tes charmes,
Tu languis la nuit dans les larmes,
Sans percevoir aucun appel;
Depuis qu'elle est dans son harem,
C'est la Polonaise qu'il aime.

Récemment, la jeune Marie,
Dont l'aimable et fraîche beauté
Avait fleuri dans sa patrie
Sous d'autres cieux vint habiter.
Joie et fierté de son vieux père,
Son enfantine volonté
Était pour lui la loi sur terre.
Il n'avait qu'un souci fervent :
Que le sort de sa chère enfant
Fût clair comme un jour de printemps,
Qu'aucune peine passagère
N'assombrît son âme légère,
Qu'épouse, elle ait le souvenir,
Comme d'un songe d'allégresse,
Des jours heureux de sa jeunesse,
Avec leurs jeux et leurs plaisirs.
Plaisants étaient son caractère,
Ses gestes gracieux et vifs,
Ses yeux bleus tendrement pensifs.
Aux dons que nature confère
Elle savait adjoindre l'art;
La harpe de la douce fille
Charmait les fêtes de famille.
Combien de nobles, de richards
Recherchaient la main de Marie
Sans que son cœur ne s'en soucie,
Combien aussi de jeunes gens
En secret allaient s'affligeant,
Elle ignorait encor ces flammes.
Dans le silence de son âme,
Au sein du château paternel,
Elle se distrayait, heureuse,
Avec des compagnes rieuses,
Parmi les jeux habituels.

Soudain, voici que les Tatars,
Sur la Pologne s'étant jetés,

Le feu, quand sa nappe s'empare
Des champs, est moins précipité
Que ne le sont ces flots barbares.
Le pays dans le dénuement
Qui fut si florissant naguère,
Défiguré par cette guerre,
Ne trouve plus son enjouement.
Mornes sont les bois, les villages,
Et le beau château déserté,
Par ses hôtes soudain quitté;
Ta chambre — une muette image,
Marie, alors qu'avec ses morts
La chapelle familiale
S'enrichit d'un sépulcre encor.
Couronne, écu princier, s'étalent
Ornant ce monument nouveau.
Fille en prison, père au tombeau!
Dès lors un héritier avare
Du pays dévasté s'empare,
En imposant dans le château
Son joug aussi dur qu'un étau.

Hélas! notre jeune princesse
S'étiole en captivité,
Dans le palais du Khan sans cesse
Ne faisant que se lamenter.
Il épargne la malheureuse
Dont les gémissements, les pleurs
Troublent son sommeil et son cœur,
Et changeant sa loi rigoureuse,
Le morne garde n'a pas droit
D'entrer de jour, de nuit chez elle,
Le Khan faisant un autre choix
Pour le service de la belle.
L'eunuque n'ose d'un regard
L'offenser, quand avec l'esclave
Dans une riche salle, à part,
Va se baigner la jeune slave.

Guiré lui-même en a-t-il peur!
Il n'ose troubler sa pudeur,
Au harem elle est, solitaire.
Devant la Sainte Vierge luit
Une veilleuse jour et nuit
Dans sa salle particulière,
Qui vient ranimer dans son cœur
L'humble espoir d'un monde meilleur.
Là, Marie épanche ses pleurs,
Loin des compagnes envieuses.
Alors que le harem autour
Plonge en des mœurs voluptueuses,
Relique d'un divin amour,
Elle a pu sauver par miracle
Ce coin secret de piété.
Ainsi fait l'âme, en sa débâcle
Offerte aux sombres voluptés,
Qui sauve, tel un divin gage,
Un sentiment pur du naufrage.

La nuit descend sur la Tauride,
Son ombre s'étend sur le sol,
Du bosquet des lauriers splendides
S'élève un chant de rossignol.
En suivant le chœur des étoiles
Au ciel monte la lune pâle
Qui verse une douce clarté
Sur monts, vallons, bois et cités.
Alors, avec leurs blanches voiles,
Passant de maison en maison,
L'une chez l'autre sans façon,
Vont les épouses des Tatars,
Ainsi que des ombres bizarres,

Dans un silencieux décor
La nuit descend, le harem dort
Plongé dans la douceur sereine,
Plus rien ne bouge sur la scène...
L'eunuque ayant fini son tour

Sommeille... Son humeur inquiète
Et la peur d'une trahison
Sans cesse troublent sa raison.
Même dans son sommeil il guette,
Entendant des bruissements,
Des murmures, des cris, en dormant;
Et, poursuivi par de tels songes,
Soudain il s'éveille en tremblant.
Ce ne sont là que des mensonges,
Car tout est calme autour de lui
Mais des prisons marmoréennes
Jaillissant, chantent les fontaines;
Dans la pénombre de la nuit,
Inséparables de la rose,
Vocalisent les rossignols
Qu'il écoute longtemps, morose,
Et puis se rendort sur le sol.

Les nuits de l'Orient sont faites
D'une aimable et sombre splendeur,
Les heures s'écoulant sans heurt
Pour les fidèles du Prophète.
Dans leurs maisons que de douceur,
Dans leurs jardins combien de charme,
Et dans leurs harems sans alarmes
Où règne un plaisir enchanteur,
Dans le ravissement lunaire,
Que de grâce, que de mystère
Et que de voluptés légères...

Les épouses dorment... Pourtant,
Voici qu'à peine respirant,
Zarème d'une main pressée
Ouvre la porte... Elle est passée,
Devant l'eunuque d'un pas léger,
A quelque fantôme semblable,
Craignant son sommeil mensonger,
Comme son cœur impitoyable.

Devant elle une porte encor
Qu'elle ouvre d'une main prudente,
Le verrou glisse, mais tout dort
En paix et l'intruse tremblante,
Surprise, s'arrête un moment...
Une veilleuse faiblement
Luit devant une sainte image
De la Vierge au doux visage
Et d'une croix d'amour sacré,
Symbole dans nos cœurs ancré.
En son âme de Géorgienne,
Confus langage, heures anciennes,
Affluent de lointains souvenirs,
Que son esprit n'a pu bannir.
Ici la princesse repose,
Le sommeil lui rend ses couleurs;
Aux récentes traces de pleurs
Un innocent sourire s'oppose.

Ainsi la lune sur la rose,
Que la pluie alourdit encore,
Répand sa mystique lueur,
Avant les clartés de l'aurore.
Il semblait qu'un ange des cieux
Dormait sur la couche pieuse,
Les larmes coulant de ses yeux
Sur la captive malheureuse.
Et, ne respirant qu'à moitié,
Malgré elle ses genoux plient,
Elle dit alors! « Je t'en supplie,
Ô Marie, aie de moi pitié,
Ne repousse pas mes prières. »
Ces mots, soupirs et mouvements
De son doux songe, en un instant,
Ont arraché la prisonnière.

La princesse au sortir du rêve,
Voyant l'inconnue à ses pieds,

De sa main douce la relève :
« Qui donc es-tu? Quel singulier
Motif, dans ma nuit, solitaire,
Ainsi te pousse à me trouver? »
« Je viens vers toi car sur la terre
Toi seule encor peux me sauver.
Longtemps j'étais heureuse ici,
Mes jours s'écoulaient sans souci,
Mais mon bonheur ainsi qu'une ombre
S'enfuit... Écoute-moi, je sombre...

Je naquis loin, très loin d'ici,
Mais des tableaux et des histoires
Se gravèrent dans ma mémoire :
Ce sont les monts sur fond des cieux,
Les sources chaudes d'autres lieux,
Les sombres bois impénétrables,
Et d'autres lois et d'autres mœurs.
Alors, par quel destin instable
Quittai-je ce pays charmeur,
Je l'ignore, mais me rappelle
La mer... quelqu'un dans la hauteur
Au-dessus des voiles rebelles.
L'angoisse et les rigueurs du sort
Depuis me furent étrangères.
Au sein du harem tutélaire
Je fleurissais en paix dès lors
En attendant l'expérience
Des amours dans l'obédience.
Bientôt s'accomplissaient mes vœux...
Pour le harem voluptueux
Le maître a dédaigné la guerre,
Les combats sanglants de naguère,
En son harem apparaissant.
Nous nous tenions devant le Khan,
Pleines d'une secrète attente.
Fixant sur moi son clair regard
Il me fit signe... Obéissante,

Je vins... Depuis à tous égards
Dans une ineffable harmonie,
Sans jalousie et ses tourments,
Et sans ennui ni calomnie,
Nous fûmes de brûlants amants.
Mais, tu parus un jour, Marie,
Et son âme s'est assombrie,
Elle aspire à la trahison,
Il ne retrouve auprès de moi
Ni nos discours ni nos émois,
Et reste sourd à mes reproches,
Hélas! plus rien ne nous rapproche.
Étrangère à la passion,
Tu devins son obsession.
Je sais que tu n'es pas coupable,
Que tu restes irréprochable.
Marie, oh, sois, sois charitable,
Rends-moi Guiré, qui m'appartient!

Je sais mon charme et ma beauté!
Dans tout ce harem, excepté
Toi, nulle ne m'est dangereuse.
Je naquis pour la passion...
Ignorant ces émotions,
Tu troubles son âme amoureuse
De ta froide beauté pour rien;
Rends-moi Guiré qui m'appartient!
Je garde ses secrets terribles;
Ses pensers, ses vœux indicibles
Et ses serments indéfectibles
Sont à jamais rivés aux miens.
Ne réponds pas, c'est moi qu'il aime!
Ses baisers me brûlent encor,
Oh, rends Guiré à sa Zarème...
Sa trahison serait ma mort.
Repousse-le... Dédain, tristesse,
Prière... fais que cela cesse,
Car aveuglé par ta beauté,

Par ton image il est hanté.
Vois mes larmes, je m'agenouille,
Rends-moi Guiré, rends-moi son cœur,
Rends-moi la paix et le bonheur!
Ô toi, que nul soupçon ne souille,
Jure — bien que pour le Coran,
Parmi les esclaves du Khan,
J'oubliais cette foi ancienne,
Celle de ma mère et la tienne —
Jure de me rendre Guiré.
Redoute un cœur exaspéré!
Originaire du Caucase,
Je sais me servir du poignard... »
Et dans l'obscurité repart
Zarème, sans finir sa phrase.

Langage éperdu de l'amour,
Il trouble l'âme de Marie,
Elle entend mal pareil discours
Qui l'étonne par sa furie.
Ah! quelles prières, quels pleurs
La sauveraient du déshonneur?
Seigneur, faut-il qu'elle termine
Ses jours perdue, désespérée,
En misérable concubine?
Si l'oublier pouvait Guiré,
Ou par la mort la délivrer!
Elle aurait avec allégresse
Abandonné ce monde amer,
Les chers moments de sa jeunesse
Sont loin... Marie a trop souffert!
Attends-tu donc la mort si vite,
Marie? Oui, l'heure approche... Viens!
Au fond du ciel déjà t'invitent
Les sourires de tous les tiens...

Les jours ont fui... Plus de Marie.
L'orpheline gît au tombeau;

Elle rayonne, ange nouveau,
Au monde meilleur, sa patrie.
Mais qu'est-ce qui la fit mourir?
Sont-ce langueur de l'esclavage,
Maladie ou l'amour sauvage?
Elle n'aspirait qu'à partir...

Morose, le Palais est vide.
Le Khan l'abandonnant dès lors,
Entraîne ses Tatars encor
En incursions homicides.
A nouveau parmi les orages,
Poussé par sa sanglante rage,
Il vole, sinistre et fatal,
Mais dans son cœur brûle secrète,
La désespérance muette.
Et souvent ce guerrier brutal,
Sabre levé, reste immobile...
Pétrifié dans son enfer,
Il murmure des mots fébriles,
Versant des flots de pleurs amers.

Et de ses épouses dépris,
Le harem ne voit plus sa face,
Abandonné dans le mépris.
Plein de langueur le temps y passe,
Et sous la garde du castrat,
Dans l'oubli vieillissent les femmes,
Zarème plus ne reviendra
Car les « muets », bourreaux infâmes,
L'ont jetée en des eaux profondes
Le jour où la slave mourut,
Douleur éteinte dans les ondes...
Qui l'eût deviné? Qui l'eût cru?
Quel que soit son geste dément,
Affreux en fut le châtiment.

Ayant dévasté par la guerre
Et le feu les pays voisins,

En Tauride rentrant enfin
Le Khan érigeait, solitaire,
Dans son palais un monument
De marbre. C'est une fontaine
En souvenir de la chrétienne,
Qu'ornent la croix et le croissant.
Symbole audacieux... Outrance,
Une erreur due à l'ignorance...
Les ans n'avaient pas effacé
D'étranges traits encor visibles,
La source épand des pleurs glacés
Au creux d'une vasque insensible...
C'est ainsi que pleure tout bas
La mère, en des jours de tristesse,
Le fils tombé dans le combat,
Et les filles de la contrée,
Sachant la légende inspirée
Par ces amours et ces malheurs,
L'ont surnommée : « Fontaine aux pleurs ».

Épilogue

Quittant le Nord, laissant ses fêtes,
Me trouvant à Bakhtchisaraï,
J'entrai dans les salles muettes
Et dans les jardins du sérail.
J'errai là même où le Tatar,
Fléau des peuples, odieux,
Jouissait de délices rares
Après des combats furieux.
La volupté sommeille enclose
En ce palais, en ces jardins,
Parmi les clairs jets d'eau, les roses,
Les ceps alourdis de raisins.

L'or brille aux murs en abondance;
Derrière ces barreaux d'antan
Les épouses dans leur printemps

Souvent soupiraient en silence.
Puis au cimetière des Khans,
Demeure ultime des sultans,
J'ai vu de funèbres colonnes
Portant, ainsi que des couronnes,
De grands turbans de marbre blanc
Et, je croyais alors entendre
Leur message au milieu des cendres.

Où sont les Khans et leurs harems?
Tout semble triste et calme ici.
Je vois un fantôme imprécis
Qu'évoquent le parfum des roses
Et le murmure des jets d'eau,
Seul, ce fantôme à moi s'impose
Glissant dans cet Eldorado...
Hélas! quelle est cette ombre pâle
Qui devant moi passe à l'instant,
Belle, irrésistible, fatale...
Est-ce ton esprit rayonnant,
Ô Marie? Est-ce toi, Zarème,
Ardente et jalouse à l'extrême,
Toi qui dans ce lieu fascinant
Subis un cruel châtiment?

Alors soudain je me rappelle
Le vif regard d'une beauté...
Tous mes rêves volent vers elle
Et mon exil en est hanté.
Assez, dément! Arrête, cesse
D'attiser ainsi ta tristesse,
D'offrir ton âme sans recours
Aux orageux songes d'amour!
Esclave, en ta passion vaine
Et de baisers couvrant tes chaînes,
Combien vas-tu dans ta langueur
Sur une lyre sans pudeur
Chanter ta démence à la ronde?

Fervent des muses et du monde,
Oubliant la gloire et l'amour,
Je reviendrai dans peu de jours
Hanter les montagneux rivages
De la mer et ces paysages,
Comme les gais bords du Salgir,
Parmi de secrets souvenirs.
Bientôt les vagues de Tauride
Charmeront mon regard avide.
Pays ensorcelant, splendeur...
Les bois, les monts, les vallées chaudes,
La vigne aux grappes d'émeraude,
Peupliers, sources de fraîcheur,
Tout y ravit le voyageur
Qui sur une route rocheuse
Par une clarté radieuse,
Dans un air pur et matinal,
Monte son agile cheval
Et, l'onde verte devant lui
Au bas de la falaise luit.

LES TZIGANES

Dans la Bessarabie, bruyants,
En foule campent les Tziganes;
Ce soir, au-dessus du courant
S'est arrêtée leur caravane
Et, jusqu'au lever du soleil,
Leur tente abrite leur sommeil.
Entre les roues de leurs voitures,
Drapées à peine de tentures,
Avec gaieté le bûcher brille,
C'est le souper de la famille
Qui se prépare. Dans les champs
Leurs chevaux paissent. Loin des tentes
L'ours est couché. Tableau vivant
D'une tribu calme en l'attente

De s'en aller de grand matin
Non loin de là, sur les chemins
Où tout au long les accompagnent
Chansons de femmes, cris d'enfants,
Sons de la forge de campagne...
Mais c'est la nuit où l'on entend
Parfois sur cette plaine immense
Seulement aboyer les chiens,
Ou des hennissements... puis rien,
Rien qui dérange le silence.
Les feux partout se sont éteints,
Tout dort... La lune solitaire
De la hauteur des cieux éclaire
Le repos de ce camp serein.
Mais ce vieillard sous une tente,
Assis devant le feu mourant,
Ne peut dormir et, plein d'attente,
Jette son regard pénétrant
Sur les lointains noyés de brume.
Sa fille, avant l'obscurité
N'est pas rentrée : elle a coutume
D'aller, venir en liberté.
Bientôt le croissant va quitter
Le ciel plongé dans la pénombre,
L'heure est tardive, la nuit tombe,
Tout froid est le frugal repas.

Soudain, c'est elle dans la plaine.
Un jeune homme vient sur ses pas,
Elle dit : « Père, je t'amène
Un hôte à qui j'ai offert
Ce toit. Derrière le kourgane
Je l'ai trouvé dans le désert.
Il voudrait devenir Tzigane,
Il est poursuivi par la loi.
Je désire être sa compagne.
Désormais nos routes se joignent,
Il restera tout près de moi. »

LE VIEILLARD

Je suis heureux. Sous notre tente
Demeure en paix jusqu'au matin
Ou bien à notre vie errante
Joins-toi, si tel est ton dessein.
Je suis prêt à cette alliance.
En partageant mon toit, mon pain,
Sois nôtre dans l'accoutumance
D'un pauvre mais libre destin.
Dès l'aube nous irons demain,
Tous trois dans la même voiture;
Trouve un travail pour tous les jours,
Chante ou forge les ferrures,
Ou bien encore exhibe l'ours.

ALEKO

Je reste.

ZEMPHIRA

  Ainsi donc, sans attaches,
Il reste, il va m'appartenir,
Bientôt tzigane devenir.
Il est tard, le croissant se cache.
Les champs se couvrent de brouillard,
Je suis lasse... Comme il fait noir!

Doucement autour de la tente
Erre un vieillard silencieux
Mais, voici le soleil aux cieux!
« Zemphira, ne sois pas si lente!
Ah! ne dors plus, fils, il est temps!
Laissez la couche de mollesse! »
Les tentes sont pliées, les chars
A prendre la route s'empressent;
La tribu court, la tribu part...
Les ânes portent des paniers
Où les enfants jouent prisonniers.

Maris, frères, femmes et filles,
Les vieux et jeunes des familles,
Tous partent... Cris, vacarme et chants,
Bigarrure des vêtements;
L'ours gronde et fait sonner ses chaînes,
En aboyant courent les chiens,
Enfants, vieillards bohémiens
Dans leur nudité vont et viennent.
Tout est désordonné, riant,
Turbulent, fruste, discordant,
Étranger aux vaines promesses,
Aux évanescentes mollesses,
De notre vie en ses entraves,
Lassante comme un chant d'esclave.

Le jeune homme voyait, morose,
La plaine, déserte soudain,
Et n'osait s'expliquer la cause,
Intime, d'un secret chagrin...
Car habitant libre du monde,
N'a-t-il Zemphira près de lui,
Alors que le soleil l'inonde
De sa chaude beauté qui luit!
Mais sur son cœur plane un mystère,
Un lourd souci le désespère...

« Léger, l'oiseau de Dieu délaisse
        Les travaux, les ennuis,
Insoucieux, il ne se tresse
        Aucun durable nid.
Il dort la nuit sur une branche
        Mais quand luit le soleil,
Que Dieu sur lui sa grâce épanche,
        Il chante à son réveil.
Le printemps, fleur de la nature,
        Fait place au bel été,
Et puis ce sont brouillards, froidure
        Par l'automne apportés.

C'est la langueur, c'est la tristesse...
   L'oiseau vole, partant
Vers le midi et ne se presse
   De rentrer qu'au printemps. »

Ainsi qu'un oiseau de passage,
Insouciant de son destin,
Cet exilé sans nid certain
N'a plus de familiers parages.
Partout il trouvait son chemin,
L'abri de nuit jusqu'au matin...
Ses routes comme ses journées
Étaient par Dieu seul ordonnées.

La vie aux soucis angoissants
Est loin de son cœur à présent !
Parfois l'étoile de la gloire
L'attirait, magique, illusoire,
Ou luxe et divertissements
A lui s'offraient pour un moment.
Mais, sur sa tête solitaire
Plus souvent grondait le tonnerre ;
Alors, sous l'orage, endurci,
Il se reposait sans souci.
Il avait rejeté les chaînes
D'une vie agitée et vaine,
Les passions avaient pourtant
Dominé son âme longtemps.
Se seraient-elles apaisées,
Pour soudain surgir embrasées ?
Elles s'éveilleront, attends !

ZEMPHIRA

Ami, est-ce que tu regrettes
Parfois, ce que tu as quitté ?

ALEKO

Qu'ai-je quitté ?

98

ZEMPHIRA

Mais les cités,
La patrie, un monde, les fêtes.

ALEKO

Que regretter...? Si tu savais
L'esclavage étouffant des villes!
Derrière leurs murs élevés
Languissent tant de gens serviles,
Ignorant les senteurs des prés,
Comme la fraîcheur matinale,
Honteux d'aimer et toujours prêts
A délaisser leur idéal,
Trafiquant de leur liberté,
S'inclinant devant les idoles;
Argent et chaînes les enjôlent.
Qu'ai-je quitté? Des vanités,
Les tourments de la trahison,
La persécution des masses,
Des préjugés, le talion,
Un déshonneur brillant? J'en passe...

ZEMPHIRA

Mais les étincelants salons,
Les tapis, les belles tentures,
Jeux, fêtes et réunions,
Les femmes aux riches parures?

ALEKO

Il n'est de bonheur sans amour!
J'ai quitté les fêtes urbaines,
Les femmes... oh, sois-en certaine,
Tu es plus belle sans atours,
Plus belle sans colliers ni gemmes,
Ne change pas, reste la même!
Auprès de toi mon seul désir
Est de goûter à l'avenir
Amour, exil choisi, plaisir...

99

☆

LE VIEILLARD

Tu nous aimes mais, de naissance
Issu d'un peuple où l'abondance
Règne, en quittant ces voluptés,
Te plais-tu dans nos libertés?

Ici survit une légende :
Par un tzar en colère grande,
Exilé d'un pays lointain,
Un étranger parmi nous vint,
J'ai oublié son nom bizarre [1].
Agé, mais jeune encor de cœur,
Son âme n'avait pas de tare;
C'était un génial chanteur.
Sa voix aux flots était pareille,
Et son talent faisait merveille.

Il vivait sur les bords du Don
Charmant le peuple de ses dons,
Aimé de tous, mais sans défense
Et comme absent de l'existence.

Doux et faible, tel un enfant,
Nos gens pour lui pêchaient, chassaient,
Même en hiver lorsque les vents
Se déchaînaient, que se glaçait
Le fleuve, ils couvraient, pleins d'égards,
De chauds pelages le vieillard.

Mais il ne prit pas l'habitude
D'une existence pauvre et rude.
Il allait blême et desséché
Disant que Dieu dans son sublime

1. Ovide.

100

Courroux le chatiait d'un crime...
Il languissait, dans son malheur,
Tout seul errant sur les rivages,
Et là versait en vain des pleurs,
Regrettant sa cité natale.
Ainsi, sa volonté finale
Fut que ses os soient transportés
Au Sud car en terre étrangère
C'étaient des hôtes solitaires,
De leur havre au loin emportés.

ALEKO

Ô Rome, universel empire,
De tes fils vois quel est le sort!
Chantre d'amour, qu'est donc la lyre,
Qu'est la gloire? Un écho de mort
Élogieux qui se propage
Parmi les peuples d'âge en âge,
Ou bien devient, sous les ombrages,
Le récit d'un gitan sauvage.

Deux ans passèrent... La peuplade
Erre toujours sur les chemins.
Hôtes bienvenus, les nomades
Reçoivent un accueil humain.
En s'éloignant de la culture,
Aleko libre, insouciant,
Comme un Tzigane à l'aventure
Prend sans regret les jours fuyants.
Rien de changé dans l'existence
Des Tziganes et son passé
Est mort. Nouvelle accoutumance :
Il aime leurs bivouacs pressés,
La paresse qui les gouverne,

Leur parler pauvre et cadencé
Et, transfuge de la caverne,
L'hôte hirsute qu'il a dressé.
Devant la foule circonspecte,
Dans les hameaux ils font collecte;
Rongeant sa chaîne, énorme et lourd,
L'ours gronde et danse au carrefour;
Le vieux d'une main nonchalante
Fait résonner le tambourin;
Aleko montre l'ours et chante;
Zemphira cueille le butin.
Quand vient la nuit, ils se rassemblent
Autour du grain non moissonné;
Le vieillard sommeille et tout semble
Enfin au repos s'adonner.

Le père assis, chauffe ses os
Au soleil devant une tente,
Zemphira veille le berceau,
Quand Aleko l'entend qui chante.

ZEMPHIRA

« Vieil époux, inhumain,
Brûle et poignarde moi,
Je suis ferme et ne crains
Ni flamme ni poignard.

Je te hais, te méprise,
Te hais de tout mon cœur;
C'est un autre que j'aime,
C'est pour lui que je meurs. »

ALEKO

Tes chansons sauvages me hantent,
Tais-toi, je n'aime pas ces chants!

102

Cela m'est bien indifférent,
C'est pour moi-même que je chante.

« Poignarde et brûle-moi,
Je ne t'avouerai rien,
Époux vieux et cruel,
Ce secret reste mien.

Plus ardent que l'été,
Il est le printemps même,
Il est jeune et hardi,
Il m'aime! Ah! comme il m'aime!

Et je l'ai caressé
Dans l'ombre de la nuit;
Ah! que nous avons ri,
Ri de tes cheveux gris! »

ALEKO

Tais-toi, Zemphira, il suffit...

ZEMPHIRA

Cette chanson l'as-tu comprise?

ALEKO

Zemphira!

ZEMPHIRA

Ainsi qu'un défi,
Tu peux la comprendre à ta guise.

(Elle s'en va en chantant : « Vieil époux, etc. »)

103

LE VIEILLARD

Il me souvient... Cette chanson
De notre temps était chantée;
Légères ces paroles sont
Parfois aujourd'hui répétées.
Dans nos bivouacs abrités,
C'est la nuit, en berçant sa fille,
Que Marioula la chantait
Devant un grand feu de brindilles.
Dans mon esprit déjà les ans
S'estompent voilés d'ombre noire,
Mais sa chanson dans ma mémoire
S'est empreinte profondément.

Tout dort en paix. La lune éclaire
L'azuréen ciel du Midi.
Mais, voici qu'éveille son père,
Soudain, Zemphira qui lui dit :
Ô père, écoute dans ses songes
Aleko sanglote et gémit,
Effrayant, quelque mal le ronge.

LE VIEILLARD

Silence! Qu'il reste endormi.
Les Russes croient une légende,
Où l'esprit des aîtres la nuit
Tourmente le dormeur de grandes
Angoisses, mais à l'aube il fuit.

ZEMPHIRA

C'est mon nom qu'il murmure, ô père.

LE VIEILLARD

Te cherchant même en son sommeil,
Plus que tout, tu lui restes chère.

ZEMPHIRA

Je me languis... mon cœur pareil
Au prisonnier se voudrait libre,
Déjà... mais chut! écoute encor,
Un autre nom dans sa voix vibre.

LE VIEILLARD

Quel nom?

ZEMPHIRA

                    Ah, ce gémissement
Rauque... Ces grincements de dents,
Je vais l'éveiller. C'est horrible.

LE VIEILLARD

Laisse, car cet esprit pénible
Va disparaître...

ZEMPHIRA

                    C'est vrai, soudain,
Voici qu'il m'appelle et se dresse.
Rendors-toi. J'y vais... à demain.

ALEKO

D'où viens-tu?

ZEMPHIRA

                    De chez père. Ah, qu'est-ce?
Quel esprit sombre te hantait,
T'obsédait et te tourmentait?

ALEKO

En rêve, te voyant sans cesse,

105

Il me semblait qu'entre nous deux
Des spectres se levaient hideux.

ZEMPHIRA

Ne crois pas ces perfides songes.

ALEKO

Je ne crois rien... Tout est mensonge,
Serments et rêves de bonheur,
Je ne crois même plus ton cœur.

☆

LE VIEILLARD

Pourquoi soupires-tu sans cesse
Jeune fou, pourquoi ta détresse?
Nous vivons libres sous les cieux,
On sait la beauté de nos femmes...
Ne pleure pas; triste, anxieux,
Tu vas te perdre corps et âme.

ALEKO

Hélas, elle ne m'aime plus...
Notre bonheur est révolu.

LE VIEILLARD

Console-toi, c'est une enfant.
Ta tristesse est une folie,
Tu l'aimes trop et cependant,
Frivole, un cœur de femme oublie.
Regarde comme au firmament
La lune à la nature entière
Prodigue toute sa lumière :
Tantôt ce nuage un moment,
Tantôt c'est l'autre qu'elle éclaire.

106

Qui va lui désigner son cours,
Arrêter l'astre? Quelle est l'âme
Qui pourrait dire au cœur de femme
Ne change pas, aime toujours!
Console-toi.

ALEKO

Comme elle aimait...
Dans la nuit aux heures divines,
Si tendre, elle s'abandonnait;
Ou bien dans sa joie enfantine
Tant de fois elle a su chasser
Le sombre cours de mes pensers.
Zemphira me devient cruelle!
Eh quoi, serait-elle infidèle?

LE VIEILLARD

Écoute, je vais te conter
Ce que jadis j'ai supporté.
(Un souvenir ancien m'habite,
Triste histoire d'un abandon.)
Jadis lorsque le Moscovite
N'avait pas menacé le Don,
Nous vivions tous dans la crainte
Du Sultan qui dans l'enceinte
Des tours hautaines d'Akerman
Nous gouvernait sévèrement.
J'étais jeune en ce temps, mon âme
Bouillait; pas un seul cheveu blanc
A mes boucles ne se mêlant.
Parmi les belles jeunes femmes
Une était là... Dès mon éveil
Je l'admirais comme un soleil.
Filante étoile, ma jeunesse
S'est éclipsée en un instant :
Marioula et sa tendresse

Pour moi n'avaient duré qu'un an.
Un jour, auprès d'un lac profond,
Vint vers nous une caravane
Et les tentes d'autres Tziganes
S'élevèrent au pied du mont,
Mais leur séjour ne fut pas long,
La troisième nuit ils partirent,
Et quittant alors Zemphire,
Marioula les a suivis.
Dans un sommeil j'étais ravi...
Mais, aux lueurs de cette aurore,
Dès mon réveil, je la cherchais
En vain... Je l'appelais encore,
L'enfant pleurait, je m'approchais,
Mes pleurs coulaient... Aucune femme
N'a plus arrêté mon regard,
Et n'émut jamais plus mon âme
Ni de mon temps eut une part.

ALEKO

Comment ne t'es-tu pas en hâte
Précipité devant l'ingrate,
En poignardant ses ravisseurs,
Ainsi que l'infidèle au cœur.

LE VIEILLARD

Un oiseau libre est la jeunesse,
Qui pourrait arrêter l'amour?
Chacun a droit à son ivresse,
Quand il a fui c'est sans retour.

ALEKO

Je suis bien différent et crois,
Sans lutte ne cédant mes droits,
Qu'au moins je chercherais vengeance...

Même, si couché sans défense,
J'avais trouvé mon ennemi
Sur une falaise endormi,
Alors du pied, sans que j'hésite,
Je le ferais basculer vite,
Et jouirais de la rumeur
De sa chute et de sa terreur.

LE JEUNE TZIGANE

Encore un seul... un baiser tendre...

ZEMPHIRA

Je tremble, il pourrait nous surprendre.

TZIGANE

Un long baiser avant l'adieu...

ZEMPHIRA

Je crains mon époux odieux!

TZIGANE

A quand la rencontre future?

ZEMPHIRA

Je te reverrai cette nuit,
Sur le tombeau.

TZIGANE

Tu me le jures?

ZEMPHIRA

Je viendrai, sauve-toi... C'est lui.

Aleko dort... des rêves sombres
Se présentent à son esprit,
Il tend son bras dans la pénombre
Et se réveille avec un cri.
Auprès de lui la couche est vide,
Car son amie est loin... Livide,
Il épie en vain, mais tout dort...
Quelle fièvre a saisi son corps!
Un soupçon effrayant le hante;
Il se lève et quitte la tente,
Autour des chariots cherchant,
Mais tout repose dans les champs.
A peine brillent les étoiles,
De brumes la lune se voile,
Mais sur la rosée, incertains,
Des pas ont marqué le chemin.
Il suit cette trace fatale,
Bientôt une pierre tombale
Devant lui paraît, et voici
Que d'un pressentiment saisi,
En s'arrêtant Aleko tremble
Il voit comme en un rêve... ensemble,
Très proches deux ombres, soudain
Au-dessus du tombeau voisin.

1re VOIX

Il est temps!

2e VOIX

Oh, restons encore.

1re VOIX

C'est tard...

Restons jusqu'à l'aurore.

1ʳᵉ VOIX

Non, non!

2ᵉ VOIX
Timide est ton amour.
Un seul instant...

1ʳᵉ VOIX
Tu veux ma perte,
S'il s'éveillait avant le jour...

ALEKO

Je suis éveillé. Restez... Certes,
Sur ce tombeau vous êtes bien!

ZEMPHIRA

Ô mon ami, sauve ta tête...

ALEKO

Mais non, ô bel amant... Tiens, tiens!

(Il le transperce avec un couteau.)

ZEMPHIRA

Aleko, Aleko, arrête!

TZIGANE

Je meurs!

Regarde tout ce sang
Sur toi! Qu'as-tu fait à présent?

ALEKO

Mais rien. Jouis de ton amant!

ZEMPHIRA

Cruel, tu ne me fais plus peur,
Ton crime affreux me fait horreur.

ALEKO

Meurs donc!

(Il la terrasse.)

ZEMPHIRA

Je meurs, mais en aimant...

☆

L'aube étincelait de lumière,
Assis derrière le coteau, ·
Sur une stèle funéraire,
Dans la main un sanglant couteau,
Les deux morts devant lui par terre,
Aleko restait là, livide...
L'entourant se tenaient, timides,
Les Tziganes silencieux.
Embrassant les morts sur les yeux,
Passaient les femmes — triste file!
Le père assis seul, immobile,
Fixait la morte d'un regard
Où s'exprimait son désespoir.
Le couple fut porté en terre;
De loin Aleko vit tomber

112

La part ultime de poussière...
Alors comme un arbre coupé,
Se penchant en silence, inerte,
Il s'écroula dans l'herbe verte.

Avant d'abandonner les lieux,
Le pauvre père, humain et sage,
Lui dit : « Laisse-nous, orgueilleux!
Sans lois, nous vivons en sauvages.
Pas de supplice, de terreur;
Nous ne voulons ni sang ni pleurs,
Pour assouvir vengeance ou rage,
Mais vivre près d'un assassin...
Oh, non! Va, pour notre destin
Tu n'es pas né. Tu ne désires
Que pour toi seul la liberté.
Désormais, ta voix nous inspire
De l'effroi... Il faut nous quitter!
En toi brûlent de sombres flammes;
Nous sommes humbles, bons dans l'âme.
Va! Que la paix soit avec toi! »

Il dit, et la tribu bruyante
Quittant le triste campement,
Dans les steppes environnantes
S'évanouit en un moment.
Mais une télégue spectrale,
Pauvre char à peine couvert,
Resta dans la plaine fatale.
Ainsi, parfois avant l'hiver,
Dans l'aube brumeuse il arrive
De voir s'élever dans les airs
Des champs les cigognes tardives,
Mais ne peut suivre leur départ
Une cigogne solitaire,
L'aile brisée, restée à terre.
L'ombre descend, il se fait tard,
Mais aucun feu sous les étoiles...

Personne sous l'auvent de toile
N'a reposé là-bas ce soir.

Épilogue

La magique emprise des chants
Dans ma mémoire nébuleuse
Ranime les heures d'antan,
Parfois tristes, parfois heureuses.
Dans ce pays où sans arrêt
Résonnait la rumeur guerrière,
Le Russe imposa des frontières
Enfin au Turc désemparé.
Notre vieil aigle bicéphale
Y conte un passé glorieux...
Là, parmi les steppes natales,
Je rencontrai les chariots
Paisibles des errants Tziganes,
Enfants d'une humble liberté,
Et j'ai suivi leurs caravanes
A travers champs sans les quitter,
Goûtant leur simple nourriture,
Dormant auprès de leurs foyers.
Les longs chemins de l'aventure
Étaient de chansons égayés.
Ce tendre nom « Marioula »
Longtemps encore me troubla.

Fils de la nature sacrée,
Parfois en proie à la douleur,
Comme nous vous fuit le bonheur,
Dessous vos tentes déchirées
Et, vos bivouacs dans le désert
N'esquivent pas le sort amer,
Sort qui nous livre sans défense
Aux mêmes passions intenses.

1824

EUGÈNE ONÉGUINE

(Extraits)

LA LETTRE DE TATIANA À ONÉGUINE

Je vous écris, est-ce assez clair?
Que reste-t-il encore à dire?
Il se pourrait que je m'attire
Ainsi votre dédain amer.
Pourtant si vous pouviez comprendre
Mon triste destin ici-bas,
Vous ne m'abandonneriez pas.
D'abord j'ai pensé me défendre,
J'aurai voulu dissimuler,
Pour vous mes sentiments sincères.
Sachez que j'aurais su me taire
Si de vous voir, de vous parler,
J'avais l'espoir. J'eusse rêvé
Toujours, toujours à nos rencontres,
Mais dans ce pays isolé
Vous semblez être un exilé.
C'est trop distant que l'on vous montre
Et, bien qu'heureux vous accueillant,
Nous n'avons rien de très brillant.

Le hasard de votre visite
Dans notre village perdu
Fit naître une peine subite.
Sans vous connaître j'aurais pu,
Domptant mon âme prisonnière,
Accepter l'offre d'un mari

115

Et, vertueuse épouse et mère,
Poursuivre un destin calme et gris.
Un autre...
                    Au monde il n'est personne
A qui j'aurais donné mon cœur,
Je t'appartiens, le ciel l'ordonne
Par un arrêt supérieur!
Toute ma vie était le gage
De cette rencontre avec toi,
Ô mon gardien, mon seul partage,
C'est Dieu lui-même qui t'envoie!
C'est toi que je voyais sans cesse,
En rêve déjà je t'aimais.
Ton regard, ta voix, leur tendresse
Ont su m'émouvoir, me charmer.
Tu vins, j'ai pensé : « c'est lui-même!
Ce n'était pas un songe, oh non! »
J'étais près de la pâmoison,
Brûlant de sentiments extrêmes.
C'était donc toi, cœur généreux,
Qui me parlais dans le silence
Quand j'assistais les malheureux,
Ou quand, par la prière intense,
Je m'apaisais. En cet instant,
Tu viens, invisible, dans l'ombre
A mon chevet, me prodiguant
Des mots d'amour dans la pénombre.

Es-tu donc un ange gardien,
Ou bien un tentateur perfide?
Résous mes doutes. N'est-ce rien
Qu'une erreur naïve? Décide...
Je laisse à ta décision
Tout mon avenir que j'ignore.
Mes larmes coulent... Je t'implore
De m'accorder protection.
Vois combien je suis solitaire,
Personne ici ne me comprend...

En silence, désespérant,
Mon esprit se perd sans lumière...
Je t'attendrai... D'un seul regard
Tu peux ranimer mon espoir,
Ou d'un reproche mérité
Dissiper ce rêve exalté.

J'ai honte en finissant ma lettre,
De la relire j'aurais peur...
Mais, confiante, à votre honneur
J'ai résolu de me remettre.

(Mariée à un grand seigneur pendant la longue absence d'Onéguine,
Tatiana repousse son amour.)

Fixant sur lui son beau regard,
A ses baisers elle abandonne
Sa main inerte, puis frissonne
Et, comme sortant d'un brouillard,
Elle dit, après un silence :
« Il suffit, levez-vous! Sachez...
Je dois, je veux être sincère;
Le sort nous avait rapprochés,
Vous vous en souvenez, je pense,
Jadis dans notre vieux jardin?
Là-bas, votre leçon sévère
Je l'écoutai jusqu'à la fin
Humblement. Mais voici mon tour...

« J'étais plus jeune alors, Eugène,
Meilleure il semble, et mon amour
Était profond. J'eus tant de peine,
M'étant trompée sur votre cœur!
L'amour de cette enfant, d'ailleurs,
Qu'était-ce pour vous? En réponse,
Je n'ai reçu qu'une semonce!
Me rappelant votre regard
Et vos propos, mon cœur se glace...

117

En cette heure que rien n'efface,
Je vous en ai su gré plus tard,
Pour moi vous eûtes des égards.

« Jadis en des lieux solitaires,
En leur silence, en leur ennui,
Hélas! je ne vous plaisais guère;
Ici, votre amour me poursuit.
Qu'est-ce alors qui vous intéresse :
Le monde où je parais souvent?
Ou ma fortune et ma noblesse?
De la cour, l'accueil bienveillant?
Serait-ce parce que ma honte,
Devenue un succès qui compte,
Servirait votre vanité,
Et pourrait même vous flatter?
Je pleure... Ah! si de moi naguère
Encore vous vous rappelez,
Vos discours des jours écoulés,
Dans leur froideur, je les préfère
Aux lettres, aux larmes d'amour
Dont l'offense me semble claire.
Au moins, jadis, pour ma jeunesse
Vous ressentiez quelque pitié,
Mais aujourd'hui, dites-le, qu'est-ce
Qui vous fait tomber à mes pieds?
Avec votre cœur, votre esprit,
Eugène, quelle petitesse,
Des vanités vous être épris!

« Ah! que sont pour moi cette pompe,
Son clinquant odieux et vain,
Tous mes éphémères triomphes
Parmi les tourbillons mondains,
Ma grande maison et son train?
Bruit, fumée et vaine façade,
Oripeaux d'une mascarade!
Comme je changerais ce sort

Contre mon vieux jardin sauvage
Où nous nous vîmes tout d'abord,
Mes livres et l'humble maison,
Le cimetière aux verts ombrages,
Avec sa tombe à l'abandon
Où, dans un modeste décor,
Aujourd'hui, ma nourrice dort.

« Ah! le bonheur était possible
Et si proche... mais à présent
Mon destin est irréversible.
Oui, ce fut peut-être imprudent,
Mais tout m'était indifférent...
J'ai vu les larmes de ma mère,
Et dus, cédant à ses prières,
Me marier. Oh! votre cœur
Est fier, vous avez de l'honneur...
Je vous aime. Pourquoi ruser!
Mais je vous prie de me laisser.
A qui je fus donnée, dit-elle,
Je resterai toujours fidèle. »

EUGÈNE ONÉGUINE

POÈME ÉCRIT PAR LENSKI
LA VEILLE DU DUEL

« Vous avez fui, jours d'allégresse,
Ô jours dorés de ma jeunesse!
Hélas! que m'apprête demain?
Il est baigné de brume épaisse,
De l'entrevoir j'essaie en vain.
Mais quel que soit pour moi le sort,
Que sa flèche me frappe à mort, .
Ou passe au loin sans me blesser,
Veiller, dormir, tout est tracé...

Béni soit le jour, ses soucis!
Que la nuit soit bénie aussi!

« Demain, lorsque l'aube aura lui,
Quand sonnera l'heure fatale,
Descendrai-je seul dans la nuit,
Dans ma demeure sépulcrale?
Les flots rapides du Léthé
Emporteront mon souvenir!
Mais, ô toi, vierge de beauté,
Sur ma tombe vas-tu venir?
Sur mon urne, chère pleureuse,
Verser une larme en pensant —
Il m'aimait en me dédiant
L'aube de sa vie orageuse?
Mon épouse, mon adorée,
Viens, viens à moi, ma désirée! »

LE DUEL

Des ennemis... Mais depuis quand
Les a dressés la soif du sang
L'un contre l'autre? Ils partagèrent
Souvent leurs loisirs, leurs affaires;
Or, à présent pleins de colère,
Tels des rivaux héréditaires,
Dans quelque rêve ténébreux,
Ils se préparent en silence
Et souhaitent un sort affreux
A l'ami d'hier. Oh! démence,
Ne vaut-il pas mieux en riant,
Avant que leurs mains ne rougissent,
Se quitter amicalement?
Mais les vains préjugés, complices
De fausses hontes, nous régissent.
. . . .
Le signal part et froidement,

120

Sans viser, les deux adversaires
En mesure, d'un rythme lent,
Ont d'abord quatre pas à faire,
Ce sont quatre degrés mortels...
Eugène lève l'arme, d'ores
Et déjà, froid et ponctuel;
Et puis ils font cinq pas encore,
Lenski alors vise à son tour
Fermant un œil, mais Onéguine
Tire... c'est fait! Tout se termine
Et dans un silence complet
Lenski fait choir son pistolet.
Portant la main à sa poitrine
Il tombe, il change de couleur,
Ses yeux se voilent... Onéguine
Y lit la mort, non la douleur.

. . . .

Il est glacé, il court, s'arrête
Devant Lenski, l'appelle. En vain!
Il n'est plus, le jeune poète,
Ô fleur, fanée en son matin!
La bourrasque emporta son âme.
Sur l'autel s'éteignit la flamme...
Hélas! il est sans mouvement;
Sur son front règne un calme étrange,
Par la plaie ouverte, en fumant
Du sein percé le sang s'épanche.
A peine il n'y a qu'un instant
Dans son âme brûlaient pourtant
L'ardeur de l'inspiration,
La haine, l'adoration.
Et le voici, muet, inerte,
Ainsi qu'une maison déserte
Aux volets clos, dont la maîtresse
Est partie sans laisser d'adresse.

Eugène est rongé de remords,
Sa main se crispe sur son arme.

Hélas, confirmant ses alarmes,
Un témoin s'écrie : « Il est mort! »
Pâle, atterré, s'éloigne Eugène,
En hélant ses gens qui l'entraînent.
Zaretski porte le corps froid
Sur le traîneau. Triste, il ramène
Sa charge de pleurs et d'effroi...
Les chevaux hennissent, revêches;
Peureux, ils ont flairé la mort,
Leur écume a blanchi leurs mors,
Et voilà qu'ils partent en flèche!
Amis, vous plaignez le poète
Qui, plein de radieux espoirs,
Sans les réaliser, s'arrête
Au seuil de sa jeunesse et part...
Où sont donc sa fougue, sa flamme,
Vifs élans, méditations
Hardies et tendres de son âme,
Ses orageux désirs d'amour,
La soif d'écrire et de connaître,
L'horreur du vice et des détours
Et, rêve secret de son être,
Toi, céleste apparition,
Poésie, Inspiration?
Était-il né pour les hommages
Ou pour servir l'humanité?
Sa voix aurait peut-être été
Celle qui, traversant les âges,
Résonne en des chants triomphants?

. . . .

Poète, ton ombre, ô douleur,
Qui sait, emporte sous la terre
Des mots qui raniment les cœurs?
A travers l'ultime frontière
L'appel des chœurs reconnaissants
Ne t'atteindra plus à présent...

LE CAVALIER D'AIRAIN

Debout sur la grève déserte ·
Il méditait ses hauts projets[1];
Un seul canot comme un jouet
Flottait parmi les vagues vertes.
Là, sur les bords marécageux,
Sous un ciel sombre et nuageux
Se voyaient de noires chaumières,
Abri d'un peuple miséreux.
Les bois profonds et ténébreux,
Impénétrables aux lumières,
Bruissaient dans la brume alentour,
La nuit s'étant fondue au jour.
Il se disait : à cette place
Une ville va se dresser
Comme une vivante menace
A qui voudrait nous abaisser.
La nature doit nous permettre
D'ici percer une fenêtre
Sur l'Europe. Nos visiteurs
Viendront avec leurs caravelles,
Sur les ondes pour eux nouvelles;
Au large nos navigateurs
Pourront déployer nos couleurs.
Après cent ans, la ville étrange,
Joyau des climats de minuit,
Émerge, altière, de la nuit,
Des forêts sombres et des fanges.
Quelque pauvre pêcheur finnois,
Le triste paria des plaines,
Jetait dans les eaux incertaines,

---

1. Pierre Ier.

123

Ici, ses filets autrefois.
A présent, au rivage austère
Se dressent des palais, des tours;
De tous les pays de la terre
Les vaisseaux viennent tous les jours.
Des ponts ont enjambé les ondes
Coulant dans les quais de granit;
De riants jardins ont garni
Les îles — verdures profondes —
Et Moscou perd de son éclat,
Veuve royale, elle s'incline
Devant la nouvelle tzarine,
La capitale que voilà...
Ô Pierre, j'aime ton ouvrage,
J'aime le cours majestueux
De la Néva dans ses rivages,
Son air sévère, harmonieux,
J'aime le dessin de ces grilles,
Ces rêves, ces nuits qui scintillent,
Quand, dans une étrange clarté,
En son éclat nocturne brille
La flèche de l'Amirauté.
Je lis ou j'écris dans ma chambre
Comme à la lumière du jour,
Car deux aubes dans un ciel d'ambre
Et qui se suivent tour à tour,
A la nuit ne cèdent leur place
Que pour quelques instants fugaces.
J'aime aussi de ton rude hiver
Le gel et le calme de l'air,
La course des traîneaux rapides
Le long de la Néva solide,
Plus frais que des roses d'été
Les visages des jeunes filles,
L'éclat des bals et leur gaîté,
La fête de tes joyeux drilles,
Les feux bleus du punch écumant
Dans leurs verres levés gaiement.

J'aime tes fêtes militaires,
Les mouvements aux champs de Mars,
En leurs alignements sévères,
Des fantassins et des hussards.
J'aime ces lambeaux de la gloire,
Les drapeaux contant nos victoires,
Comme les casques scintillants
Percés de balles dans les guerres,
Et la fumée et le tonnerre,
Ô capitale militaire,
De tes canons toujours veillant,
Quand ton énorme forteresse
Annonce à ton peuple en liesse
Que la souveraine du Nord
Fait don à la maison régnante
D'un héritier, ou bien encor
Que la Russie est la gagnante
D'un combat contre l'ennemi,
Ou que, brisant soudain sa glace
Bleue, en ayant longtemps dormi,
Au printemps la Néva fait place,
Heureuse au sortir de l'hiver,
De la porter, brisée, en mer.
Comme la Russie, inébranlable,
Cité de Pierre, en ta beauté
Demeure fière, inviolable,
Et que de l'élément dompté
S'éteignent dans les eaux finnoises,
Avec ses révoltes sournoises,
Les haines de captivité;
Pour que jamais plus leur colère
Ne trouble le sommeil de Pierre!
Hélas! on vit un temps d'horreur
Dont reste vive encor la trace;
Amis, souffrez que je vous fasse
Un récit vrai de ces malheurs!

PREMIÈRE PARTIE

Sur un Pétrograd assombri
Soufflait novembre froid et gris;
Son fleuve en son lit par saccades
S'agitait ainsi qu'un malade,
Ses flots éclaboussant les bords
Des parapets et leurs décors.
Tout devenait plus froid, plus sombre,
La pluie en colère cinglait
Les vitres, et dans la pénombre,
Lugubre, le vent ululait...
Eugène toujours à cette heure
Rentrait dans sa pauvre demeure.
J'ai choisi ce nom familier,
Car je l'ai pris en amitié,
Pour notre héros, entre mille;
Le patronyme est inutile,
Bien qu'il brillât dans le passé
Et qu'il y plongeât ses racines,
Ainsi que l'écrit Karamzine,
Le temps, l'oubli, l'ont effacé.
Petit fonctionnaire, Eugène
Fuyait les titrés dans sa gêne,
En oubliant sa parenté
Éteinte, et ses hauts faits cités.
Rentré, dévêtu, couché vite,
Longtemps il ne peut s'endormir
Parmi les pensers qui l'agitent.
Quels sont ses soucis, ses désirs?
Étant pauvre, ses espérances
Pour acquérir l'indépendance
Et pour mériter les honneurs
Se limitaient à son labeur.
Il se disait que le Seigneur

126

Eût pu lui donner plus de chance,
Plus d'or et plus d'intelligence,
Qu'il connaissait quelques veinards
Sots, fainéants – un sort propice
Leur assurant la belle part –
Qu'il n'a que deux ans de service,
Que la tempête et que le vent
Se déchaînaient en s'acharnant,
Et gonfleraient encor le fleuve,
Que ses ponts seraient enlevés [1],
Qu'avant deux jours, fâcheuse épreuve,
Il ne pourrait pas retrouver
Paracha... De tout cœur Eugène
Soupire et ses rêves l'entraînent...
Me marier et pourquoi pas?
Oui, prêt à travailler sans cesse,
J'ai la santé, j'ai la jeunesse.
Évidemment, c'est un grand pas...
Tant bien que mal, humble et tranquille,
Je puis apprêter notre asile,
Où Paracha vivrait en paix
Et dans un an ou deux, qui sait,
J'aurais une meilleure place...
Elle, à ses devoirs ferait face.
Quand nous aurons, main dans la main,
Fait jusqu'au bout notre chemin,
Nos petits fils à notre mort
Viendront ensevelir nos corps.
Toujours plongé dans de tels rêves,
Il eût souhaité que le vent
Hurlât moins fort et, que fît trêve
Ce bruit de l'averse énervant.
Enfin lassé, ses yeux se ferment,
Mais une diffuse clarté
De la nuit annonce le terme
Qu'un jour blafard va supplanter.

---

1. On enlevait les ponts en temps de crue.

Ô jour néfaste, jour amer !
La Néva fonçant vers la mer
Toute la nuit contre l'orage
A dû céder devant sa rage.
Dès le matin, au bord de l'eau
Une foule s'était massée,
Regardant les vagues dressées,
Admirant l'écume des flots.
La Néva refluait ; le vent,
A l'estuaire l'entravant,
L'avait chassée. Alors, hostile,
Menaçante, couvrant les îles,
Écumant, fumant, tournoyant
Dans la croissante intempérie,
La Néva se gonfle en hurlant,
Ainsi qu'une bête en furie,
Et se jette sur la cité.
Devant elle tout s'éparpille,
Ses flots inondent, indomptés,
Soudain les caves. Sur les grilles
Se précipitent les canaux.
Tel un triton, le Pétropole
Émerge. Les fenêtres volent
En éclats contre les canots.
Assaut ! Terreur !
               Les éventaires,
Les toits, les poutres des chaumières,
Marchandises et cargaisons,
Les pauvres hardes et les ponts,
Et les cercueils des cimetières
Flottent par les rues. Les gens
Voient de Dieu la sainte colère
En ce spectacle désolant.
Le toit comme la nourriture,
Tout sombre, ô cruelle nature !

Dans les tristes péripéties
De la funeste année, encor

Le défunt tzar sur la Russie
Régnait et le voici qui sort
Sur le balcon. Pensif et sombre,
S'étant assis il dit enfin,
En regardant l'affreux théâtre :
« Contre les éléments divins
Les tzars ne peuvent pas combattre. »
Les places ressemblaient aux lacs,
En fleuves s'y versaient les rues,
Parmi les assauts du ressac
Le palais émergeait des crues.
Le tzar s'est tu... Ses généraux
Sur les flots menaçants et gros,
D'un bout à l'autre de la ville,
S'élançaient prêts à tout oser
Au secours des terrorisés
Se noyant à leur domicile.

Mais, place Pierre, une maison
Se dresse, où sur un haut perron
Deux grands lions montent la garde;
A cheval sur l'un d'eux assis,
Bras croisés, et face hagarde,
Immobile, Eugène s'attarde
Par l'angoisse et la peur saisi...
Oh! ce n'est pas pour lui qu'il tremble!
Il ne sent pas les eaux qui semblent
Toujours monter léchant ses pieds,
L'averse cinglant son visage,
Le vent l'attaquant avec rage...
Que fixe-t-il stupéfié?
Ô Dieu puissant, voici la rade!
Il voit, mais est-ce un cauchemar,
Le saule avec la palissade
Et puis encor, ô désespoir,
La maisonnette sur la grève
Où vit la fille de ses rêves!
Là-bas, surgis des profondeurs,

129

Pareils aux monts par leur hauteur,
Les eaux déferlent sans entraves
Portant de flottantes épaves.

Qu'est notre vie? Un songe creux,
Le signe d'un mépris affreux
Du ciel pour notre pauvre terre...
Il reste, comme ensorcelé,
Rivé, sans pouvoir s'en aller,
A ce lion de marbre austère.
Une étendue immense d'eau
L'entoure et devant lui de dos,
Se dresse en étendant la main,
Le tzar sur son cheval d'airain...

DEUXIÈME PARTIE

Enfin lassé de sa vengeance,
De sa funeste violence,
Le flux lâche avec négligence
Sa proie. Ainsi le malfaiteur
Vient se jeter sur un village,
Sa bande sème la terreur;
Parmi les hurlements, les pleurs,
Ils pillent, coupent et saccagent
Et, se retirant à la fin,
En hâte, ils regagnent leur gîte,
Chargés, las, craignant la poursuite,
Perdant en route leur butin...

L'eau se retire... La chaussée
Se découvrant, l'âme oppressée
Et d'espérance et de terreur,
S'avance en hâte mon Eugène
Vers la Neva calmée à peine,
Alors que dans ses profondeurs
Un feu secret couve rageur

Et que les flots bouillent de haine,
Car le fleuve, ainsi qu'un cheval
Accouru d'un combat fatal,
Halète encor... Mais, ô miracle,
Un canot avec un passeur
Insouciant de ces obstacles,
Affrontant le fleuve en fureur,
C'est volontiers que pour la pièce
De dix kopecks, avec hardiesse
Au risque de périr au creux
Des flots, il va ramer... Fiévreux,
Eugène accoste et dans les rues,
Si souvent par lui parcourues,
S'élance; mais, spectacle affreux,
On ne saurait rien reconnaître,
Tout est effondré, dévasté,
Rejeté, confus, emporté...
Voici les maisons sans leurs maîtres
Que détruisit un flot sans frein
Ou traîna hors de leur terrain,
Et comme sur un champ de guerre
Partout des morts gisent par terre.
Obsédé par ce cauchemar,
Eugène, fou de désespoir,
Court où le sort l'attend sans doute,
Cachant l'image qu'il redoute.
Enfin le golfe et sur ses bords
Cette vétuste maisonnette...
Interdit, Eugène s'arrête,
Recule et puis revient encore;
Hélas! S'il reconnaît la place,
De saule et porche, pas de trace...
Alors où donc est leur maison?
Il tourne et tourne sans raison,
Saisi par une angoisse extrême,
Et parle haut avec lui-même
Puis, se frappant le front enfin,
Éclate d'un rire soudain...

Bientôt sur la ville inquiète
L'obscurité se fit complète,
Mais, ne pouvant dormir pourtant
Devisaient tard les habitants.
Puis, lorsque sur la capitale,
Au travers de nuages pâles
Perçait un rayon de soleil,
Il n'aurait pu trouver de trace
Du malheur affreux mais fugace.
D'un manteau de pourpre, royal [1],
Déjà fut recouvert le mal.
Libres s'ouvraient les avenues
Et, suivant les mœurs convenues,
Impassibles et froids, les gens
Y passaient... Les fonctionnaires
Allaient au travail, diligents;
Bientôt le marchand téméraire,
Sans s'attrister ou se distraire,
Rouvrait sa cave où la Neva
Avait pris ce qu'elle y trouva;
Il se promettait déjà, certes,
De venger sur autrui ses pertes,
Et l'on débarrassait les cours
Des canots garés l'autre jour.
Le comte Khvostov, grand poète [2]
Aimé des dieux, déjà s'apprête
A chanter en vers immortels
De la Neva l'assaut cruel.
Hélas! le pauvre, pauvre Eugène,
N'ayant pu surmonter sa peine,
Muet, sans aucun but errait.
Un rêve, qu'il dorme ou qu'il veille,
Toujours, affreux, le torturait,
Et résonnait dans ses oreilles
Le bruit de la Neva, du vent,

1. L'empereur avait fait aussitôt réparer les dégâts.
2. Pouchkine se moque ici de ce mauvais rimeur.

Des rafales, le poursuivant.
Une semaine, un mois passèrent
Sans qu'il revienne à la maison,
Abandonnant là ses affaires;
Et ce fut pour cette raison
Que loua le propriétaire
Son misérable pied-à-terre
A tel rimeur nécessiteux.
Eugène, devenu piteux,
Semblait étranger à ce monde..

Tout le jour il déambulait,
Dormait la nuit auprès de l'onde,
L'esprit profondément troublé.
On lui tendait par la fenêtre
Quelques morceaux pour se remettre.
Ses vêtements s'effilochant
Parfois le poursuivaient, méchants,
A coups de pierres les enfants.
Aux routes il ne prenait garde,
Et les cochers d'humeur gaillarde
Jouaient du fouet pour l'écarter.
Assourdi, constamment hanté
Par sa torture intérieure,
A tout indifférent, combien
A-t-il passé de tristes heures!
Ni homme ni bête, il n'est rien,
Ni même une ombre vagabonde,
N'appartenant plus à ce monde.

Un soir alors qu'il se trouva
Dormant au port de la Neva,
Les jours déjà sentant l'automne,
Un vent mauvais et monotone
Soufflait... La vague recouvrait
De son écume les degrés,
Comme un plaideur frappant aux portes
Des juges qu'en vain il exhorte.

Dans la nuit pluvieuse et sombre,
Eugène, s'éveillant soudain,
Entendit qu'au vent qui se plaint
Un veilleur répondait de l'ombre.

Hélas, il revoit le passé,
Sursaute et part d'un pas pressé,
Il erre et brusquement s'arrête,
Pris de peur sauvage et muette,
Ses yeux font lentement le tour
De cette place; avant le jour,
Le voici sous la colonnade,
Il voit le palais, sa façade.
Alors il frémit, ses pensées
S'éclairent, car il reconnaît
Les lieux où par jeu s'acharnait
Le déluge aux vagues pressées
Se dressant en rébellion...
Il reconnaît les deux lions,
La place où, fier et surhumain,
Élève sa tête d'airain
Celui dont la force fatale
Érigea cette capitale.
Quelle pensée est sur son front?
Quel élan le pousse, invincible?
Fougueux cheval, où cours-tu donc
Dressé sous sa poigne terrible?
Devant quel sort funeste ou beau,
Où poseras-tu tes sabots?
C'est ainsi qu'au-dessus du vide
La Russie vient de se cabrer
Sous le fer tendu de ta bride,
Ô maître du Destin sacré!
Déjà le pauvre fou contourne
Le roc du cavalier d'airain,
Comme égarés ses yeux se tournent
Vers la face du souverain.
Il sent sa poitrine oppressée,

Et contre la grille glacée
Appuyant son front, ses regards
Se voilent comme d'un brouillard.
Le sang bouillant et les traits sombres,
Montrant le poing, serrant les dents,
Il affronte le fier titan
Et murmure dans la pénombre,
Tremblant de haine et de fureur :
« A bas, fabuleux constructeur,
Prends garde! » et puis il prend la fuite
Car la face altière du tzar,
Qu'une colère étrange habite,
Vers lui se tourne dans le soir,
Et traversant la place vide,
Eugène entend alors qu'il court
Une galopade rapide
De sabots sonores et lourds.
Dans la pâle clarté lunaire,
Le bras tendu, le bras vengeur,
Le grand cavalier accélère
Sa course effrayante derrière
Le pauvre fou, glacé de peur...
En tous lieux où le misérable
Dirigea ses pas cette nuit,
Ce lourd galop inexorable
Jusqu'au matin le poursuivit...

Depuis, en traversant la place,
Ses pas l'y portant par hasard,
Il n'osait lever le regard,
Et l'on pouvait voir sur sa face
Un trouble étrange, une pâleur...
Comme pour calmer sa douleur,
Sur son cœur il serrait la main,
Puis ôtait sa vieille casquette
Et vite, ayant baissé la tête,
Furtif, il passait son chemin...

Dans l'estuaire se profile,
Ravagée, une petite île,
Parfois on y voit un pêcheur
Mis en retard qui se prépare
Un pauvre souper et, fait rare,
Parfois y débarque un rameur
Se promenant un beau dimanche.

L'île est déserte, pas de branche,
Pas de brin d'herbe nulle part.
L'inondation au hasard
Y jeta cette maisonnette,
Pareille à quelque buisson noir,
Qui restait là, vide et défaite.
On l'enleva l'autre printemps;
Mort, y fut trouvé mon dément
Et pour l'amour de Dieu sur place
On l'enterra de bonne grâce...

EUGÈNE BARATINSKI

1800-1844

Fils d'un général que le caprice de Paul Ier éloigna de la cour après l'avoir comblé, dans les années de faveur, de terres et d'argent. Né riche et très beau, Eugène Baratinski entre à l'école des pages; mais, par une stupide gaminerie, peu avant la fin de ses études, il participe avec un camarade à un vol chez le père de celui-ci. Cet exploit ayant été porté à la connaissance de l'empereur, Baratinski, exclu de l'institution, resta trois ans à la campagne, piongé dans le plus profond désespoir; ce pénible incident marqua toute sa vie.

Privé de ses titres, il débuta, pour les reconquérir, comme simple soldat; séjourna en Finlande avec son régiment où les beautés du pays l'incitèrent à écrire. Après dix ans de service, il devint officier, mais quitta alors l'armée pour vivre à Moscou où il se maria selon son cœur. En 1843, il passa un hiver à Paris, séjourna à Naples et y mourut en 1844 d'une crise cardiaque.

Penseur aux idées pessimistes, Baratinski est un romantique, qui s'attache surtout à l'analyse de l'âme et à la perfection de son art. Sa philosophie, d'ailleurs, n'est pas un système métaphysique; elle est imprécise et s'exprime par images et symboles poétiques, ce qui l'éloigne du lecteur ordinaire.

Les poètes seuls appréciaient ses œuvres. Il était resté étranger à l'inspiration politique et nationale.

La perfection de sa forme, à laquelle il travaillait constamment, la complexité de sa syntaxe, sa philosophie désenchantée, ne sont plus aujourd'hui des obstacles à la compréhension de son œuvre. Baratinski n'est plus « le poète de quelques-uns », et il se trouve qu'il voyait clair en disant qu'il était un poète de l'avenir.

Oh! ne me tente pas en vain
Du renouveau de ta tendresse;
Je veux l'oubli des jours anciens,
Désenchanté de leur ivresse.

Amour, je ne puis croire encor
A tes promesses mensongères;
A jamais s'est brisé l'essor
D'une espérance passagère...

En réveillant tout ce qui fut,
Ne ravive pas ma tristesse;
Amie, il faut que tu me laisses
Sombrer dans un sommeil confus.

Je dors goûtant la quiétude,
N'évoque plus les anciens jours;
Le trouble que mon âme élude
S'éveillerait, mais non l'amour.

1821

●

Ô poète inspiré, artiste du langage,
Toi, le prêtre du verbe, ignorant le repos,
Tout s'ouvre devant toi : l'homme avec son partage,
Et la vie, et la mort, et le Vrai, et le Beau.

Heureux qui peut sentir l'extase sensuelle,
Par le ciseau, la brosse ou les cordes tenté,
Au festin de ce monde il peut encore goûter;
Mais, poète, à tes yeux tel un glaive étincelle
La pensée dont l'éclat ternit la vie réelle.

1840

ALEXANDRE ODOÏÉVSKI

1802-1839

La plupart des écrivains décembristes étaient connus avant l'insurrection du 14 décembre 1825. Leur chef spirituel était Riléev. Mais cette littérature ne s'arrête pas avec l'écrasement de l'insurrection; les poètes et les écrivains de ce groupe poursuivent leurs travaux dans les casemates, comme au bagne de Sibérie.

Presque toute l'œuvre d'Odoïévski, le meilleur d'entre eux après Riléev, a été écrite en captivité.

Le prince Alexandre Odoïévski est né à Pétersbourg en 1802. Son père était général et le poète devint l'un des officiers les plus brillants et les plus érudits de la garde impériale. L'amitié de Riléev, de Bestoujev et de Griboïédov eut sur sa destinée une influence définitive, mais sa nature bouillante et romantique le rapprochait surtout de Riléev. Entièrement acquis à l'idée d'une insurrection armée, il entraîna le poète Kuhelbeker à y prendre part. Les décembristes savaient qu'ils allaient à leur perte, mais les circonstances ne leur permirent ni d'attendre ni d'hésiter. Quittant leur service au Palais impérial, Odoïévski et Kuhelbeker se présentèrent chez Riléev puis se rendirent, revolver au poing, place du Sénat.

Arrêtés, Odoïévski, Riléev et Bestoujev furent enfermés dans des cellules isolées portant les numéros respectifs 16, 17 et 18. Les déclarations d'Odoïévski trahissent une grande dépression, des contradictions et même des signes d'aliénation mentale. Nicolas Ier ne s'y trompa pas, qui vit dans cette attitude une habile comédie destinée à sauver les amis du prisonnier.

Condamné à quinze ans de bagne, Odoïévski, une fois libéré, séjourne au Caucase dès 1837 où il meurt deux ans plus tard de la malaria.

Ses vers d'avant 1825 n'ont pas été retrouvés. Très peu de poèmes furent conservés par ses amis. Odoïévski détruisit tous les autres, ne les croyant pas dignes de voir le jour.

Il supportait mal la captivité, l'isolement cellulaire, et comme Riléev et d'autres décembristes, écrivait des vers dans son cachot. Mais, en apprenant l'exécution de ses amis, il se rend compte que le flambeau du poète-citoyen passe des mains de Riléev dans les siennes, et ses poèmes s'enflamment alors d'une nouvelle énergie.

Pouchkine envoie aux déportés un message en vers auquel Odoïévski répond au nom de tous par un poème empreint de grandeur, de courage et de foi. Un de ces vers, Le feu surgit d'une étincelle, *devint un slogan révolutionnaire.*

Il est certain que l'échec de l'entreprise avait découragé certains déportés (ils étaient cent vingt). Beaucoup avaient définitivement renoncé à la lutte, mais d'autres, instruits par leur tragique expérience et loin de s'avouer vaincus, gardèrent toute leur combativité et toute leur foi.

Au Caucase, le poète connut Lermontov et Ogarev, aux yeux desquels il personnifiait le décembrisme héroïque, et ils se lièrent d'amitié comme en témoigne le poème que Lermontov écrivit sur la mort d'Odoïévski.

Alexandre Odoïévski introduisit dans la poésie civique, tout en lui gardant sa portée et son idéal, des éléments élégiaques et subjectifs, comme le poème qui débute par ces vers :

> Brisée, ma voix n'a pu chanter
> Jusqu'à la fin mon chant sur terre...

RÉPONSE A LA MISSIVE DE POUCHKINE

Quand ton prophétique message
Nous atteignit, ardent et clair,
Voulant saisir l'épée, ô rage,
Nos mains ont rencontré nos fers!

Sois rassuré pour nous, poète!
Fiers que ces fers soient notre part,

Dans la prison où l'on nous jette,
En secret, nous raillons les tzars.

Le feu surgit d'une étincelle...
Que notre épreuve un jour, plus tard,
Rallie les âmes fraternelles
A nos généreux étendards!

Nos fers, refondus en épées,
Feront tomber tous les remparts,
Les nations émancipées
A jamais chasseront les tzars.

●

Brisée, ma voix n'a pu chanter
Jusqu'à la fin mon chant sur terre;
Bientôt, vêtu d'éternité,
Aux cieux, je pourrai le parfaire,
Sans avoir vu de mon flambeau
Mourir la flamme généreuse.
Une pierre lourde et rugueuse
S'appesantit sur mon tombeau
Et sur mon crâne sans idées,
Cachant à mes contemporains
Que trop tôt m'a glissé des mains
Cette lyre à peine accordée,
Et qu'ainsi je n'ai pu chanter
L'ordre du monde et sa beauté.

NICOLAS YAZIKOV

1803-1846

Né à Simbirsk en 1803, Yazikov passe son enfance dans les terres de son père. A onze ans, il entre à l'école des pages, puis entreprend des études d'ingénieur qu'il continue à l'université de Derpt pendant six ans. Ces six années se passent dans une gaieté exubérante et des beuveries d'étudiants. Mais en même temps mûrit son talent poétique. Parmi les chants en l'honneur de Bacchus et de Cyprine s'élèvent d'ardents appels au combat pour la liberté.

Au retour de Derpt, il vécut surtout à Moscou et dans ses propriétés, d'où il venait parfois rendre visite à Pouchkine, les deux poètes étant liés par une réciproque admiration.

Mais Yazikov, ce chantre de la liberté, à la volonté d'airain, à la parole enflammée, se laissant sans doute abattre par la tragédie décembriste, adhère, dans un revirement inattendu, à la slavophilie réactionnaire. Il le fait avec une telle passion qu'il devient l'ennemi des démocrates russes. Mais ce qui demeure inchangé dans sa poésie, c'est son langage incomparable ainsi que l'énergie et l'éclat de ses vers.

Les poèmes de sa première époque, mis en musique, n'en servirent pas moins de chants révolutionnaires à la jeunesse démocratique pendant tout un siècle.

ÉLÉGIE

J'ai bien changé depuis que j'aime...
A présent triste, seul, rêveur,
Je m'attache aux étoiles blêmes,
A la nuit d'ombre et de langueur.
Lorsque la vespérale aurore
Apparaît derrière les monts,
Que l'eau dans les airs s'évapore
Et que se taisent les chansons,
Devant le fleuve aux eaux d'opale
Je guette, en mon rêve plongé,
Ce signe désiré, ton voile,
Là-bas sur le point d'émerger,
Ou bien dans la secrète sente
Le bruissement des pas légers.
Soleil, prolonge ta durée,
Sur l'eau laisse un rayon du jour!
Elle va venir, l'adorée,
Elle va venir, mon amour.

Novembre ou début décembre 1825

*

Nos temps se parent des lueurs
Sauvages de la liberté...
Riléev mort en malfaiteur!
Souviens-toi de ce révolté,
Russie, quand en brisant tes chaînes,
Tu déploieras tes étendards,
Marchant, terrible et souveraine,
Contre la tyrannie des tzars!

7 août 1826

143

LE NAVIGATEUR

Sauvage, notre mer s'étale,
Jour et nuit montent ses rumeurs;
Dans son immensité fatale
Sont engloutis tant de malheurs.
Je guide la voile gonflée,
Courage, frères! En avant!
Qu'elle glisse, la barque ailée,
Parmi les vagues, dans le vent!
Dans le ciel courent des nuages,
Les flots sont noirs, le vent est fort...
Nous allons affronter l'orage,
Avec bravoure à notre bord!
Hardi, frères! La nue éclate
Et les eaux bouillonnent, dressant
Leurs hautes lames scélérates
Sur des abîmes menaçants.
Mais, loin de ces vicissitudes,
Il est un pays bienheureux
Où règne la béatitude,
Où ne se couvrent pas les cieux...
Or, seul un cœur plein de courage
En ce pays peut accoster;
Allons, frères! Bravant l'orage,
Ma voile va lui résister!

1829

THÉODORE TUTCHEV

1803-1873

L'œuvre de Tutchev n'est pas volumineuse et se compose pour la plus grande partie de poésies lyriques de huit à douze vers. Il a fallu de nombreuses années pour que le public les connaisse et les apprécie.

Théodore Tutchev naquit en 1803 dans la province d'Orlov; sa famille passait l'hiver à Moscou et l'été à la campagne. L'atmosphère familiale était patriarcale, mais la guerre de 1812 détruisit le cours régulier de la vie des Tutchev.

A son retour dans Moscou libérée, le jeune Tutchev eut comme précepteur Raïtch, esprit aux connaissances étendues, qui lui donna une profonde culture et lui communiqua le goût de la poésie. Sa rencontre avec Joukovski fit au jeune homme une profonde impression. A sa sortie de l'université de Moscou, le poète entre dans le corps diplomatique et, bientôt part pour Munich où il épouse la comtesse Botmer et passe vingt-deux ans. Mais à ses fréquentations aristocratiques et diplomatiques, il préféra toujours l'amitié de Shelling et de Henri Heine qu'il traduit.

Se trouvant en Russie pendant l'insurrection décembriste, il lui resta étranger, condamnant l'action désespérée des insurgés, mais il fut touché par leur sacrifice à un idéal de liberté. Il exprime ses sentiments contradictoires en des vers qui, à cause de la censure, ne parurent que cinquante ans plus tard. Le soulèvement du peuple polonais éveilla de même en lui une grande sympathie. Sa carrière diplomatique ne progressant que lentement, il fut même en définitive rayé des cadres et privé de son titre pour s'être absenté de l'ambassade en vue de se remarier après son veuvage.

Malgré sa réputation de dilettante en poésie, il travaillait assidûment. Mais ses vers n'étaient publiés que par des revues de deuxième

145

ordre et son nom toujours cité parmi les poètes médiocres, jusqu'au jour où, présentés à Pouchkine, ils suscitèrent son enthousiasme et parurent aussitôt dans sa revue Le Contemporain. Ils n'obtinrent pourtant pas la moindre mention dans la presse, pas le moindre écho. Découragé, Tutchev cessa de publier et d'écrire de 1841 à 1849. Privé de son poste, méconnu comme poète, il est d'autant plus malheureux qu'il vit éloigné de sa patrie. Enfin réhabilité, il rentre dans la carrière et vient habiter définitivement Pétersbourg avec sa famille. C'est alors que se développe sa philosophie slavophile et orthodoxe d'une Russie opposée au mouvement révolutionnaire de l'Occident, d'une sainte Russie utopique.

La guerre de Crimée, en 1854, lui ouvre les yeux sur le régime tzariste. D'abord partisan de ce régime, il se trouve à présent dans l'opposition et semble aussi abandonner sa slavophilie. Encouragé par un article de Nekrassov, il revient à la poésie.

Les vers de la deuxième période de Tutchev sont consacrés à l'amour douloureux et passionné de l'homme vieillissant qu'il était déjà pour Hélène Denissev, dont il eut trois enfants qu'il reconnut. Cet amour mécontenta la cour et mit un nouvel obstacle à sa carrière. Hélène Denissev souffrit des méchancetés dont elle était l'objet et mourut de consomption en 1864.

Tutchev ne se consola jamais de sa perte, d'autant plus qu'il croyait que son amour avait été la cause de cette mort.

Pour éviter de se retrouver en présence de lui-même, il continua à mener une vie mondaine, à s'intéresser aux événements. Il meurt en 1873, après deux attaques.

La poésie de Tutchev révèle une ardente vie intérieure et une profonde intelligence. Il cherche la solution de tous les problèmes posés par l'existence et, dans son poème Le Jet d'eau, reconnaît la vanité des efforts de l'esprit pour les résoudre. Il ressent douloureusement les souffrances du peuple russe.

Soumis au train fastidieux d'une vie mondaine, il méprise ce qu'il appelle « la foule », se réfugiant dans le mystère et le silence de la vie intérieure. Son poème Silentium exprime avec une grande force et une grande beauté son désir d'évasion.

En y apportant un esprit nouveau. Tutchev ranime les images mythologiques de la poésie classique; avec un art inégalé, il dépeint la nature dans son harmonie avec la vie intérieure, comme aussi dans ses contradictions avec elle.

Il introduit dans ses poèmes des mètres divers et nouveaux qui, de même que ses épithètes, paraissent étranges et comme insensés à la critique de son temps.

Il exprime puissamment l'opposition du « moi » et du « chaos » qui le guette et l'attire, l'opposition fatale des amants dans leur amour comme dans un duel passionné, et la fuite de ses souvenirs les plus chers.

Mais parfois son inquiétude s'efface pour céder la place à un optimisme exalté, comme dans ses deux poèmes L'Orage printanier et les Eaux printanières.

Chantant principalement les phénomènes tragiques de la nature et de l'âme, il est malgré lui imprégné par l'esprit révolutionnaire de son époque, mais s'il conçoit le mouvement qui anime le monde, il le voit comme un flux et un reflux éternels, et non comme un progrès.

La densité, la concision de son lyrisme, ses infinis prolongements sont les caractères dominants de sa poésie.

ORAGE PRINTANIER

J'aime l'orage au mois de mai,
Quand au ciel le jeune tonnerre
A rire en folâtrant se met
Parmi les vifs rayons solaires.

On entend son gai roulement,
L'averse lève la poussière;
Vois se dorer en ruisselant
L'ondée qui perle à la lumière!

La forêt est pleine d'oiseaux,
Des monts descendent les eaux claires;
Entends-tu ces chants, ces ruisseaux
Mêlés à la voix du tonnerre?

Serait-ce Hébé qui nourrit
Aux cieux l'aigle de Jupiter,
Qui rit et qui vide à grand bruit
L'urne où bouillonne le tonnerre?

1828

LES EAUX PRINTANIÈRES

La neige couvre encor les champs
Et les rives encor sommeillent,
Mais, devançant le gai printemps,
Les eaux qui chantent les réveillent.

« Le Printemps vient! C'est le Printemps! »
Les eaux l'annoncent à voix claire,
« Nous accourons, le précédant,
Nous qui sommes ses messagères! »

« Le Printemps vient! C'est le Printemps! »
Et le suivent, en ronde heureuse,
Les jours de mai, gais et charmants,
Dans leur fraîcheur ensorceleuse...

1830

SILENTIUM

Dissimule dans le silence
Tes sentiments, tes espérances;
Qu'ils montent et plongent sans bruit,
Étoiles brillant dans la nuit;
Que ton âme, dans son mystère,
Les admire et sache se taire!

Ton cœur, tu ne peux l'exprimer,
Et qui te comprendrait jamais?
Pour d'autres que sont-ils, tes songes?
La pensée dite est un mensonge.
Ne trouble pas, en les creusant,
Les sources... Bois en te taisant!

Apprends à vivre dans toi-même,
En ton cœur tu caches des gemmes;
Un monde est dans ses profondeurs,
Plein de chansons et de lueurs
Qu'étouffent les bruits, les lumières...
Vois, écoute et sache te taire!

1830

*

Je me souviens... Je me rappelle
Ces temps, ces lieux chers à mon cœur...
Le jour baissait... J'étais près d'elle
Au bord du Danube en rumeur.

Sur la hauteur, majestueuses,
Les ruines d'un noble nid...
Appuyée à leur dur granit,
Tu semblais une fée heureuse

Et ton pied d'enfant effleurait,
Léger, la pierre séculaire;
Le soleil quittait à regret
Ta silhouette jeune et claire.

Très doucement jouait le vent
Avec ta robe, à son passage
Sur tes épaules répandant
Quelques fleurs d'un pommier sauvage.

Tu voyais s'assombrir au ciel
De nuages multicolores;
Le fleuve en ses bords irréels
Chantait d'une voix plus sonore.

Insouciant, battait ton cœur;
L'ombre de la vie éphémère,
Parmi ces dernières lueurs,
Passait sur nous, tendre et légère.

Mars 1836

149

LE JET D'EAU

Vois ce nuage de lumière,
Ce jet d'eau vif, plein de couleurs;
Au soleil en fine poussière
Il n'est déjà plus que vapeur.

Rayon qui scintille et ruisselle,
Qui monte, à son faîte parvient,
Puis tombe, irisé d'étincelles,
A terre, esclave du destin.

Intarissable, mais mortelle,
Notre pensée est-elle un flot?
Elle jaillit, se renouvelle,
Puis se répand comme de l'eau.

Ô pensée avide! Fatale,
Une main t'arrête en plein vol,
Tout comme ce rayon d'opale
Qui, brisé, va se perdre au sol.

Mars 1836

•

Saule, pourquoi sur l'eau profonde
Te penches-tu, tout frissonnant?
Altéré, tes lèvres dans l'onde
Cherchent à boire le courant.

En vain, de chaque feuille avide
Tu palpites, tout languissant!
De toi se rit le flot rapide
Sous le soleil étincelant...

Mars 1836

Ô vent, pourquoi gémir la nuit,
Te lamenter comme en délire?
Ta voix étrange me poursuit.
Veux-tu te plaindre ou bien maudire?
Tu parles dans sa langue au cœur,
Éveillant sa douleur innée,
Creusant les sombres profondeurs
D'où montent des voix effrénées.

N'entonne pas ces chants affreux
Où le chaos déjà s'ébauche...
Le cœur avide et ténébreux
Aime trop ces voix qu'il sent proches...
Il veut se joindre à l'Infini,
Brisant sa poitrine mortelle...
Sous ses orages endormis,
Vois le chaos qui se rebelle!

Mars 1836

SUR LA NEVA

Dans une Neva qui frissonne,
L'étoile à nouveau disparaît;
A nouveau l'amour abandonne
Aux ondes son canot secret.

Comme dans un rêve éphémère,
Entre l'étoile et le courant,
Glissant dans la brume légère,
La barque emporte deux partants.

151

Enfants d'humeur capricieuse
Qui font pour se distraire un tour?
Ou bien deux ombres bienheureuses
Quittant la terre pour toujours?

Au mystère de ces deux âmes,
Au léger canot qui s'en va,
Donne asile parmi tes lames,
Neva pareille aux mers, Neva!

Juillet 1850

●

L'orage souffle, assombrissant
Cette heure aux tons phosphorescents;
Sous un reflet de plomb sévère
L'eau brille d'un éclat austère.
Morne est la pourpre de ce soir
Avec ses rayons or et noir.

Voici les paillettes dorées
Parmi les roses empourprées
Qu'emporte le courant pressé
Et, sur les flots d'un bleu foncé,
En fuyant le soir abandonne
Les fleurs de feu de sa couronne.

12 août 1850

*

Le soleil luit, l'onde étincelle...
Quels sourires joyeux et clairs!
Les frondaisons se renouvellent,
Se baignent dans le bleu de l'air.

Les arbres chantent, l'onde est pure;
Partout l'amour s'éveille enfin;
La terre et toute la nature
Sont enivrées de leur regain.

Mais de tous ces enchantements,
Est-il rien qui soit plus charmant
Que le sourire de tendresse
D'une âme oubliant sa détresse...

28 juillet 1852

*

Comme sous un envoûtement,
Couverte de neigeuses franges,
Cette forêt sans mouvement,
Scintillante, se dresse, étrange.

Sous des liens fins et légers
Les charmes irréels l'enchantent,
Elle reste là, sans bouger,
N'étant ni morte, ni vivante...

Mais soudain, sous le froid soleil,
Quand, magique, un rayon vermeil
La traverse et la diamante,
Elle flamboie, éblouissante...

31 décembre 1852

153

DERNIER AMOUR

Amour, au déclin de notre âge,
Tendre, craignant de décevoir,
Luis encor parmi les nuages,
Dernier amour, aube du soir!

Le ciel est déjà presque sombre,
Une lueur brille au couchant;
Jour vespéral, suspends ton ombre,
Prolonge encor l'enchantement!

Le sang s'appauvrit dans les veines,
Mais non pas la tendresse au cœur;
Dernier amour, dont la douceur
Au désespoir souvent s'enchaîne...

1853

●

Ces villages, leur indigence,
Et toujours cette patience,
Parmi la nature appauvrie,
Peuple russe, c'est ta patrie!

Le vif regard d'un étranger
En est bientôt découragé;
Il n'aperçoit pas la clarté
Qui filtre sous ta pauvreté.

En humble serf, Russie, ma terre,
Le Christ sous son fardeau pesant
T'avait parcourue tout entière,
Tout entière, en te bénissant.

13 août 1855

•

Ô toi, ma sombre prescience,
Ô toi, mon cœur plein de tourments,
Au seuil d'une double existence
Accélérant tes battements !

En moi, deux mondes coexistent :
Le jour douloureux, incompris,
Et la nuit, prophétique et triste
Où se rencontrent les esprits.

La chair qui me tourmente crie
Et ses ardeurs m'ont entraîné...
Mais l'âme veut, telle Marie,
Aux pieds du Christ se prosterner.

1855

•

Il est au début de l'automne
Un temps trop court d'enchantement
Que des jours de cristal jalonnent
Et dont les soirs sont rayonnants.

Où passait la serpe vaillante,
Le grand vide de la saison,
Et l'araignée a, patiente,
Tissé son fil sur le sillon.

Bien que l'hiver soit loin, morose,
L'air se vide, l'oiseau se tait;
Sur la plaine qui se repose
Le ciel répand sa pureté.

22 août 1857

155

＊

Je poursuis mon chemin toujours,
Je vais par ce pays étrange,
Je suis las et mon pas est lourd...
Me vois-tu, me vois-tu, mon ange?

Ce sont les derniers instants clairs,
Les dernières lueurs qui changent;
Là fut jadis notre univers...
Me vois-tu, me vois-tu, mon ange?

Ô jours passés! Mon cœur meurtri
Ne chantera plus vos louanges...
Parmi les célestes esprits,
Me vois-tu, me vois-tu, mon ange?

4 août 1864 : Anniversaire
de la mort d'Hélène Dénissev.

＊

Ah! le Sud! La ville de Nice!
Dans leur rayonnement factice...
La vie est un oiseau blessé
Qui dans l'envol s'est affaissé
Et, retombé dans la poussière,
Hélas! ne peut quitter la terre;
Ses ailes pendent et son cœur
Tremble d'impuissante douleur.

Décembre 1864

156

*

Terrible est l'heure de la mort,
Mystérieuse, exténuante...
Mais il est plus terrible encor
De voir d'une âme encor vivante
Fuir des ombres évanescentes
Emportant ses plus chers trésors...

14 octobre 1867

*

Au bord de la Neva je veille
Comme je le faisais avant
Et, comme si j'étais vivant,
Je vois le fleuve qui sommeille.

Tout dort dans un profond silence,
Le ciel bleuit... Nulle étincelle,
Et sur une étendue immense
La clarté lunaire ruisselle.

Est-ce un mirage? Ce me semble,
Ou bien vois-je réellement
Tout ce que nous vîmes ensemble
Alors que nous étions vivants?

Juin 1868

157

VLADIMIR BÉNÉDICTOV

1807-1873

Né a Pétersbourg en *1807*, de descendance ecclésiastique, Bénédictov servit d'abord dans l'armée, puis fut fonctionnaire aux Finances.

Modeste, et d'une laideur exceptionnelle, il a été par excellence le poète de l'amour, bien que n'ayant trouvé auprès des femmes aucun encouragement.

Il connut pendant les années *30* et *40* de grands succès littéraires. Le charme de sa poésie réside surtout dans la forme; ses vers sont légers et sonores, ses images originales, ses métaphores imprévues.

Il inventa de nouveaux mots, fut le premier à introduire la rime à l'intérieur du vers. Là s'arrêtait cependant son audace.

Ayant atteint l'âge de la retraite, aimant ardemment la poésie, même celle des autres, il continua d'écrire. Mais sa vogue était passée. Il en souffrit.

Sa mort, en *1873*, passa inaperçue.

LA VALSE

Tout brille : les quinquets, les fleurs,
Les diamants et les turquoises,
Les boucles, les yeux et les phrases,
Les candélabres, les couleurs,
Les bracelets et les paillettes,
Les étoiles, les épaulettes.
Tout bouge ici : l'air et les gens,
Les épaules et les poitrines,
Les blondes pâles, les rubans,
Les pieds mignons, les pieds charmants
En leurs promesses qu'on devine,
Et tous ces cœurs, comme épuisés
Par leurs ardeurs et leurs corsets.

La valse folle tourbillonne,
Mais déjà son cercle trop las
S'éclaircit, perd de son éclat.
Déjà les couples l'abandonnent,
Comme dissipe un coup de vent
La poussière d'un diadème,
D'une couronne, d'une gemme,
Ou d'un anneau de diamants,
Ou comme les fragments stellaires
Qui traversent le firmament
Dans leur chute vers notre terre,
Ou les flamboyantes paillettes
Qu'au loin la roue en feu projette.

ALEXIS KOLTZOV

1809-1842

Alexis Koltzov est né à Voronej en 1809. Son père, marchand de bestiaux, était un homme ignorant, cruel, âpre au gain. Alexis ne put fréquenter l'école que pendant un an et demi; après quoi, son père l'en retira pour se faire aider. Alexis devint bouvier, chargé de convoyer les troupeaux à travers les steppes, dormant par tous les temps dans les champs, fréquentant les abattoirs, prenant part aux marchandages des foires. Ce dur apprentissage de la vie le rapprocha du peuple, lui fit connaître ses sentiments, ses pensées, ses malheurs, comme aussi l'étendue et la beauté de la terre natale.

La soif de s'instruire le tourmente; il montre ses chansons au libraire de la ville, Kachkine, qui les trouve mauvaises mais lui donne un manuel de prosodie et lui permet d'emprunter chez lui les livres qu'il veut. Parmi les œuvres d'autres écrivains, Koltzov découvre les chansons populaires de Delvig qui l'enchantent.

Il écrit d'abord des vers conventionnels, imités des modèles qu'il admire. Mais bientôt sa personnalité se dessine et s'affirme.

Une tragédie assombrit sa jeunesse : fiancé à une très belle jeune serve du nom de Douniacha, qui était domestique chez son père, il ne la retrouve pas au retour d'un voyage. Son père l'avait vendue en son absence. Alexis apprendra qu'elle est morte peu après. L'image touchante de Douniacha revient souvent dans les vers de Koltzov.

Au cours de ses déplacements, il noue des amitiés littéraires. En 1831, La Gazette littéraire publie un de ses poèmes. A partir de cette date, une sincère affection le lie au grand critique Bélinski.

Quatre ans plus tard, paraît son premier recueil qui connaît une large popularité. Les affaires de son père l'amenant parfois dans la capitale,

160

il y rencontre en 1836 Pouchkine qui l'accueille cordialement et s'entretient longuement avec lui, date inoubliable dans la brève existence du pauvre Alexis.

Plus tard, il devait connaître Joukovski, Odoïévski, Viasemski, d'autres encore, qui témoignèrent à cet enfant du peuple une réelle sympathie.

Koltzov était vivement conscient des lacunes de sa formation et cherchait à les combler par des lectures; la vie dans le milieu provincial et mesquin de Voronej le faisait souffrir. Son père s'opposait à son activité littéraire, qu'il jugeait inutile et nuisible à ses intérêts. Despotique, il tourmentait son fils; inhumain, il se refusait même à payer les soins que nécessitait la santé d'Alexis, atteint d'une grave maladie.

Mis au courant de cette situation, Bélinski lui offrit l'hospitalité, mais Koltzov ne l'accepta pas, par discrétion sans doute, peut-être aussi par incapacité de rompre avec son milieu.

Le martyre du poète prit fin en 1842; il mourut à trente-trois ans.

La valeur de sa poésie, l'intérêt de son rôle dans la littérature russe furent compris de bonne heure par les écrivains démocrates. Bélinski se servit du témoignage de Koltzov pour dévoiler l'inanité de l'idéal slavophile et détruire la légende de la famille patriarcale, comme celle de l'existence idyllique des serfs au service de leurs maîtres. Authentique fils du peuple, Koltzov avait, comme lui, une capacité inouïe de jouir de la vie et de souffrir, en trouvant jusque dans le désespoir une volupté singulière.

La guerre de 1812 avait réveillé la conscience publique. Les romantiques s'efforçaient de pénétrer l'âme populaire; ils y trouvaient une nouvelle source d'inspiration, une nouvelle vitalité. Par la voix de Koltzov le peuple pouvait enfin parler de ses épreuves. Les chansons d'Alexis s'inspiraient d'une poésie populaire qui lui parvenait par la tradition orale. Koltzov collectionnait les chansons du folklore et, de son côté, répandait ses propres chansons dans le peuple au cours de ses déplacements de marchand de bestiaux. Mais le chant folklorique trouvait chez lui une forme et une profondeur d'émotion qui le faisaient accéder à la grande poésie.

Bien que conforme à la prosodie existante, le rythme de Koltzov lui appartient en propre. Souvent ses vers ne sont pas rimés, mais contiennent des assonances intérieures; il recourt fréquemment au vers de cinq syllabes avec l'accent sur la troisième. Le rythme chantant de ses vers fit que quatre-vingt-douze de ses poèmes furent mis sept cents fois en musique

161

par trois cents compositeurs différents, et devinrent des romances et des chansons signées par Rimski-Korsakov, par Moussorgski, par Rachmaninov, par Rubinstein, et d'autres. Le peuple russe les chante encore aujourd'hui.

Il ne faut pas oublier que Koltzov écrivait dans les sourdes années de réaction après l'écrasement du décembrisme; ce n'est qu'en montrant les malheurs des humbles, la misère, l'oppression qui les écrase, leur désir d'évasion, qu'il put exprimer indirectement ses protestations contre le régime.

Héritier de ce trésor de poésie démocratique, Nekrassov l'anime d'un souffle révolutionnaire. L'esprit de Koltzov survit également dans l'œuvre d'Essénine, d'Issakovski, de Tvardovski et chez d'autres poètes soviétiques.

Après la mort de Pouchkine, Koltzov lui consacra Le Bois, *poème où il dit :*

> Que sont devenues
> Ta forte parole,
> Ta haute fierté,
> Ta valeur royale?
>
> . . . .
>
> Les puissants n'ont pu
> Entamer ta force,
> Mais le noir automne
> T'a coupé la gorge.

Le poète suggère que Pouchkine a succombé aux sombres complots des intrigants.

LA NUIT

> Détournant les yeux,
> Elle me chantait
> Qu'un mari jaloux
> Sa femme battait.

La lune versait
Sa pâle clarté;
Dans un rêve ardent
La nuit palpitait.

Mais d'un vert jardin
Surgissait de l'ombre
Et nous épiait
Un fantôme sombre.

Tout en grimaçant
Il claquait des dents,
Son regard brillait
Plein d'un feu méchant.

Voici, comme un chêne,
Un chêne puissant,
Il marche vers nous
En nous menaçant.

Un étrange froid
Me saisit alors;
Comme enraciné
S'est raidi mon corps.

Mais, quand à la porte
Sa main se portait,
Nous nous affrontâmes,
Il tomba tué.

— A trembler ainsi
Qu'as-tu donc, mon cœur,
Comme un pauvre enfant
Les yeux pleins de peur?

Il ne viendra plus
Tel un justicier
A minuit ici
Pour nous épier.

— Non, ce n'est pas ça...
Mon esprit se trouble,
Je vois mon époux,
Mais il se dédouble.

L'un couvert de sang
Gît sur le plancher,
L'autre, le vois-tu,
Au jardin caché...

CHANT D'UN VIEILLARD

Sur mon cheval blanc,
Mon cheval rapide,
Ainsi qu'un faucon
Je m'envolerai,

Sur les champs, les mers,
Au pays lointain
J'irai rattraper
Ma belle jeunesse,

Et j'apparaîtrai,
Gaillard comme avant,
Plaisant à nouveau
Aux jeunes beautés.

Hélas! il n'est pas
De retour possible,
Le soleil jamais
Ne monte au couchant.

21 septembre 1830

164

LE BOIS

A Pouchkine

A quoi penses-tu,
Ô mon bois touffu,
Assombri soudain
Par un grand chagrin?

Qu'as-tu donc, colosse,
Seul dans ce combat,
Dressé, tête nue,
Comme ensorcelé?

Debout, immobile,
Et comme abattu,
Sans te battre avec
D'orageux nuages!

Et ton casque vert,
Épais et feuillu,
Soudain arraché
Par un tourbillon.

Tu parais absent,
Inerte au combat,
Ton manteau tombé
A tes pieds, épars.

Que sont devenues
Ta forte parole,
Ta haute fierté,
Ta valeur royale?

Est-ce donc chez toi
Qu'en la nuit profonde

Résonnait le doux
Chant du rossignol?

Est-ce donc chez toi
Qu'aux jours d'abondance
L'ami, l'ennemi
Goûtaient la fraîcheur?

Est-ce donc bien toi
Qui te querellais,
Menaçant le soir,
Lorsque la tempête

Étendait sur toi
Son nuage noir?
Elle te vêtait
De froid et de vent.

De ta voix puissante
Tu disais tout haut
— Allons, tourne bride,
Rebrousse chemin!

Furieuse alors
Elle se déchaîne,
Ton sein qui halète
Affronte le vent;

Et tout palpitant,
Tout impétueux,
On entend ta voix
Gronder sourdement.

En se lamentant
Comme une sorcière,
La tempête fuit
Au-delà des mers.

Où donc aujourd'hui
Est ta verte force,
Tu parais tout noir
Parmi les brouillards.

Hagard et sauvage
Tu te tais, poussant
Parfois une plainte
Sur les mauvais jours.

Tu vois maintenant,
Chevalier « Bova »,
Qui, ta vie durant,
As bien bataillé,

Que les grands n'ont pu
Entamer ta force,
Mais le noir automne
T'a coupé la gorge.

Lorsque tu dormais
Désarmé, tranquille,
T'a surpris, féroce,
La horde ennemie.

De ton corps géant
Elle trancha la tête...
La montagne est prise
Avec une paille.

1837

LE VILLAGEOIS MÉDITE

Je vais méditer,
Assis à ma table,
Comment en ce monde
Vivre solitaire.

Tu n'as pas, mon gars,
Une jeune épouse;
Mon gars, tu n'as pas
Un ami fidèle;

Ni d'or, ni d'argent,
Point de chaud foyer,
Non plus de charrue,
Ni de bon cheval.

Avec la misère
M'a laissé mon père
Un talent, un seul,
Ma robuste force.

Mais ma pauvreté
M'a fait dépenser
Même ce trésor
Chez des étrangers.

Je vais méditer,
Assis à ma table,
Comment en ce monde
Vivre solitaire.

9 avril 1837, Moscou.

CHANSON

Ce n'est point au printemps,
Quand la terre est heureuse,
Quand les herbes des champs
Verdoient dans le soleil;

Non, ni la tendre aurore
Ni le croissant au ciel
Ne pouvaient pas nous voir,
Ne pouvaient t'admirer...

Non, c'était en hiver,
Dans ses brumes secrètes,
Que, tes bras m'entourant,
Tes baisers me brûlaient.

Non, c'était par des nuits
Où tonnaient les orages,
Sous des cieux obscurcis
Par de sombres nuages.

Les rafales de neige,
Les rafales sonores,
Égrenaient pour nous seuls
Leurs étranges chansons.

Des rêves descendaient
Qui nous ensorcelaient
Et nous emportaient loin,
Aux pays enchantés.

1841

EUDOXIE ROSTOPCHINA

1811-1858

Née à Moscou en 1811, Eudoxie Souchkov, comtesse Rostopchina, y passa sa jeunesse. Le début de ses travaux littéraires date de 1830 et, en 1836, elle se rapproche des milieux littéraires de Pétersbourg.
Poète d'un grand talent, elle mérite l'approbation de Lermontov qui lui dit dans un poème :

Nous sommes nés tous deux sous une même étoile...

De son côté, Tutchev appréciait ses romances et Tchaïkovski composa sur ses paroles de belles mélodies.
Cependant, Eudoxie Rostopchina n'a pas tenu ses promesses et n'alla pas dans la poésie au-delà de ses romances.
Certains de ses poèmes annoncent Akhmatova par leur émouvante et romantique féminité.

Je suivais l'étoile filante,
Rapide elle a fui comme un trait,
Je n'ai pu terminer, trop lente,
De murmurer un vœu secret.

Elle passa l'étoile fée,
Oh! que ne puis-je m'élancer
Quittant la route inachevée,
M'envoler, m'enfuir, m'effacer...

＊

Vous penserez à moi, mais il sera trop tard,
Vers mes steppes déjà je serai repartie;
Pour longtemps, pour toujours, cachée à vos regards.
Mon image, soudain par l'absence éclaircie,
Vous penserez à moi, mais il sera trop tard.

Vous passerez devant la maison triste et vide,
Où vous trouviez toujours un chaleureux accueil
Et vous demanderez, arrêté sur le seuil :
« Elle n'est donc plus là ? » La calèche rapide
Vous emportant, à moi vous penserez trop tard!

MICHEL LERMONTOV

1814-1841

Lermontov aimait à se rappeler qu'il descendait de George Lermont, Écossais, fait prisonnier en 1613 par les Russes. Son père, officier d'infanterie et petit propriétaire, n'était pas mauvais homme, mais buvait fort, et menait une vie désordonnée. Il était voisin de campagne de Mme Arséniev, née Stolipine, dont la fille Marie finit, en dépit de l'opposition maternelle, par épouser Jury Lermontov qui devint ainsi l'administrateur des biens de sa belle-mère.

Le mariage fut malheureux. Michel naquit en 1814, mais la jeune mère, maladive, exaltée, mourut trois ans après la naissance de son enfant. Sa grand-mère l'adorait, et lui donna une instruction brillante dans sa riche maison de Tarkhan. S'étant disputé avec Mme Arséniev, le père de Michel partit dans ses terres. Il y mena une existence dissipée, ne venant que rarement voir son fils et menaçant sa belle-mère de le lui reprendre.

Brillamment doué, Michel écrivait des vers, faisait de l'aquarelle, jouait du violon. De la pension des nobles de Moscou il entre, après avoir réussi ses examens, à la Faculté des sciences morales et politiques. Apparenté aux grandes familles moscovites, il sortait beaucoup, tombait amoureux de ses cousines, lisait passionnément. Puis, quittant l'université de Moscou pour celle de Pétersbourg, il se heurte au refus d'y être admis sans nouveaux examens : il entre alors à l'école des Cadets, d'où il sort cornette du régiment des hussards de la garde. L'installant à Tzarskoié-Sélo, sa grand-mère lui envoie trois chevaux, deux cochers, un cuisinier, un valet et lui octroie de larges mensualités. Il mène alors une vie mondaine et dissipée, mais garde l'attitude insatisfaite d'un héros romantique.

Le duel et la mort de Pouchkine changent soudain sa conduite. Lermontov se sent le continuateur de Pouchkine et son vengeur. Il rompt avec le monde aristocratique, lui jette comme une provocation son poème **La Mort** du poète, *où il s'adresse avec dédain aux personnages de la cour les plus haut placés. Le tout jeune homme semble revêtu d'une autorité et d'une puissance que lui confèrent non seulement sa haute naissance et sa fortune, mais sa vocation poétique. Le poème vaut à son auteur son premier exil au Caucase, exil de six mois, au cours duquel il se lie d'amitié avec les poètes décembristes Odoïévski et Bestoujev-Marlinski, et conçoit ses poèmes :* Le Démon *et* Le Novice, *ainsi que son récit* Un héros de notre temps.

De retour à Pétersbourg, il reprend une existence agitée et à la suite d'un duel avec le fils de l'ambassadeur de France, est de nouveau exilé au Caucase. Sa froideur insolente en réponse à l'intérêt que lui avait témoigné la fille de l'empereur, Marie Nicolavna, à un bal de la cour, ne fut pas étrangère à cette décision.

Au Caucase où la guerre fait rage, le poète montre en plusieurs occasions une bravoure et un esprit de décision extraordinaires; mais, malgré les propositions de ses supérieurs, il ne reçoit aucune récompense militaire.

Lermontov s'installe à Piatigorsk où une querelle futile l'oppose à Martinov, son camarade de l'école des Cadets. Il est certain que ses ennemis attisèrent le ressentiment de Martinov et que des manœuvres haineuses décidèrent ce dernier à abattre son adversaire. Martinov tue Lermontov, âgé de vingt-sept ans, le 15 juillet 1841. Un orage éclata soudain, éclairant sinistrement la scène tragique. Inconsolable, sa grand-mère fait transporter le corps de Michel dans le cimetière de Tarkhan.

L'époque où vécut et écrivit Lermontov était celle de l'impitoyable réaction du régime qui suivit l'insurrection décembriste. Le poète Poléjaëv, pour avoir écrit des vers licencieux sur les bancs de l'université, passa une vie qui ne fut qu'un long martyre dans les geôles tzaristes.

Mais on ne put effacer la tradition décembriste qui contribua à former la jeunesse aristocratique parfois apparentée aux insurgés, ou appartenant au même milieu social. La poésie héroïque des décembristes, la lecture de Pouchkine, de Schiller, de Shakespeare et de Byron marquèrent profondément l'esprit du jeune poète. Le héros romantique qu'il créa se heurte à la bassesse, aux préjugés, à la futilité de son milieu, et sa puissante et ténébreuse personnalité s'identifie à celle de l'auteur. C'est dans l'œuvre de Lermontov que le romantisme russe atteint son apogée. Analyse de la vie intérieure, il exprime les sentiments de l'auteur, son ardeur lyrique, son dynamisme tragique. Il oscille entre des vers de douceur et de charme et ceux que Lermontov appelle « des vers d'airain », pleins de colère et d'amertume qui résonnent dans La Mort du poète.

N'ayant confiance ni dans les sentiments ni dans la vie, Lermontov n'aspire qu'à la libération de l'individu. Déjà dans la première partie de son œuvre il pose le problème du Bien et du Mal qui demeure au centre de sa poésie. Mais bien que la place prépondérante soit laissée ici à l'amour, ces confessions autobiographiques ont souvent des résonances d'une portée plus vaste. Ses héros, en conflit avec Dieu et le monde, apparaissent comme les vengeurs d'une injustice, non seulement personnelle, mais universelle; ayant commis des fautes ils portent en eux les germes de leur inévitable perte.

Les deux chefs-d'œuvre de Lermontov sont Le Démon et Le Novice. Héritier du Lucifer de Milton et du Méphistophélès de Goethe, le Démon souffre et voudrait enfreindre son fatal destin. Ame haute et téméraire, voyant triompher l'injustice dans le monde, il s'est révolté contre le Créateur, mais le mal auquel il s'est voué l'a déçu. Par son amour pour Tamara, il cherche en vain à renouer ses liens avec la vie et à reconquérir le bonheur; ses crimes passés le condamnent définitivement. Il perd Tamara et avec elle l'espoir d'une rédemption. Le poème se déroule dans la nature majestueuse du Caucase dont la beauté sauvage et poétique sert de décor à cette légende orientale.

C'est encore au Caucase que se passe l'action du poème Le Novice, confession d'un jeune homme de race caucasienne, apporté petit enfant dans un couvent et qui, élevé par des moines, est devenu novice. Pris d'une invincible nostalgie il s'enfuit, erre à la recherche de sa patrie perdue et après maintes aventures est retrouvé mourant par les moines. Avant d'expirer il leur raconte sa vie pendant son absence du couvent et meurt sans regret, après avoir goûté quelques jours de liberté.

Quant à la poésie purement lyrique de Lermontov, ses élans d'amour et sa passion de la liberté finissent dans la déception et dans le sentiment de la solitude. Mais tantôt par une confession directe, tantôt par des images symboliques très simples ou par des allégories, le poète trouve le chemin de notre cœur.

Il en est de même lorsqu'il se penche sur les êtres simples en décrivant leur courage et leur abnégation. Il éprouve pour son peuple et son pays un sentiment filial. Son romantisme fait place alors à une profonde simplicité, à un sens du réel et du quotidien, comme par exemple dans son poème Le Pays natal.

Profond moraliste, Lermontov est un mystique. Il dialogue sans cesse avec Dieu. Une foi ardente pénètre son œuvre. Il semble que son âme arrachée au divin séjour se tourne sans cesse avec nostalgie vers le ciel. Le pressentiment d'une mort prochaine ne le quitte pas. En des strophes prophétiques, il la voit telle qu'elle l'a surpris, en pleine jeunesse, avec une effrayante exactitude.

Lermontov était un merveilleux traducteur. La souplesse et la force de son langage lui ont permis d'enrichir la poésie russe de chefs-d'œuvre étrangers.

L'ANGE

Dans le ciel de minuit, je voyais planer l'ange
    Chantant de divines louanges.

Étoiles, et croissant, et nuages, en chœur,
    Buvaient son hymne de douceur.

Il chantait les jardins aux profondes verdures,
    Heureux séjour des âmes pures;

Et cet ange louait le Seigneur Tout-Puissant
    Avec d'ineffables accents.

Dans ses bras, il portait une âme juvénile
    Vers la terre ingrate et futile.

Sa voix mélodieuse à jamais l'enchanta;
    Indicible, un air la hanta.

Durant toute sa vie attristée, solitaire,
    En elle un désir languissait;

Elle écoutait un chant que ne put effacer
    Le vain bruit des voix de la terre.

1831

*

Je sors seul dans la nuit astrale,
La route brille devant moi,
Tout perçoit Dieu, rempli d'émoi,
Et l'étoile parle à l'étoile.

Nimbé de bleu, le monde est coi,
Le ciel scintille, comme en fête;
Tout dort, je souffre... mais pourquoi?
Qu'est-ce que je cherche ou regrette?

Pas de passé, plus d'avenir...
Je n'attends rien de cette vie,
Paix, liberté, je vous convie!
Je veux m'oublier et dormir.

Je veux reposer, solitaire,
Mais non d'un sommeil sépulcral;
Je veux soulever mon suaire
Doucement, dans un souffle égal.

Que ce grand chêne sur moi veille,
Verdoyant, bruissant toujours;
Que, jour et nuit, à mon oreille
Résonne un tendre chant d'amour!

1831

LE VOILIER

Que veut le voilier solitaire
Qui vogue sur l'eau de cristal?
Que cherche-t-il en d'autres terres,
Que laisse-t-il au sol natal?

Le vent siffle, les flots miroitent,
Et le grand mât grince en ployant;
Vers nul bonheur il ne se hâte,
Nul bonheur ne quitte en fuyant...

Un rayon d'or luit sur sa tête,
Sous lui glisse un azur parfait,
Mais il désire la tempête,
Comme pour y chercher la paix.

1832

*

Loin, perdu dans le Nord, un sapin solitaire
    Scintille sur une hauteur,
Se balance et sommeille, et la neige légère
    Lui fait un manteau de splendeur.

Dans un désert aride et vaste, il voit sans cesse
    Au pays du soleil levant
Un palmier triste et beau qui sur un roc se dresse
    Tout seul sous les rayons ardents.

1841

*

Je ne suis pas Byron... Poète
Élu, je suis obscur encor;
Tous deux, le monde nous rejette,
Mais l'âme est russe dans mon corps.

Parti plus tôt, mon temps s'achève...
Je créerai peu, je le pressens;
Mon cœur est comme un océan,
Où gît l'épave de mes rêves.

Qui donc jamais te comprendrait,
Ô toi, sombre océan des houles?
Moi? Dieu? Personne? Et mes secrets,
Qui va les révéler aux foules?

1832

L'ONDINE

Une ondine nageait au fil d'une rivière
  Scintillant de clarté lunaire,
Et tentait de lancer à la lune d'argent
  L'écume légère en jouant.

Le courant emportait comme un flottant mirage
  Les reflets mouvants des nuages ;
Et l'ondine chantait, et les mots de son chant
  Volaient sur les rocs dans le vent.

Elle disait : « Là-bas, sur nos plages profondes,
  Le soleil pénètre les ondes,
Et glissent les poissons en troupeau fluvial
  Parmi des villes de cristal.

« Là, sur un chatoyant oreiller, fait de sable,
  Sous des roseaux impénétrables,
Dort un beau chevalier dans les flots immergé,
  Un beau chevalier étranger.

« Nous avons caressé sa chevelure soyeuse
  Au long des nuits mystérieuses,
Et sur ses yeux fermés, nous avons déposé
  Parfois les plus tendres baisers.

« Mais j'ignore pourquoi nos si douces caresses
  Ne peuvent chasser sa tristesse.
Sur mon cœur il se penche, et cet étrange amant
  Ne respire pas en dormant... »

Ainsi, dans sa langueur, d'une voix qui fascine
  Au fil de l'eau chantait l'ondine.
Et le fleuve emportait comme un flottant mirage
  Les reflets mouvants des nuages.

LA MORT DU POÈTE

Le poète est tombé, prisonnier de l'honneur,
Tombé calomnié par l'ignoble rumeur,
Du plomb dans la poitrine, assoiffé de vengeance;
Sa tête est retombée en un mortel silence.

Hélas! sous le poids des offenses,
L'aède élu s'est affaissé,
Comme avant, contre l'arrogance
Des préjugés, il s'est dressé.
Le chœur des louanges confuses
Est vain comme sont vains les pleurs
Et les pitoyables excuses.
Le sort a voulu ce malheur...
Or, c'est vous qui, dès ses débuts,
Persécutiez son pur génie,
Pour en rire, attisant sans but
La flamme où couvait l'incendie.
Il n'endura pas le dernier
Cruel outrage à sa personne.
Son flambeau, hélas! s'éteignait,
Flétrie son illustre couronne...
Son meurtrier a froidement
Braqué sur lui l'arme fatale.
Un cœur vide bat calmement,
N'a pas tremblé la main brutale.
Quoi d'étonnant? Venu d'ailleurs,
Il trouvait chez nous un refuge
Pour capter titres et bonheur,
Comme d'autres nombreux transfuges.
Il raillait, en les méprisant,
La voix, l'esprit de notre terre;
Sa gloire, il ne la prisait guère,
Et dans ce funeste moment,
Ni lui, ni d'autres ne savaient
Sur qui sa main s'était levée...

Et le voici tombé, descendu sous la terre,
Tel l'aède inconnu, mais cependant chéri,
Si merveilleusement dans son œuvre décrit,
Qui, dans un mouvement de jalousie amère,
Par une main cruelle, ainsi que lui, périt.
Pourquoi délaissa-t-il pour ce monde coupable,
Trop étroit pour l'élan de son âme ineffable,
L'amitié dévouée et ses douceurs aimables?
Crut-il aux faux-semblants de ces vils flagorneurs,
Lui, si jeune pourtant, ayant compris les hommes?
Arrachant sa couronne à ce génie altier,
Ils mirent sur son front la couronne fantôme,
Où l'épine acérée est unie au laurier,
Et qui blessait sa tête à des pointes d'acier;
Et ses derniers instants, ils les empoisonnèrent
De murmures moqueurs, ô railleurs ignorants!
Il mourut assoiffé de vengeance exemplaire
Et cachant le dépit d'un espoir décevant.

> Ses chants mélodieux se turent,
> Ainsi que se rompt le roseau,
> Sa demeure étroite est obscure,
> Sa bouche est close par un sceau.

Ô vous, ô descendants des ancêtres fameux,
Fameux par leur bassesse et par leur infamie,
Vous foulez à vos pieds les restes des familles
Que la chance offensa dans ses choix et ses jeux.
Le trône est entouré de votre cercle avide,
Bourreaux des libertés, du génie, ô perfides,
Vous qui vous abritez à l'ombre de la loi,
Devant vous tout se tait, la justice et le droit;
Il est un tribunal, ô favoris du vice,
Vous n'échapperez pas à l'ultime justice!
La médisance et l'or, cette fois, seront vains,
Dieu connaît la pensée et les pas des humains,
Et tout votre sang vil ne pourrait effacer
Le sang pur du poète, injustement versé.

1837

JE LANGUIS, JE SUIS TRISTE...

Je languis... je suis triste... A qui tendre la main
    Quand l'âme est en proie à l'orage?

Désirer! A quoi bon ces désirs toujours vains
    Tandis que s'enfuit le bel âge?

L'amour? Aimer qui donc? Pour un si bref instant?
    Aimer toujours est impossible.

La douleur et la joie en nos cœurs inconstants
    Vite deviennent invisibles...

Les passions? Leur mal disparaît tôt ou tard,
    Quand la raison prend la parole;

Et lorsque sur la vie on jette un froid regard,
    Quelle farce futile et folle...!

1837

*

Pareil au ciel, ton regard brille
    Comme un émail d'azur;
Ainsi qu'un baiser fond le trille
    De ton chant tendre et pur.

Et, pour un seul son de ta voix,
    Un regard de tes yeux,
J'offre le sabre de Damas
    Dont j'étais orgueilleux.

Et pourtant, son éclat m'excite;
  Il tinte avec douceur;
A ses appels, l'âme palpite,
  Le sang bout dans le cœur.

Mais je renonce à les entendre,
  Je leur ai dit adieu,
Depuis que j'entends ta voix tendre
  Et que je vois tes yeux.

1838

LE PAYS NATAL

Je l'aime, mon pays, d'un amour si puissant
Que la froide raison ne le pourrait comprendre,
Car ni la gloire, acquise au prix de notre sang,
Ni l'orgueil confiant, ni les vieilles légendes
Ne peuvent m'inspirer de rêves apaisants.
Mais, sans savoir pourquoi, seuls cependant m'émeuvent

Les steppes, leur silence étrange et souverain,
Les ondulations de ces forêts sans fin
Et, pareil à la mer, l'estuaire des fleuves.

J'aime les cahots de la télègue en voyage
Quand, dans l'obscurité, cherchant d'un vain regard
Un asile, je vois luire dans le brouillard
Quelques feux clignotants en de tristes villages;
J'aime ces champs roussis, leur légère fumée,
Une steppe où bivouaque un nomade charroi,
Parmi tant de blondeurs, la colline embrumée,
Et le couple isolé de pâles bouleaux droits.
J'éprouve un vrai bonheur à voir la grange pleine,
L'isba au toit de paille, aux volets décorés;
Le soir, jusqu'à minuit, je voudrais admirer
A la fête rustique une danse ancienne,
Les pas et les propos des moujiks enivrés...

1839

LE BATEAU FANTÔME

Sur les vagues de l'Océan,
Lorsque s'allument les étoiles,
Seul, comme sorti du néant,
Un vaisseau vogue, ouvrant ses voiles.

Ses mâts ne grincent ni ne plient,
Et rien ne bouge sur le pont,
Bien closes sont les écoutilles,
Aux sabords dorment les canons.

On n'entend pas le capitaine,
On ne voit point de matelots,
Ni bancs ni rochers ne le gênent,
Ni vents qui soulèvent les flots.

Sur l'océan, il est une île,
En dur granit, tout en hauteur,
C'est là qu'est le dernier asile,
Le noir tombeau de l'empereur.

Il gît sans honneurs militaires,
Il gît là comme un réprouvé,
Avec, sur sa tombe, une pierre
Qui l'empêche de se lever.

Chaque année, au jour fatidique,
A l'heure de sa triste mort,
Ce navire fantomatique
Sans bruit, lentement, mouille au port.

Du tombeau solitaire et morne
Alors se lève l'empereur,
Il porte habit et tricorne,
Comme dans ses jours de grandeur.

Il monte à bord, baissant la tête,
Il décroise ses bras puissants,
Prend le gouvernail et s'apprête;
Le bateau s'éloigne en glissant.

Il cingle vers sa chère France,
Vers l'héritier, son fils aimant;
A son trône, à sa gloire il pense,
Comme à ses grenadiers d'antan.

Et bientôt, il descend à terre
Et sur la vaste plage il court,
Hélant ses compagnons de guerre,
Et les maréchaux de sa cour.

Mais les grenadiers intrépides,
Sur l'Elbe, en des champs ennemis,
Dans les sables des Pyramides,
Sous la neige sont endormis.

Ses maréchaux aussi se taisent,
Car certains sont morts au combat,
D'autres trahirent à leur aise,
Ayant mis leurs grands sabres bas.

Alors, déçu, de long en large,
Frappant du pied le sol chéri,
A grands pas, sur la grève, il marche
En les appelant à grands cris.

Il appelle son fils fidèle,
L'unique appui qu'il aperçoit,
Lui promet des terres nouvelles,
En gardant la France pour soi.

Mais, hélas! en pleine jeunesse,
S'éteignit le prince héritier,
A lui, c'est en vain qu'il s'adresse,
De ce rivage familier.

Debout, jusqu'à l'aube il demeure,
Déjà l'obscurité décroît,
Des larmes à ses yeux affleurent
Et tombent sur le sable froid.

A bord de son vaisseau fantôme,
Tête basse, évitant le jour,
Il part de France, son royaume,
Et prend le chemin du retour.

1840

LE ROCHER

Un nuage doré s'abrite pour la nuit
Contre un rocher géant, sur sa vaste poitrine,
Et s'envole très loin dès que l'aurore a lui,
Puis, jouant dans l'azur, avec gaieté chemine.
Mais une trace humide est demeurée au creux
Du vieux rocher géant. Désormais solitaire,
Plongé dans sa pensée, il reste malheureux
Et verse lentement quelques larmes amères.

1841

LA PRINCESSE DE LA MER

Un prince dans la mer baigne son cheval noir
Quand il entend soudain : « Donne-moi ton regard! »

Mais le cheval hennit, remuant ses oreilles,
Puis s'éloigne à la nage et fend l'eau qui sommeille.

Le prince alors entend : « Je suis fille de roi,
Veux-tu passer la nuit entière entre mes bras? »

Déjà de l'onde émerge une main gracieuse
Qui voudrait se saisir de la bride soyeuse.

Juvénile, une tête à présent apparaît,
Des herbes de la mer ses cheveux sont parés.

Les yeux d'un bleu profond à des flammes ressemblent,
Des gouttes à son cou, comme des perles, tremblent,

Le prince alors se dit : « C'est bon, attends, attends! »
Il a saisi sa natte et, sans perdre un instant,

L'entraîne, la tenant d'une poigne puissante,
Bien qu'elle se débatte et pleure et se lamente...

Mais il atteint déjà la plage maintenant,
Et hèle ses amis, tout fier, en abordant.

« Allons, approchez donc, voyez ce qui m'échoit...
Regardez! Je ramène une prise de choix!

« Vous voilà tout surpris devant cette merveille,
N'avez-vous donc jamais vu de beauté pareille? »

Le prince se retourne, il est stupéfié...
Son regard triomphant s'éteint, mortifié.

Sur le sable d'or fin, soudain le déconcerte
Un monstre de la mer avec une queue verte,

D'écailles revêtue, une queue de reptile
Qui se tord sur la grève et frissonne et rutile.

L'écume de la mer d'un front blême ruisselle,
Dans ses yeux il peut lire une angoisse mortelle.

Il voit de pâles mains s'agripper sur le sable,
Et l'entend exhaler un soupir lamentable...

Le prince tourne bride et, pensif, part tout droit;
Il n'oubliera jamais cette fille de roi!

1841

LE SONGE

Couché sous les rayons brûlants,
Inerte, sur un sol de sable,
Dans un vallon du Daghestan
Je meurs d'une balle implacable.

Autour de moi des rocs se dressent
Que calcine un ardent soleil,
Ses rayons me brûlent sans cesse,
Mais je dors du dernier sommeil.

Je rêve et vois un soir de fête,
Brillant de feux et de beautés,
Les fleurs ornant de jeunes têtes,
De moi l'on parle avec gaieté.

Mais, silencieuse, une femme
Est, solitaire, assise là,
Qui ne sait pas pourquoi son âme
Par un songe obscur se voila...

187

Au Daghestan, dans la vallée,
Elle me voit, et d'une plaie
Encore fumante à mon flanc,
A flots s'écoule tout mon sang.

1841

*

Oh! non, ce n'est pas toi que j'aime avec ardeur,
L'éclat de ta beauté ne m'éblouit plus guère,
Mais je chéris en toi mon ancienne douleur,
Ma jeunesse perdue et qui me reste chère.

Si je plonge parfois mon regard dans le tien,
Et si sur toi mes yeux viennent errer sans cesse,
Si je m'absorbe ainsi dans de longs entretiens,
Non, ce n'est pas à toi que mon âme s'adresse.

Mais je parle à l'amie émouvante d'antan,
Je cherche en ton visage une image secrète,
Le feu des yeux éteints dans ton regard vivant,
Sur ta bouche, une bouche à tout jamais muette...

1841

LE DÉMON

(Conte oriental)

PARTIE I

I

Déchu, morose, solitaire,
A jamais de l'Éden exclu,

Le Démon survolait la terre,
Songeant à des temps révolus :
Quand il vivait, pur chérubin,
Dans la clarté resplendissante,
Et quand la comète filante
Lui souriait sur son chemin;
Quand il pénétrait les arcanes
Du savoir et, dans le brouillard,
Suivait au ciel les caravanes
Des étoiles d'un long regard;
Quand, ignorant le mal, le doute,
Lui, fils aîné du Créateur,
Il ne rencontrait sur sa route
Que la foi, l'amour, le bonheur...
. . . .
Intolérables à subir,
Passaient regrets et souvenirs...

                    II

Au monde désert, sans asile,
Errant depuis combien de temps,
Des siècles devant lui défilent,
Comme un instant après l'instant;
Et sur notre terre mesquine
Le Démon exerce son art.
Partout son esprit prédomine,
Le mal s'étend... mais nulle part
N'ayant trouvé de résistance,
Il se lasse de sa puissance.

                    III

L'exilé de l'Éden volait
Sur les hauts sommets du Caucase
Où, tel un diamant, brillait,

Couvert de neiges qui s'embrasent,
Kasbek; où Darial se faufile,
Pareil à quelque noir reptile;
Où Terek, qui jaillit par bonds,
Rugit secouant sa crinière,
Alors que le fauve des monts,
Et que l'oiseau dans la lumière,
Heureux, écoutent leur chanson.
Vaporeux, de légers nuages
Escortent Terek dans son cours,
Et les rochers sur ses rivages
Penchent leurs têtes alentour,
Au-dessus du fracas des ondes;
Veilleurs géants faisant la ronde,
S'élèvent des châteaux, des tours,
Dressés aux portes du Caucase.
Pourtant le ténébreux esprit
Jette son regard de mépris
Sur cette œuvre digne d'extase.
En son parcours aérien
Son vaste front n'exprime rien...

IV

Il voit plus loin, comme un tapis,
La Géorgie et ses vallées,
Mais ces merveilles dévoilées
Ne suscitent que son dépit.
Heureuse et prospère contrée!
Des sources brillent sur le sol
Parmi les pierres colorées;
Dans les rosiers, les rossignols
Célèbrent la beauté des belles,
Indifférentes à leur zèle.
L'ombre des platanes s'étend,
Des grottes s'ouvrent sous le lierre
Où les cerfs dans le jour ardent

S'abritent, fuyant la lumière;
Alors exhalent leurs senteurs
Par milliers les diverses plantes;
La nuit se drape en ses vapeurs,
Brillant d'étoiles scintillantes.
Mais tant d'émouvante beauté
N'éveille qu'une froide envie
Au cœur du grand déshérité,
Qui reste sans élan, sans vie,
Car il ne peut, désabusé,
Que tout haïr ou mépriser.

. . . .

XV

*(Le Démon séduit Tamara par ses chants,
alors qu'elle pleure la mort de son fiancé.)*

Enfant, tu pleures sur ton sort,
En vain tes larmes sont versées,
Leur vivifiante rosée
Ne saurait ranimer un mort.

Du ciel il ne peut pas t'entendre
Ni voir tes larmes, ta douleur;
Dans une clarté pure et tendre
Son esprit vit sur les hauteurs.

Que sont donc tes rêves modestes
Et tes sanglots fastidieux
Pour l'hôte des sphères célestes,
Bercé de chants mélodieux!

Non, non, cher ange de la terre,
Le triste destin d'un mortel
Ne vaut pas cette peine amère,
Ni tes regrets, ni tes appels.

« Sans gouvernail et sans voiles
Dans le brouillard éternel
Voguent les chœurs des étoiles
Sur les océans du ciel.

« Les troupeaux des grands espaces,
Ces nuages gracieux,
Sur l'immensité des cieux
Paissent sans laisser de traces.

« Se quitter ou se revoir,
Rien ne peut les angoisser;
Rien ne peut les émouvoir,
L'avenir ou le passé!

« Vois ces nuages, ces astres,
Et sois, comme eux, sans souci;
Au sort humain, à ses désastres,
Sois indifférente aussi. »

. . . .

Lorsque l'herbe deviendra sombre
Qui sur le roc ondule au vent,
Lorsque s'envolera de l'ombre
L'oiseau qui se cachait dedans,

Quand la nocturne fleur avide
Boira cette rosée humide
Et qu'avec douceur le croissant
T'épiera d'un coup d'œil rapide,
Au-dessus des monts se glissant,

Alors, vers toi volant encore,
Je saurai sur tes cils soyeux
Souffler des rêves merveilleux
En m'attardant jusqu'à l'aurore.

. . . .

192

(Troublée par le Démon, Tamara cherche refuge
au couvent, mais le Démon l'y rejoint.)

PARTIE II

. . . .

X

TAMARA

Oh! tes paroles me harcèlent,
Viens-tu du ciel ou de l'enfer?
Que me veux-tu?

LE DÉMON

Que tu es belle!

TAMARA

Qui donc es-tu, réponds, sois clair!

LE DÉMON

Je suis celui qui te parlait
La nuit dans le profond silence,
Celui dont l'esprit te troublait,
Dont tu comprenais la souffrance,
De qui l'image te hantait...
Je suis celui qui n'a jamais
Pu nulle part se faire aimer!
Fléau de mes tristes esclaves,
Au Bien j'oppose mes entraves.
Mais, fier adversaire des cieux,
A tes pieds je tombe anxieux,
Mon amour pour toi je confesse,
Je te dis toute ma douleur,
Je verse devant toi mes pleurs
Et, suppliant, à toi m'adresse.
D'un seul mot, rompant mes liens,

Tu peux me rendre au Ciel, au Bien!
Dans une nouvelle lumière,
Revêtu du manteau sacré
Que sont ton amour, ta prière,
Ange nouveau, j'apparaîtrai.
Oh! reçois mon aveu suprême;
Je suis ton esclave, je t'aime...
Et dédaigneux, en te voyant,
De mon empire sublunaire,
Immortel, je vais enviant
L'imparfait bonheur de la terre.
Désormais, vivre loin de toi,
Sous d'autres lois, m'est impossible,
Car sur mon cœur exsangue et froid
Brûle un rayon irrésistible...
Sur ma blessure un mal rampant
S'est ranimé comme un serpent.
Sans toi qu'est mon empire immense?
Qu'est donc sans toi l'éternité?
Un mot creux, l'insignifiance,
Un temple sans divinité!

TAMARA

Va-t'en, va-t'en, esprit perfide,
Je ne te crois pas, Ennemi!
Hélas! il ne m'est plus permis
De prier... Un poison morbide
De mon esprit s'est emparé.
Car tes discours sont pénétrés
De flamme et de venin secrets...
Enfin, dis-moi pourquoi tu m'aimes?

LE DÉMON

Pourquoi je t'aime, ô ma beauté,
Hélas! je ne le sais moi-même,
Mais mon passé je l'ai quitté,

194

Trouvant mon enfer et mes cieux
Désormais au fond de tes yeux...
Oh! mon amour n'est pas mortel,
Tu n'aimes pas ainsi que moi,
Car ma puissance et mon émoi,
Me ressemblant, sont éternels.
Depuis l'origine des mondes
Ton image vit dans mon cœur,
Flottant devant moi sur les ondes
De l'espace supérieur.
J'entendais toujours dans mon âme,
Ton nom, le plus doux nom de femme...
Ton absence au ciel m'attristait
Du temps de ma félicité.

. . . .

La malédiction divine
S'accomplissait.
. . . . . . Mais le plaisir
Du mal qui triomphe et fulmine
Ne put étancher mes désirs.
Luttant contre le vent, l'orage,
Vêtu de brouillard et d'éclairs,
Je traversais souvent les airs,
Et m'élevais dans les nuages
Pour y distraire le tourment
D'une pensée inéluctable,
Pour oublier l'inoubliable
Dans l'orage des éléments...
Que sont-ils auprès d'un instant
De ma détresse et de ma peine,
Les efforts, les événements,
Toutes les misères humaines?
Les hommes ont un doux destin
Et leur vie s'écoule, éphémère,
Dans l'espoir d'un juge divin,
De sa clémence tutélaire;

Mais mon mal, lui, reste éternel,
Ainsi que mon corps et mon âme,
Il rampe, le serpent cruel,
Il me lèche de vives flammes.
Comme un fardeau d'un poids immense
Mon âme porte, inconsolée,
L'indestructible mausolée
Des passions, de l'espérance...

TAMARA

Me conter tes chagrins, pourquoi?
Pourquoi m'adresses-tu tes plaintes?
Tu péchas...

LE DÉMON

Fût-ce contre toi?

TAMARA

On peut nous entendre...

LE DÉMON

N'aie crainte,
Nous sommes seuls...

TAMARA

Il est un Dieu!

LE DÉMON

Pourquoi veux-tu qu'il nous regarde?
Son esprit sublime s'attarde
Non sur la terre, mais aux cieux!

TAMARA

Mais le châtiment, la géhenne?

LE DÉMON

Nous serons deux dans notre peine!

TAMARA

Qui que tu sois, ami lointain,
Involontairement j'écoute
L'aveu d'un destin surhumain,
De tes épreuves, de tes doutes..
Ton but est-il de m'égarer
Au prix de ces discours perfides?
Mais où serait pour toi l'attrait
De perdre une âme trop candide?

. . . .

LE DÉMON

Ô Tamara, vois, j'abandonne
Mon vaste empire tout entier;
Seul, je saurai t'apprécier,
J'attends l'amour comme une aumône;
Je te promets pour un instant
L'éternité... Je suis constant;
En amour, en mal je suis grand!
Je suis le libre fils de l'air,
T'emportant au-delà des astres,
Je te ferai sur l'univers
Régner parmi grandeurs et fastes.
Sans regret, mais avec froideur
Tu regarderas cette terre,
Où l'on ignore le bonheur,
Où la beauté n'est qu'éphémère,

197

Où l'on ne peut jamais sans peur
Ressentir l'amour ou la haine.
La faute y trouve un châtiment,
Et les passions y sont vaines,
L'amour n'y dure qu'un moment;
Ce n'est rien qu'une effervescence,
La brusque ardeur d'un jeune sang
Qui ne survit pas à l'absence,
Ni même à la longueur du temps,
Non plus qu'à des beautés nouvelles;
Il succombe aux tentations,
Aux désirs, aux diversions,
La fatigue, l'ennui s'y mêlent...

. . . .

Ce monde est mesquin, pitoyable,
Tes souhaits ne sont que néant;
Je t'ouvrirai les océans
De mon savoir impénétrable.
J'amènerai pour te servir
En foule mes esprits magiques
Accomplissant tous tes désirs,
Tamara, mon amie unique.
A l'étoile de l'Orient
J'arracherai son diadème,
Je l'ornerai de diamants
Prenant la rosée aux fleurs même.
Du plus beau rayon de soleil,
Ainsi que d'un ruban vermeil,
Je puis te faire une ceinture!
Ô Tamara, je répandrai
Des odeurs exquises et pures
Dans l'air que tu vas respirer;
La douce musique à toute heure
T'enchantera, mélodieuse;
Un palais sera ta demeure,
Bâti de pierres précieuses.

Je descendrai au fond des mers,
Je survolerai les nuages,
Tous les trésors de l'univers
Seront à jamais ton partage.
Aime-moi!

. . . .

XI

Le Démon d'une lèvre ardente
Effleure sa bouche tremblante;
A ses prières il répond
Par des mots de séduction.
Levant les yeux, posé sur elle,
Tamara croise son regard,
Qui dans la nuit noire étincelle
Ainsi qu'un menaçant poignard.
Ah! ce baiser empoisonné
Qui pénètre dans sa poitrine;
Déjà, le Démon la domine...
Un cri soudain a résonné
Au milieu du profond silence,
Vibrant d'amour et de souffrance,
De reproches, de désespoir,
Le cri d'une jeune existence
Avant son ultime départ.

. . . .

XVI

Dans l'azur des célestes sphères
Volait un ange aux ailes d'or,
Il emportait loin de la terre
Une âme étreinte de remords;
Par des paroles de douceur
Il lui rendait la confiance

En effaçant avec des pleurs
L'ombre des erreurs, des souffrances.
Déjà, du paradis lointain
Leur parvenaient des chants sublimes
Quand soudain, montant de l'abîme,
Le Démon barre leur chemin.
Funeste ouragan de l'orage,
Étincelant comme un éclair,
Avec une audace sauvage,
« Elle est à moi » dit le Pervers.
Mais par une prière ardente
Cherchant à vaincre sa terreur,
Tamara vers son protecteur
Se tourne, émue et pantelante.
Son sort allait se décider...
Le Démon était devant elle!
Mais Dieu, quelle haine mortelle
De son profond regard sortait,
Sa face de pierre et d'effroi
Répandait un terrible froid.
« Disparais, noir esprit du doute,
Répondit l'envoyé du ciel,
Ton règne est terminé, cruel,
Car par Dieu cette âme est absoute...
Ses malheurs, ses tentations,
Tombent comme de lourdes chaînes
Avec son enveloppe humaine.
Au ciel déjà nous l'attendions...
Cette existence était de celles
Pour qui la vie est un instant
D'un vain, d'un douloureux tourment,
Qu'un impossible vœu harcèle;
Car Dieu de ses plus pures ondes
Créait cette âme haute et belle;
N'étant pas faite pour ce monde,
Ce monde n'est point fait pour elle.
Elle a payé d'un prix trop lourd
Son doute ainsi que son amour.

Ayant aimé, pleuré, souffert,
Le ciel pour elle s'est ouvert. »

D'un seul regard, sans indulgence,
L'Ange toisa le Tentateur;
Avec Tamara, il s'élance
Et disparaît dans les hauteurs.
L'esprit du mal, dans sa défaite,
Et maudissant son rêve, amer,
Seul, sans espoir, baissant la tête,
Rôde à jamais dans l'univers...

1838-1841

ALEXIS TOLSTOI

1817-1875

Né à Pétersbourg, Alexis Tolstoï passa son enfance dans le midi de la Russie chez son oncle, le comte Perovski, écrivain romantique. Depuis Rasoumovski, leur aïeul, époux de l'impératrice Élisabeth, les membres de la famille ignoraient les soucis matériels. Le futur poète grandit tantôt en Italie, tantôt à Krivoï Rog, entouré de trésors artistiques. Présenté à la cour à l'âge de huit ans, il devint le compagnon de jeux et l'ami du prince héritier, le futur empereur Alexandre II.

Ayant achevé ses études universitaires, il séjourne à Francfort-sur-le-Main, attaché à l'ambassade russe. Rentré à Pétersbourg, il fit au cours d'un bal la connaissance de O.A. Bakhmeteva qui, après bien des difficultés, divorça et devint sa femme.

Monté sur le trône, Alexandre II offrit à son ami d'enfance un poste élevé. Le poète le refusa pour se consacrer entièrement à la littérature, se bornant aux prérogatives d'amitié qui l'autorisaient à dire la vérité à l'empereur. Ainsi, à Odessa en 1867, au cours d'un voyage d'Alexandre II dans le Midi, Alexis Tolstoï lança sa fameuse provocation aux ennemis des Polonais et des Juifs, levant son verre « à la santé de tous les sujets de Sa Majesté, à quelque nation qu'ils appartiennent ».

Désirant conserver une entière indépendance, il ne voulut adhérer à aucun clan politique; ni les libéraux ni les conservateurs ne purent le compter au nombre des leurs. Attaqué des deux côtés à la fois, il s'obstine à poursuivre son chemin « contre le courant », au service de « l'art pour l'art », n'aspirant qu'à un idéal d'amour universel, d'harmonie et de beauté.

Auteur de drames, de romans, de satires, de ballades il est avant tout

un poète lyrique et chevaleresque. Sa forme châtiée, ses aspirations éle-
vées, le séparent du naturalisme.

Il mourut à Krivoï Rog, où s'était écoulée son enfance.

●

Lorsque se tait ta verte profondeur,
    Bois solitaire;

Lorsque des vers s'envolent de mon cœur,
    Involontaires;

Quand des forêts la plainte me parvient
    Ou bien des terres;

Quand bout en moi l'essor impatient
    De la colère;

Lorsque ma vie est couverte de noirs,
    De lourds nuages,

Ou que s'allume un doux rayon d'espoir,
    D'heureux présage :

Dans les soucis, les tribulations
    Qui me harcèlent,

Rempli d'espoir ou d'hésitation,
    Mon cœur t'appelle.

Nous séparer? Est-ce notre destin?
    Comment l'admettre!

Entre mes mains serrer tes chères mains
    Serait renaître.

Ô clochettes, chères clochettes,
    Petites fleurs des champs,
Bleu foncé, vous hochez vos têtes
    En ce jour de printemps.

J'entends vos grêles sonneries
    Et je vois vos regards,
Parmi les herbes des prairies,
    Bleuissant au hasard.

Mon ardent cheval se dépêche,
    Ses rapides sabots
Qui traversent la steppe, en flèche,
    Vous laissent en lambeaux.

Ô clochettes, chères clochettes,
    Petites fleurs des champs,
Ne hochez pas ainsi la tête,
    Tout en me maudissant!

De vous épargner, ô fleurettes,
    J'aurais été heureux,
Mais aucun frein, hélas! n'arrête
    L'essor aventureux.

Levant la poussière, sans bride,
    Tu galopes toujours,
Ô toi, mon cheval intrépide,
    Et j'ignore où tu cours.

Dans l'espace, sur ma monture,
    Quittant un monde étroit,
Je vole et vole, à toute allure
    Vers l'inconnu, tout droit.

Que trouverai-je à l'arrivée?
    La joie ou le chagrin?
Dieu seul connaît la destinée
    Qu'ignorent les humains.

JEAN DE DAMAS

(Extraits)

Je vous bénis, ô bois obscurs,
Monts, prés, vallons, flots argentés,
Je te bénis, ô ciel d'azur,
Je te bénis, ô liberté!

Je te bénis, pauvre besace
Et toi, bourdon, je te bénis!
Je bénis les vastes espaces,
Le soleil clair, la sombre nuit!

Béni le sentier solitaire
Où j'avance, pauvre mortel!
Béni chaque brin sur la terre
Et chaque étoile dans le ciel!

Combien, combien j'aurais envie
De fondre en vous toute ma vie
Et toute mon âme à jamais,
Vous ouvrant les bras, mes aimés,
Vous, ennemis, amis et frères,
Ainsi qu'à toi, ô vaste terre!

205

Ò mon pays, pays natal :
Le cri d'un aigle, son grand vol,
La libre course d'un cheval
Et la voix du loup sur ton sol...

Ò ma patrie, c'est ton image :
La profondeur de tes forêts,
Le rossignol enamouré,
Le vent, la steppe, les nuages...

JACQUES POLONSKI

1820-1898

Polonski est né à Riazan d'un père, petit fonctionnaire, et d'une mère de noble naissance. Après des études secondaires, il entre à la faculté de droit de Moscou où règne un esprit libéral et où l'on souhaite l'abolition du servage.

Son premier livre de vers, Les Gammes, *qui paraît en 1844, est diversement accueilli par la critique. Intellectuellement, Polonski n'était pas de taille à soutenir les discussions philosophiques et esthétiques de ses amis; matériellement, il était d'autant plus gêné par la modestie de ses moyens qu'il fréquentait le grand monde de Moscou. Tout cela le décida à partir pour Odessa et ses amis lui ayant procuré une place à la chancellerie de Tiflis, Polonski quitta Odessa pour le Caucase.*

En 1849, après un assez long intervalle, paraît son nouveau recueil de vers, Sasandar. *A Tiflis, Polonski se lie d'amitié avec les poètes et les savants d'Azerbaïdjan dont il étudie le folklore. En 1852 il rentre à Pétersbourg et se consacre désormais entièrement à la littérature.*

*La situation des lettres russes était toujours aussi précaire; la censure interdisait les écrits les plus innocents. « Il fallait marchander chaque parole avec le censeur », écrit Polonski. Cette contrainte s'allégea après la mort de Nicolas I*er*. Un important recueil de vers de Polonski paraît en 1855. La revue* Le Contemporain *accueille très favorablement ce nouveau recueil. Nekrassov reconnaît que, en plus des mérites littéraires, les vers de Polonski révèlent une personnalité dont la noblesse commande la sympathie. D'autres revues également louent le lyrisme chaleureux qui traduit les tendances les plus généreuses de l'époque. En effet, sans avoir jamais été un homme politique, Polonski ne restait pas indifférent aux événements.*

Devenu précepteur de la famille Smirnov, il l'accompagne en Europe; mais, reprenant sa liberté, séjourne à Genève où il se consacre entièrement à la peinture. Le peintre suisse Calame ayant refusé de l'admettre parmi ses élèves, il part pour Rome et, sans un sou vaillant, se voit forcé de revenir à la littérature.

Marié à Paris à la fille d'un pope, Polonski regagne Pétersbourg. Un nouveau recueil de ses vers paraît en 1859. Le critique Dobrolioubow reconnaît les qualités de cet ouvrage, mais reproche à Polonski sa tiédeur et son incapacité à s'indigner. Les faits les plus révoltants lui arrachent des larmes mais n'allument en lui ni colère ni désir de vengeance.

Au cours des années 60-70, la poésie de Polonski devient plus perméable au sentiment civique d'inquiétude et de tristesse. Il reste cependant très supérieur dans ses vers consacrés à la vie mystérieuse de l'âme. D'ailleurs, Polonski définit lui-même son rôle de poète comme n'étant que celui d'une vague de l'immense océan qu'est la Russie.

La Prisonnière *beau poème complexe et ténébreux qui lui fut inspiré par la jeune terroriste Vera Sassoulitch, vibrant de pitié et d'émotion, est justement célèbre.*

Certains critiques ont sévèrement reproché à Polonski de n'avoir pu quitter le plan personnel pour le plan social; d'autres ont loué sa grande sincérité, son absence d'artifice oratoire, sa profonde émotion poétique, accessible au grand public par son côté touchant et mélodieux. Le mystère qu'il entrevoit dans la vie quotidienne influença la poésie de Blok. Mis en musique, ses poèmes romancés sont encore chantés; et certains font partie du folklore russe.

●

Si l'écrivain n'est qu'une lame
Et la Russie un océan,
Comment pourrait-il rester calme
Dans l'orage des éléments?

Si l'écrivain n'est qu'un des nerfs
D'un peuple grand, puissant et fier,
Pourrait-il n'être pas heurté
Quand on meurtrit la Liberté!

LA PRISONNIÈRE

Elle n'est rien pour moi, ni femme, ni maîtresse,
    Ni fille; mais son avenir,
Mais son destin maudit viennent hanter sans cesse
    Mes nuits sans me laisser dormir;

Et je m'éveille alors en songeant à sa vie
    Dans la prison humide et sombre,
A l'étroite fenêtre avec sa haute grille,
    A son grabat dans la pénombre.

Elle tourne vers moi ses yeux secs et sévères,
    Son regard me poursuit sans cesse...
De sa couche s'échappe et tombe jusqu'à terre
    Sa chevelure aux sombres tresses;

Je vois sa jeune bouche et ses mains qu'elle serre,
    Pâles et fines, sur son sein
Où bat un cœur glacé qui ne s'émeut plus guère
    Et qui n'attend déjà plus rien.

Qu'est-elle donc pour moi? Ni femme, ni maîtresse,
    Ni fille; mais son avenir,
Mais son destin maudit, ses traits et leur détresse,
    La nuit m'empêchent de dormir.

CHANT D'UNE TZIGANE

Mon feu de bois luit dans le soir,
Au vent ses flammèches s'en vont...
Qui pourrait bien nous voir si tard?
On va se quitter sur le pont.

Dans la steppe, avec les Tziganes,
A l'aube où la clarté s'accroît,
Au loin derrière ce charroi
Je vais partir en caravane.

Je reverrai dans mon émoi
Ton geste rattacher mon châle;
Liant ses deux pointes égales,
Tu te liais encore à moi.

A qui maintenant me destine
Le sort? J'ignore qui demain
Va dénouer sur ma poitrine
Le châle attaché par tes mains?

Je voudrais que tu te rappelles
Ma voix, quand une autre en t'aimant,
Sur tes genoux, ô mon amant,
Chantera des chansons nouvelles.

Mon feu de bois luit dans le soir,
Au vent ses flammèches s'en vont...
Qui pourrait bien nous voir si tard?
On va se quitter sur le pont.

ATHANASE FETH-CHINCHINE

1820-1892

Né dans la maison d'un noble propriétaire, Chinchine, dans le gouvernement d'Orel, Athanase fut inscrit deux mois après sa naissance comme son fils. Sa mère, Charlotte Feth, était allemande. Elle avait quitté son mari pour suivre Chinchine qui l'épousa deux ans après la naissance de l'enfant. Mais quand le futur poète eut quatorze ans, le consistoire d'Orel découvrit cette irrégularité, et Feth perdit le droit de s'appeler Chinchine, d'hériter de la propriété patrimoniale, et même de la nationalité russe.

Cette catastrophe marqua toute sa vie et, désormais, il s'efforça de reconquérir les privilèges perdus qui ne lui furent rendus que lorsqu'il eut cinquante ans.

Son premier recueil de poèmes, d'ailleurs médiocres, fut publié pendant ses études universitaires : leur auteur n'avait que dix-neuf ans. Dès 1842, les poésies de Feth paraissent dans des revues importantes et son talent est reconnu par le grand critique Bélinski. Le poète collabore alors indifféremment aux revues de tendances politiques les plus opposées. Mais son choix d'une carrière militaire l'éloigne de Moscou et lui fait mener la vie de garnison de province. Par cette voie, il cherchait manifestement à regagner ses titres de noblesse.

C'est alors que, dans une famille amie, il rencontre l'amour d'une jeune fille, Marie Lasitch, musicienne, instruite, admiratrice de ses vers; mais tous deux sont pauvres, et Feth juge ce mariage impossible : c'est la séparation. Marie meurt bientôt, sa robe de tulle s'étant enflammée sur elle, et ce souvenir tragique traverse la poésie de Feth.

En 1853, changeant d'affectation, le poète se rapproche de Pétersbourg et se replonge dans la vie littéraire. Son grand succès l'encourage à une *intense production. Il fait un riche mariage et quitte le service militaire en 1858. Mais la situation évolue et deux idéologies s'opposent avec violence dans les lettres russes. La critique révolutionnaire ne reconnaît plus que les écrits qui défendent l'idéal démocratique et le progrès social dans une forme accessible au peuple tout entier. Dans le camp opposé, on affirme que l'art ne peut pas avoir pour objet l'actualité, les circonstances passagères de la vie, que seules les vérités éternelles et la beauté peuvent se traduire en poésie. Feth adhère sans réserve au principe de « l'art pour l'art »; il dit même que toute œuvre à tendance didactique est sans valeur. Le libéralisme de Feth s'évanouit du même coup, rendant inéluctable sa rupture avec les revues d'avant-garde. Ayant perdu ses lecteurs et ses revenus littéraires, il se retire à la campagne et se consacre à l'agriculture, écrivant des articles et des vers manifestement réactionnaires.*

Il se plonge dans l'étude et la traduction de la philosophie pessimiste de Schopenhauer. Cependant, son œuvre inspirée par la nature et par l'amour reflète une intense joie de vivre. Il explique cette apparente contradiction en nous disant que la poésie lui permet de s'évader d'un monde de souffrances et d'accéder à la joie pure.

A soixante-douze ans, Feth tombe amoureux d'une jeune fille et, repoussé par elle, se suicide, effaçant ainsi d'un seul geste tant d'efforts et de sacrifices pour reconquérir les honneurs et la richesse.

Il est dans la poésie russe le plus parfait représentant de « l'art pour l'art », apportant tout son talent de musicien du verbe à des confidences intimes. La magie de ses vers emporte le lecteur dans un monde imprécis de beauté et de joie, sans qu'on puisse définir par quels moyens s'opère cette sorcellerie.

●

Un vent chaud souffle doucement,
De nouveau respire la plaine,
Les collines en verte chaîne
Partent au loin en s'estompant.

Gris foncé, parmi les collines,
Ondoyant comme un long serpent,
Un chemin connu se dessine,
Parmi les brumes se perdant.

Dans l'allégresse insouciante,
Du haut d'un rayonnant azur,
Les trilles d'oiseaux nous enchantent
Qui s'égrènent charmants et purs.

Je viens t'apporter le message
Disant que le soleil est là,
Que sa clarté sur les feuillages
Brille d'un merveilleux éclat,

Que toute la forêt s'éveille,
Que chaque branche maintenant,
Que chaque oiseau, que chaque abeille
S'anime au souffle du printemps.

Je viens vite à toi pour te dire
Que, vibrant d'une même ardeur,
A te servir mon cœur aspire,
Comme à servir notre bonheur.

Je viens à toi te dire encore
Qu'au souffle pur de la gaieté
Je pressens que je vais chanter.
Mais quel chant est-ce, je l'ignore...

*

Ah! Dis-moi tes songes naissants,
    Que mon cœur se ranime!
Et, quand les mots sont impuissants,
    Que des sons les expriment!

*

Se lève la poussière
En nuage léger,
Je ne devine guère
Le nom du messager.

C'est quelqu'un qui chevauche,
Qui vient ici tout droit.
Lointaine, et pourtant proche,
Amie, oh! pense à moi...

Ô merveilleuse image,
Combien tu m'es connue,
La lune, les nuages,
La plaine blanche et nue...

La neige éblouissante,
Le ciel et sa lumière,
La course étourdissante
Du traîneau solitaire...

*

Nuit argentée, oh! comme tu caresses
L'élan muet éclos en ton secret!
Accorde-moi des ailes, et me laisse
De la matière enfin me libérer.

Lueurs en lutte avec les feux célestes,
Ô nuit, ô nuit, rosée de diamants,
Le ciel s'entrouvre ainsi qu'un océan;
Comme une mer, luit l'étendue terrestre.

Ô nuit, tel un ange déchu, mon âme
Se rappelant ce qui l'attache au ciel,
Voudrait monter en ton souffle de flamme
Et survoler l'abîme originel.

214

●

Doux murmures, soupirs timides,
Trilles de rossignols,
Et ce ruisseau d'argent liquide
Serpentant sur le sol.

La clarté nocturne et les ombres
Se succédant sans fin,
Illuminent ou bien estompent
Ton visage divin...

La pourpre des roses, le charme
Des nuages mouvants,
Et nos baisers mêlés de larmes
Dans le soleil levant...

NICOLAS NEKRASSOV

1821-1877

Nicolas Nekrassov naquit en 1821, dans le gouvernement de Yaroslav, d'un père propriétaire terrien, descendant d'une noblesse que le jeu avait appauvrie, et d'une mère polonaise qui, pour son malheur, s'était éprise de ce bel officier russe. Son enfance fut témoin des désordres, des violences, du despotisme d'un père et de l'abnégation douloureuse d'une mère aimée. L'image de cette mère traverse toute l'œuvre de Nekrassov et lui inspire les admirables figures des femmes russes, comme par exemple celles des princesses Troubetzkoï et Volkonski qui rejoignirent au bagne de Sibérie leurs maris décembristes.

Renvoyé du lycée de Yaroslav pour avoir écrit des vers satiriques, il ne put terminer ses études. A seize ans, son père, qui le destine à la carrière militaire, l'envoie à Pétersbourg, mais le jeune homme, inscrit comme auditeur à la Faculté d'histoire et de philologie de l'université, fut privé de tout soutien matériel et dut subsister par ses propres moyens. Il connut une misère affreuse, exerçant pour vivre tous les genres d'activités littéraires.

Revenu au village natal après trois ans d'absence, Nekrassov ne trouve plus sa mère qui avait succombé à ses malheurs. Il regagne alors Pétersbourg et se jure de ne pas « mourir dans un grenier ». En effet, devenu rédacteur au Contemporain et aux Nouvelles de la patrie, il réussit à donner un nouvel essor à ces revues qui périclitaient. Sa passion pour le jeu, la technique qu'il sut y déployer, ne furent pas étrangères à sa réussite matérielle. Aussi la médisance ne l'a-t-elle pas épargné. En revanche, combien de jeunes écrivains furent sauvés par lui d'une misère que lui-même avait si bien connue.

Des critiques éminents, Bélinski, Dobrolioubov, Tchernychevsky, collaboraient à ces revues qui se répandirent dans toute la Russie. *Les vers de Nekrassov eurent ainsi, eux aussi, une large diffusion.*

Dans une curieuse préface à une traduction des **Poésies populaires** *de Nekrassov, le vicomte E. M. de Vogué s'écrie : « Étrange pays! La censure biffe des pages entières de nos livres qui vont chercher dans les hautes classes quelques lecteurs initiés à notre langue... et jusque dans les mains des enfants du peuple on trouve l'œuvre de ce forgeron d'enfer qui souffle la haine et attise la révolte! »*

Le vicomte a bien senti la flamme révolutionnaire qui couve dans l'œuvre de Nekrassov; il signale l'extraordinaire diffusion de ses vers, mais il reste sourd à la profonde compassion, à l'immense amour du poète pour le peuple russe. Ce peuple chante comme il respire; nulle censure ne peut l'empêcher de respirer ni de chanter. Ces chansons, « le fond sonore » de la vie populaire, les vers de Nekrassov leur donnaient une forme littéraire et les élevaient au niveau de la grande poésie.

Il est vrai cependant que son œuvre bénéficia d'un renouveau de la vie politique et sociale : la guerre de Crimée et la chute de Sébastopol avaient révélé tous les défauts du régime de Nicolas Ier qui s'écroula en même temps que lui. Pour éviter le pire, le nouvel empereur, Alexandre II, se hâta de changer de tactique; il promit des réformes et, en 1861, abolit le servage.

Mais, si les paysans n'étaient plus obligés de travailler sans rémunération, si leurs maîtres étaient empêchés désormais de les vendre, de les acheter et de les tyranniser, ils eurent vite fait de s'apercevoir qu'ils avaient été trompés. La terre fertile resta aux seigneurs, les moujiks ne purent exploiter que les régions les plus ingrates qu'ils devaient, d'ailleurs, acheter à leurs anciens seigneurs. Quelques-uns réussirent toutefois à s'enrichir, mais aux dépens de leurs voisins moins heureux.

La plupart durent continuer à travailler chez les propriétaires et chez les « koulaks [1] ». Ruinés et misérables, beaucoup de paysans quittèrent les campagnes natales et se dirigèrent vers les villes pour y devenir ouvriers d'usine.

Le lyrisme de Nekrassov, dont les couleurs restent toujours aussi sombres, reflète ce nouvel état de choses. La vie du poète se partage désormais entre Pétersbourg, avec ses intrigues, ses luttes, sa trouble

---

1. Koulak = poing = moujik enrichi et dur.

ambiance de luxe et de misère, et ses séjours à la campagne où s'épanouit son génie poétique, se confondant avec la voix du peuple même. Chantre de la souffrance populaire, il unit à une vision aiguë et réaliste de la vie, des dons épiques et lyriques qui atteignent parfois les plus hauts sommets de la poésie.

En 1877, Nekrassov mourut à la suite d'une cruelle maladie, à cinquante-six ans.

Son œuvre n'a cessé d'avoir sur la jeunesse russe une grande influence. Sa beauté, sa musique, son originalité, l'ont rendue impérissable.

LE CHAMP
NON MOISSONNÉ

L'automne va finir, les freux sont envolés,
Et les bois sans feuillage et les champs désolés;
Une terre pourtant reste non moissonnée,
Plongée en la tristesse, elle est abandonnée.
Les épis chuchotant murmurent, anxieux :
« Que ce vent automnal est donc fastidieux
Qui nous force à ployer ainsi jusqu'à la terre,
Traînant notre grain mûr dans la grise poussière!
Par volées dans la nuit s'abattent, ravageurs,
Venant nous dépouiller les oiseaux migrateurs.
Le lièvre nous piétine et le vent nous déflore,
Notre bon laboureur, qu'attend-il donc encore?
Sommes-nous contrefaits, pour être ainsi honnis?
N'avons-nous pas grandi, mûri, toujours unis?
Nous ne le cédons pas à d'autres de naissance!
Nos épis sont gonflés, pleins d'heureuse abondance.
Aurait-il labouré, puis semé, pour qu'en vain
L'âpre vent automnal disperse notre grain? »

Mais le vent leur apporte une triste réponse :
« Votre bon laboureur à récolter renonce.
En proie à ses chagrins, le pauvre dépérit
Et ne peut achever les travaux entrepris.
Il se ronge, il s'éteint, il ne boit ni ne mange;

Son cœur est ravagé par quelque mal étrange.
Ses bras, ayant tracé tant de sillons bien droits,
Comme des rameaux secs, pendent en désarroi;
Ses yeux ne brillent plus et plus jamais sa voix
Ne chante la chanson nostalgique ancienne
Qui résonnait alors qu'il marchait autrefois
Derrière sa charrue en labourant la plaine. »

1854

●

Ô fête de la vie, années de la jeunesse,
Je vous aurai tuées sous le faix du labeur;
Je n'ai jamais été l'ami de la paresse,
Poète favori, gâté par le bonheur.

Si mes tourments cachés à la longue débordent
D'un cœur qui d'ordinaire en secret les retient,
J'écris, les mots rythmés me consolent, m'emportent
Au-delà des soucis du travail quotidien.

Je ne me flatte pas que notre peuple garde,
Ne fût-ce qu'un seul vers de ceux que j'ai laissés;
Mon vers, mon vers austère, inhabile, angoissé,
N'a pas trouvé l'accent sur lequel on s'attarde.

Du souffle créateur il n'a pas la puissance,
Mais un sang trop bouillant le fait vibrer toujours;
Triomphante, y claironne une sainte vengeance,
Il brûle d'un humain, d'un débordant amour.

Seul aux cœurs généreux ma louange s'adresse,
Le sot, je le flétris, aussi le malfaiteur,
Sa couronne d'épine au poète je tresse,
Au poète qui vit sans défense et sans peur.

1855

MÉDITATION
A L'ENTRÉE D'UNE COUR D'HONNEUR

(Extrait)

Peux-tu nommer, ô ma terre natale,
Un seul pays ou bien un seul séjour
Où ton semeur, sentinelle loyale,
Où ton moujik ne gémisse toujours?

Il gémit en prison, au bagne,
Il gémit aux champs, aux bois verts,
Dormant sous son char en plein air,
Sur les durs chemins des campagnes.

Il gémit dans mille bourgades,
Dans les tribunaux et conseils,
Sans même jouir du soleil
Dans son isba pauvre et maussade.

Entends-tu ses gémissements
Sur la Volga, grand fleuve russe?
Ce sont les haleurs qui les poussent
Et nous nommons leur plainte un chant.

Vaste Volga, quand sur la plaine
Tu répands tes eaux printanières,
Plus vaste que toi sourd la peine
Du peuple russe sur sa terre.

Quand donc se lèvera-t-il, quand?
Que veut dire sa plainte amère?
Ou bien au sort obéissant,
Ayant chanté ce triste chant,
S'endormira-t-il sur sa terre?

1858

Le bruit monte des capitales,
Écho des batailles verbales,
Cependant qu'un profond silence
Règne sur la Russie immense.

Le vent souffle par les chemins,
Parmi les arbres séculaires
Et, ployés, les épis des champs
Embrassent leur mère, la terre.

1857

CHEVALIER POUR UNE HEURE

(Extrait)

L'orage grondant dans mon âme
Fut dispersé par le matin,
Et j'entendis alors le blâme,
De ce chant cruel, inhumain :

« Soumets-toi, race sans courage,
A ce dur destin qui t'abat!
Vous fûtes surpris par l'orage,
Vous n'étiez pas prêts au combat!

Avant d'entrer dans votre tombe,
Pour votre tâche déjà morts,
Vos beaux élans toujours retombent,
Ne rien parfaire est votre sort! »

1860

CHANSON POPULAIRE
(Du cycle des « Marchands ambulants »)

Vois ma boîte, comme elle est pleine
De cotonnades, de brocarts;
Prends pitié du marchand, ma reine,
De son épaule de gaillard.

Oh! viens, viens donc, dans les grands seigles,
Où je t'attendrai jusqu'au soir;
J'étalerai, ma belle espiègle,
Mes richesses sous tes yeux noirs.

J'ai tout payé très cher moi-même,
Ne discute pas trop mes prix,
Donne tes lèvres à qui t'aime,
Viens retrouver ton gars épris.

Voici venir la nuit parée,
Vois, le hardi gaillard attend...
Ah! elle vient la désirée,
Vends-lui donc tes trésors, marchand!

Mais Katia discute, hésite,
De payer trop cher ayant peur;
Le gars enlace la petite :
Donne le prix, dit-il, mon cœur!

La nuit seule, la nuit profonde
Saura s'ils sont tombés d'accord...
Redressez-vous, ô vagues blondes,
Et gardez leurs secrets encor!

La boîte à présent est légère,
A l'épaule ne pèse rien;
Katia malgré mes prières
N'a pris qu'un anneau pour tout bien.

Ma pièce de coton, entière,
Pour ses tresses de beaux rubans,
Une chemise en toile claire,
J'offrais à Katia, pourtant.

Mais, sauf la bague, la charmante,
Dans la boîte m'a tout remis :
« Je ne veux pas être élégante
En ton absence, ô doux ami! »

1861

LE GEL, VOÏVODE AU NEZ ROUGE

(1ᵉʳ Extrait)

Est-ce le vent au fond des bois?
Ou l'eau qui descend dans la plaine?
Non, c'est « Voïvode-Le Froid »,
Qui vient inspecter ses domaines.

La neige en tempête puissante
A-t-elle effacé les chemins?
A-t-elle laissé quelque fente,
Quelque sillon sur le terrain?

Sont-ils emmitouflés, les chênes?
Sont-ils duveteux, les sapins?
La glace est-elle ce matin
Bien prise sur l'eau du domaine?

« Voïvode » marche à grands pas,
Passant sur les cimes des arbres,
Tandis qu'un clair soleil s'ébat
Parmi sa broussailleuse barbe.

1863

LE GEL, VOÏVODE AU NEZ ROUGE

(2ᵉ Extrait)

Il est des femmes au village
Aux mouvements calmes et forts,
Avec de fiers et purs visages,
Reines de regard et de corps.

Saleté, misère cruelles
N'ont aucune prise sur elles,
Elles suivent, c'est leur destin,
Du peuple russe le chemin.

Admirée de tous autour d'elle
La baba [1] plaît dans ses atours,
Si belle et si fraîche toujours,
Et tant à l'ouvrage elle excelle.

Elle triomphe à tous les jeux,
Son esprit est plein de ressources,
Elle entre dans l'isba en feu,
Elle arrête un cheval en course;

Et la merveille de ses dents
Comme un rang de perles parfaites
Se dérobe le plus souvent,
Cachée par ses lèvres discrètes.

1863

1. Baba : paysanne.

224

*

La coupe est pleine à déborder
Nous étouffons sans liberté,
Sans joie... La nuit n'a pas de fin...
Ah! Que l'orage éclate enfin!

Qu'il soulève les mers profondes!
Sur les champs, qu'il siffle, qu'il gronde!
Et cette coupe trop amère,
Ah! qu'il la vide tout entière!

1868

*

Ô Muse, nous avons achevé notre chant!
Viens fermer à jamais les yeux de ton poète
Pour l'éternel sommeil dans la nuit du néant,
Sœur du peuple, ma sœur,
               oh! viens, mon âme est prête.

1876

APOLLON MAÏKOV

1821-1897

Né à Moscou en 1821, descendant d'une famille qui, depuis des siècles, avait donné à la Russie d'éminentes personnalités, Maïkov entreprit à l'université de Pétersbourg des études juridiques. Son père était peintre, lui-même aurait bien voulu devenir peintre, mais sa mauvaise vue l'obligea à changer de carrière.

Après avoir séjourné en Italie et en France pour y poursuivre ses études, il rentra en Russie, fut d'abord bibliothécaire du musée de Roumiantzev, à Moscou, puis fit partie, à Pétersbourg, du comité de la censure étrangère.

Sa poésie, riche de visions pittoresques qu'il doit peut-être à sa première vocation, représente la tendance de « l'art pour l'art » qui, en Russie, est presque toujours liée à des vues réactionnaires et à la slavophilie.

Maïkov a fait beaucoup de traductions mais, dans ce domaine, il n'atteignit pas la virtuosité d'autres poètes russes.

BERCEUSE

Dors bien, dors bien, mon enfant,
Car sur ton berceau s'attardent
Le soleil, l'aigle et le vent
Que je t'ai donnés pour gardes.

Dans l'eau, le soleil descend,
L'aigle rentre dans son aire,
Mais, après trois nuits entières,
Chez sa mère accourt le vent.

Elle dit : « Quel fut ton lot ?
Où déferlaient tes rafales ?
As-tu soulevé les flots
Ou dérangé les étoiles ? »

« — Je n'ai point troublé les eaux,
Ni soufflé sur les étoiles ;
J'ai bercé dans son berceau
L'enfant d'une haleine égale. »

●

Par la fenêtre ouverte le printemps
Résonne enfin dans cette pièce claire,
Le carillon des cloches se mêlant
Au bruit des roues, au parler populaire.

Le cœur respire un air vivifiant
Et les lointains bleuissent, enchanteurs ;
Partir enfin, partir là-bas, aux champs,
Où le printemps s'avance en répandant ses fleurs !

1854

IVAN NIKITINE

1824-1861

Né en 1824 à Voronej, Ivan Nikitine est issu d'un milieu ecclésiastique et son père le fit entrer dans un séminaire. N'ayant pu pousser à fond ses études, il dut abandonner l'idée d'entrer à l'université et devint employé dans une petite entreprise de son père; entreprise qui périclita, puis disparut. Son père ouvrit alors une auberge où descendaient les charretiers de passage; le jeune Nikitine y faisait office de concierge. Dans ce milieu grossier, le poète eut beaucoup de mal à poursuivre les travaux littéraires qu'il avait commencés au séminaire.

Ses premiers vers n'ont rien de remarquable, mais le poème **La Russie** *que lui inspira la campagne de Crimée, et qui parut dans un journal de Voronej, attira sur lui l'attention de la critique. Il gagna l'amitié des grands critiques littéraires, les révolutionnaires Tchernychevsky, Dobrolioubov et Nekrassov, qui jouèrent auprès de lui le rôle que Bélinski joua auprès de Koltzov.*

La tradition de Koltzov était, d'ailleurs, encore vivante à Voronej; Nikitine en fut profondément imprégné. Comme son prédécesseur, il chante la misère et les souffrances du moujik, le sort lamentable de la paysanne russe; s'il paraît parfois se soumettre au destin et chercher, plein de tristesse et de résignation, un refuge dans la croyance en Dieu, Nikitine clame aussi souvent son indignation, sa révolte contre les iniquités de la vie et particulièrement contre le servage.

Sa popularité allait grandissant quand il mourut, à trente-sept ans, sans avoir pu donner la pleine mesure d'un talent dont la valeur réside surtout dans la sincérité des témoignages et l'authenticité des sentiments.

Plusieurs de ses poèmes sont devenus des chants populaires.

•

Une pioche a creusé cette fosse en la terre.
Quelle vie sans gaieté, quelle vie solitaire!
Ô vie de patience, ô vie sans feu ni lieu,
Sombre comme la nuit d'automne pluvieux...
Elle a passé, passé, trop pauvre et trop amère,
Comme en la steppe on voit s'éteindre une lumière.

Eh bien, dors à présent, mon sévère destin,
Fermement sera clos le cercueil de sapin.
La terre pèsera, lourde, sur le couvercle;
Qu'est donc un homme en moins, qui sort ainsi du cercle?
Sa perte ne paraît désespérer personne,
Son triste souvenir, qui donc l'affectionne?

Chanteuse, que fais-tu volant au cimetière,
Ô visiteuse ailée, insouciante et claire?
Tu baignes dans les airs, en pleine liberté,
Éparpillant des sons purs et comme argentés.
Tais-toi, tais-toi. Hélas! ta voix n'a plus de charme,
Plus n'est besoin ici ni de chants ni de larmes!

1860

LA RUSSIE

Sous la tente immense
De parfait azur,
Je vois verdoyer
La steppe alentour,

Et, sur ses confins,
Se dressent les monts,
Colosses pareils
Aux sombres nuages.

229

Vers la mer, les fleuves
Courent par la plaine;
Les chemins sillonnent
De vastes espaces.

Regardant au sud,
Je vois les moissons
Comme des roseaux
Onduler au vent.

L'herbe sur les prés
En tapis s'étend;
La grappe au jardin
Mûrit au soleil.

Regardant au nord
Je vois les déserts
Où tournoie, rapide,
Le duvet des neiges.

La mer gonfle ici
Sa vaste poitrine;
Tels des rocs, sur elle
Des glaces cheminent.

Comme un incendie
L'aurore illumine
La ténèbre d'encre
Épaisse et profonde.

C'est toi, ma Russie,
En ta majesté.
Ma patrie aimée,
Pays orthodoxe!

Ô vaste Russie,
Ta beauté royale

Étend sur la terre
Toute sa splendeur.

N'as-tu pas des champs
Où l'audacieux
Pourrait déployer
Sa grande envergure?

Tu sais festoyer
Avec des amis,
Tu sais guerroyer
Avec l'ennemi!

N'as-tu pas des preux,
Des héros puissants,
D'anciennes légendes
Et de fiers exploits?

Des vaisseaux accourent
Des lointains pays
Sur les mers chenues
Pour te saluer.

Tes plaines fleurissent,
Tes forêts bruissent;
Dans ton sein reposent
Des trésors cachés;

Et ta renommée
Dans le vaste monde
Partout se répand
Clamant ta grandeur...

Russie souveraine,
Je le sais pourquoi
On peut te chérir
Et t'appeler « Mère »,

Tout en se dressant
Contre l'ennemi,
Et s'il est besoin,
T'offrir notre vie.

1851

LE MENDIANT

Les mendiants, soir et matin,
Vont nombreux, avec leur besace :
Le vieux, la veuve, l'orphelin,
Au nom du Christ demandant grâce.

Qu'ils soient les victimes du sort,
Sous leurs guenilles, sans asile,
Ou reculent devant l'effort,
Leur vie est amère et fragile.

Mendiant, en hiver sans toit,
Jamais le sort ne t'abandonne;
Quelqu'un prendra pitié de toi,
En l'homme au Christ on fait l'aumône.

Mais, plus pauvre qu'un mendiant,
Vivant sans charités humaines,
Seul, un moujik jour et nuit peine
Pour le vivre et le vêtement.

Sur la paille dans sa masure,
Colosse, esclave du destin,
Il est de fer dans le chagrin,
La misère qui le torture.

Bêchant, semant, jusqu'à la mort,
Trop pauvre il vend ce qu'il moissonne;
Le nuage pleure son sort,
Pour lui l'orage gronde et tonne...

1857

232

ALEXIS PLETCHÉEV

1825-1893

Né à Costroma de parents nobles, Alexis Pletchéev passa son enfance à Nijni-Novgorod. En 1839, il entre à l'école des Cadets de Pétersbourg, mais la quitte aussitôt pour l'université où il s'inscrit à la Faculté des langues orientales.

En 1844, paraissent dans Le Contemporain les quatorze premiers poèmes de Pletchéev, d'inspiration libérale. C'est au célèbre critique Bélinski qu'il doit sa formation démocratique. Devenu l'un des premiers membres de l'association fondée par Petrachevski, il y amène Dostoïevski.

Les œuvres de Bélinski et sa lettre à Gogol, transmise par Pletchéev à la société nouvelle, lui servirent de programme d'action. Profondément imprégné d'idées décembristes, ce groupe voyait dans l'abolition du tzarisme et du servage le premier pas vers la réalisation d'un idéal démocratique. Les divers mouvements révolutionnaires de l'Occident stimulaient d'autre part l'opposition au régime réactionnaire russe.

Dans les années 1840, le cercle de Petrachevski avec son programme socialiste utopique, à l'imitation de celui de Fourier, était un pas en avant sur le décembrisme. Petrachevski comprenait cependant que les forces réunies autour de lui étaient insuffisantes pour aboutir au succès décisif et demeurait partisan d'une longue propagande préalable.

Toute la poésie de Pletchéev et les idées qu'elle n'a cessé de refléter pendant sa longue carrière littéraire sont issues de cette association politique. Pletchéev est arrêté à Moscou le 28 avril 1849 et, le 23 décembre, paraît dans les journaux officiels un communiqué gouvernemental énumérant les crimes des membres du groupe de Petrachevski, et disant que, sous l'influence pernicieuse des théories révolutionnaires de l'Occident, vingt et une personnes se sont rendues coupables d'un complot contre la sûreté de l'État, qu'elles ont été condamnées à mort mais que la grâce impériale avait commué cette sentence en condamnation au bagne de Sibérie.

Conduits sur l'échafaud où se dressaient les poteaux, les prisonniers, parmi lesquels se trouvaient Dostoïevski et Pletchéev, attendirent longtemps leur exécution pour apprendre enfin par la lecture du décret la décision qui commuait leur peine et les envoyait en Sibérie, au bagne.

Pletchéev est mis en liberté en 1856; on lui rend ses titres de noblesse et il est affecté à un poste de fonctionnaire à Orenbourg où il se marie. Rentré à Pétersbourg en 1858, il renoue ses amitiés littéraires, s'adonne passionnément au journalisme, fait paraître deux recueils de poèmes et ne semble avoir rien perdu de son haut idéal.

Ayant connu toute sa vie la pauvreté, Pletchéev hérite, deux ans avant sa mort, d'une fortune énorme. Il prête alors de l'argent sans le moindre espoir d'être remboursé, et abandonne gratuitement l'exploitation de ses terres aux paysans. Sur l'avis de ses médecins, il part se soigner à l'étranger et meurt d'une attaque à Paris en 1855.

Son œuvre sincère, simple et cordiale lui valut des admirateurs nombreux parmi la jeune génération qui le considérait comme le poète de la révolution. Un ardent lyrisme anime sa poésie civique entièrement vouée à un idéal de vérité, de fraternité et d'amour du peuple. Son poème Sans doute et sans peur, en avant! est devenu un hymne révolutionnaire.

●

Sans doute et sans peur en avant!
Mes amis, allons à la gloire!
Déjà je vois, étincelant,
L'astre d'une aube expiatoire!

Courage, donnons-nous la main!
Affermissant notre alliance,
Avançons sur le grand chemin
Sous l'étendard de la science!

Prêtres du vice et du mensonge,
Notre verbe vous jette bas;
Ceux qui nous tireront du songe
Iront avec nous au combat.

Car il n'existe plus d'idole
Sur terre ou même au ciel pour nous;
Aucun bas calcul ne nous frôle,
Plus rien ne nous jette à genoux.

Au pauvre, au riche, sans limite,
Nous enseignons l'humain amour
Et nous en subirons les suites,
Pardonnant aux bourreaux, aux sourds.

Heureux qui consacra sa vie
Aux luttes, aux soucis cruels,
Dont l'âme n'est point asservie
Ni vains les dons spirituels!

Que la vérité seule éclaire
Comme un flambeau notre chemin!
Une voix noble et salutaire
Ne sonne pas sur terre en vain.

Frères, suivez l'appel d'un frère,
Nous sommes jeunes, fiers et forts;
Sans un seul regard en arrière,
Avançons, quel que soit le sort!

1840

Mieux vaut se perdre, solitaire,
Que composer avec le mal,
Que jeter sur la mort d'un frère
Un regard vil et triomphal;

Mieux vaut descendre dans la tombe.
Emportant prématurément
Un esprit clair que rien ne trompe,
Un cœur empli d'un rêve ardent;

Car tout vaut mieux que faire échange
D'un travail probe, d'un combat,
Contre un sommeil lâche et la fange
Vous aspirant toujours plus bas.

●

Le soleil dorait les monts,
Et dorait les nues légères;
Entre leurs bords de buissons
S'écoulaient les ondes claires;

S'écoulaient les eaux sans cesse,
Dans les lointains emportant
Et la récente tristesse
Et tous les malheurs récents.

Comme avant dans ma jeunesse,
En mon printemps regretté,
L'esprit croyait aux promesses
Et gaiement mon cœur battait.

Liberté, bonheur, espace,
Pour lesquels mon âme, lasse
De lutter, toujours souffrait,
Ce beau jour me les offrait.

ALEXIS APOUKHTINE

1841-1893

Né en 1841, Alexis Apoukhtine appartient à la noblesse russe. Pendant ses études juridiques, il se lie d'amitié avec son condisciple Tchaïkovsky. Il devient fonctionnaire, d'abord au ministère de la Justice, puis au ministère de l'Intérieur.

Son activité littéraire débute en 1859; ses vers, à tendance sociale, furent publiés par Nekrassov dans la revue Le Contemporain.

L'abolition du servage, en 1861, ne trompa point les écrivains d'avant-garde. Apoukhtine voyait clairement, lui aussi, l'insuffisance et l'hypocrisie de cette réforme, mais il resta étranger au mouvement démocratique.

Après vingt ans de silence, il publie enfin un recueil de vers. Leur sincérité d'accent, leur vivante harmonie lui valurent un grand succès. Certains de ses poèmes devinrent des morceaux classiques des récitals du théâtre russe.

Apoukhtine s'engagea avec Nekrassov dans une longue discussion sur le rôle du poète. Il défendait la théorie de « l'art pour l'art » et l'évasion de la vie réelle. Pourtant il restait attaché à la réalité et surtout à l'homme, avec ses joies passagères et ses amères déceptions. Son thème principal est le désespoir causé par un amour fatal.

Après Pouchkine et Baratinski, le genre « romance » avait été repris par Polonski et Tolstoï. Apoukhtine à son tour obtint dans cette voie un immense succès; ses romances, mises en musique par Tchaïkovsky et d'autres grands musiciens, se chantent encore aujourd'hui.

Portée par la grande musique, cette partie de l'œuvre d'Apoukhtine survivra à tous les changements, alors que ses autres longs poèmes ne correspondent plus aux goûts esthétiques d'aujourd'hui et tombent de plus en plus en désuétude.

VENGEANCE

(Extrait)

Je t'avais pardonné le mensonge et l'offense,
Ne voulant que par toi vivre, penser, durer...
Aux ennemis, tu m'as traîtreusement livré
Mais le même air que moi tu ne peux respirer,
Et voici maintenant l'heure de la vengeance.

Mes regards sont éteints qu'allumait ta beauté,
Car désormais je suis un fantôme livide,
Libre de toi, mon cœur jamais plus ne palpite,
Je ne peux pardonner, car me voici lucide ;
Dans ma tombe, ta voix ne saurait me hanter.

Mais je me vengerai. La nuit lorsque allongée,
Languide, après la fête, et quittant tes atours,
A peine seras-tu dans le sommeil plongée,
J'entrerai dans ta chambre ainsi qu'aux anciens jours ;
Tu passeras la nuit de remords affligée.

Tu te rappelleras ce que, dans la journée,
Tu semblais oublier : tel ce moment fatal
Où tout en me trompant, tu t'étais acharnée
A te moquer de moi, près de quelque rival...

Oui, je me vengerai de mon abaissement,
D'avoir dilapidé ce que la Providence
M'a prodigué de dons parmi de lourds tourments ;
D'avoir sombré, trahi, t'ayant fait confiance ;
D'avoir avant la mort flétri cette existence,
Nous maudissant tous deux dans notre égarement.

Ô nuits sans sommeil, ô nuits folles!
Nuits où brûlent les derniers feux,
Yeux éteints, confuses paroles,
L'automne, ses fleurs, ses aveux...

Si le temps, de sa main cruelle,
Montre leur charme mensonger,
Mon erreur en vain se révèle,
Car je ne fais plus qu'y songer.

Leur doux murmure qui m'enjôle
Des jours étouffe les vains bruits;
Mon âme aspire à vous, ô nuits!
Ô nuits sans sommeil, ô nuits folles!

D. N. SADOVNIKOV

1846-1883

Sadovnikov recueillait les devinettes, les contes et les légendes populaires. Son héros principal est un révolté, Stenka Rasine, et les poèmes qu'il lui consacra sont chantés dans toute la Russie, alors que le poète lui-même et ses autres œuvres lyriques sont tombés dans un oubli complet, bien qu'injustifié.

En 1649, le servage qui, de fait, existait déjà depuis longtemps, fut établi de droit. Les paysans devenaient la propriété légale et sans restriction de leurs maîtres. Certains moujiks s'enfuyaient, se réfugiant chez les Cosaques. Sans ressources, ils formaient des bandes qui naviguaient sur le Don et sur la Volga, et vivaient de brigandages.

Se réunissant autour de leur ataman, Stenka Rasine, ils prirent d'assaut, en 1670, la ville d'Astrakan, puis remontèrent la Volga, s'emparant d'une ville après l'autre. Le tsar envoya alors une armée qui écrasa cette révolte avec une grande cruauté.

Le souvenir de Stenka Rasine a depuis lors toujours inspiré les chants populaires.

STENKA RASINE

CHANSON POPULAIRE

Les canots contournant les îles
Sortent sur le fleuve puissant,
Voguant au large du courant
Effilés, décorés, agiles.

Stenka Rasine est le premier,
Assis auprès de sa princesse;
Une fois de plus marié,
Il semble heureux, en pleine ivresse.

— Pour toi, je ne regrette rien,
Pour toi, je donnerais ma tête!
Sa voix au rivage parvient,
L'écho des îles la répète.

— Pour une femme, c'est étrange,
Notre Ataman, il oublie tout!
Une nuit près d'elle le change,
Il devient femme à ses genoux!

Stenka les entend qui ricanent,
La rage fait trembler son corps,
Mais il serre toujours plus fort
Contre lui sa belle Persane...

Ses yeux noirs s'injectent de sang
Et ses épais sourcils se joignent;
Voici le beau temps qui s'éloigne,
L'orage approche, menaçant.

« Ô Volga, ma mère chérie,
Jamais tu n'as vu pareil don,
Reçois-le de moi, je t'en prie,
De moi, le Cosaque du Don.

« Ô nourrice, toi que j'affronte,
Vous, compagnons libres et forts,
Vous m'avez trop couvert de honte,
Voyez, je répare mes torts! »

Puis, comme un fou, Stenka s'avance,
Tenant la Persane en ses bras,
Et dans le grand fleuve la lance,
Qui dans ses flots l'emportera.

— Voyons, qui maintenant me blâme?
Toi, Frolka, danse, danse donc!
Et, pour le repos de son âme,
Allez, les gars, en chœur, chantons!

1883

VLADIMIR SOLOVIOV

1853-1900

S'écartant du réalisme de la poésie russe de son époque, Tutchev nous apparaît déjà comme le premier symboliste. Peu à peu le réalisme s'étiolait, languissait, n'inspirant plus rien de remarquable, c'est alors que plusieurs écrivains redonnèrent aux lettres russes un nouvel éclat.

Vladimir Soloviov, philosophe, moraliste et poète plongeant son regard dans l'éternité, nie les réalités terrestres, crée la théorie de l'Homme-Dieu, s'enflamme pour le Bien et la Beauté céleste.

Fils du grand historien russe, Serge Soloviov, petit-fils d'un prêtre animé d'une foi ardente, son premier livre de lecture fut **La Vie des Saints**. Il fait des études à la Faculté de physique et de mathématiques, ensuite à la Faculté d'histoire et de philologie, tout en suivant à titre d'auditeur le cours complet de l'Académie théologique de Moscou.

A vingt et un ans, il soutient brillamment à Moscou une thèse, **Crise de la philosophie occidentale**, et à Pétersbourg une autre thèse, **Critique des principes abstraits**. Les deux ouvrages défendent la liberté de s'adonner à la foi, à la création, à l'imagination, à l'intuition et attaquent le matérialisme et l'athéisme, considérés comme obligatoires dans le domaine de la science. Victorieux de ses contradicteurs, Soloviov part pour Londres étudier les religions de l'Inde, puis en Égypte étudier les sources du christianisme.

Rentré à Pétersbourg, il fait douze conférences sur sa théorie mystique de l'Homme-Dieu qui font sensation. Parmi ses auditeurs se trouvent Léon Tolstoï et Dostoïevski avec lequel il se lie d'une grande amitié.

Ses principes religieux et mystiques donnent un nouvel essor à la théologie et à la littérature russes. Trois discours qu'il fait à la mort de Dostoïevski le révèlent comme un éminent critique littéraire. Il développe la théorie de la pureté de la matière en laquelle il voit la sainte chair de l'Éternité.

En 1881, Soloviov fait irruption dans la politique, réclamant publiquement la grâce des assassins du tsar Alexandre II qui tomba condamné à mort par le parti de la « Volonté du Peuple ». Les prisonniers furent exécutés et Soloviov perdit sa chaire à l'université. Il se trouve ainsi dans les camps des gauches qui ferment les yeux sur son idéalisme, son mysticisme et même sur ses critiques des clichés révolutionnaires. Soloviov s'élève aussi passionnément contre les persécutions exercées par l'orthodoxie officielle sur les sectes diverses de la Russie. Dans ses livres en langue française, il affirme que l'Église russe accueille le principe de l'antéchrist en suivant la religion byzantine soumise aux pouvoirs politiques. Il voudrait que le tsar et toute la Russie se missent au service du pouvoir papal, car tous les événements et rapports sociaux devraient être dirigés, d'après lui, par l'idéal chrétien universel, avec le pape au sommet.

Néo-platonicien, il fait sienne l'allégorie où Platon, tournant le dos aux réalités, les voit passer telles des ombres sur la paroi d'une caverne.

Soloviov est avant tout un artiste, mais il néglige la partie poétique de son œuvre, préférant s'adonner à la théologie et à la philosophie. Tous les vers de Soloviov ont une profonde signification et Blok a subi fortement son influence.

Soloviov, qui fait souvent songer à Tutchev et à Feth, rêvait d'une amie éternelle, pareille à la Béatrice de Dante. Très beau, il plaisait aux femmes, mais le grand amour de sa vie ne fut pas partagé. Il vivait sans domicile fixe, tantôt chez les uns, tantôt chez les autres, distribuant son argent et ses biens, et s'habillait parfois d'une façon tout à fait inattendue.

Ce penseur, étant aussi médium, prévoyait la défaite russe par les Japonais et les persécutions que subiraient les Israélites. En mourant, assisté par le prince Troubetzkoï, il priait pour le peuple juif.

Poète de l'angoisse, il annonçait la fin du monde et la venue de l'antéchrist.

Personnalité tourmentée, ardente, aux inspirations les plus hautes, on ne peut l'apprécier sur sa seule œuvre poétique; malgré les profondes qualités de celle-ci, son lyrisme et son élévation.

＊

Sous l'orageuse emprise des ardeurs
J'ai négligé mes visions célestes,
Lorsque soudain cet appel, où s'atteste
Ton souvenir, retentit dans mon cœur.

Avec un cri de douleur et d'effroi,
Aigle captif enchaîné sur la terre,
Se réveilla mon esprit et tout droit,
Se libérant, monta dans l'atmosphère.

Auréolé, ce fut au sein des cieux,
Très haut, très haut en de divins parages,
Qu'il vit la mer fantastique de feu
Et disparut, flambant, dans les nuages.

1882

＊

Ne vois-tu pas, ô mon Amie,
Que ce qui nous est accessible
N'est qu'un pâle reflet émis
Par ce qui demeure invisible.

N'entends-tu pas, ô bien-aimée,
Que le bruit vain de l'existence
N'est qu'une rumeur déformée,
Un faible écho d'accords intenses.

Ne sens-tu pas, mon ange aimé,
Que seul importe sur la terre
Ce que, dans un salut muet,
Se confient deux âmes sincères.

1892

LES TROIS RENCONTRES

Prologue

J'ai triomphé du temps et de la mort,
Par mon amour ayant rompu mes chaînes.
Sans te nommer, mon Amie surhumaine,
Tu les perçois, mes frissonnants accords...
Sous cette rude écorce de matière,
Je n'ai pas cru ses mirages trompeurs,
Car j'ai touché aux sublimes mystères
Et rencontré de divines lueurs.
Tel un secours, trois fois en récompense,
Ta sainte image à mon ardent appel,
En descendant du ciel spirituel,
M'est apparue en signe d'espérance...

1898

INNOCENT ANNENSKI

1856-1909

Dans son autobiographie, Annenski raconte qu'il naquit à Omsk en Sibérie et qu'il fut élevé à Pétersbourg dans une famille cultivée. De santé fragile, il fit ses études chez lui et devint professeur, puis directeur d'un collège de Tzarskoïé-Sélo. Il fut aussi l'animateur de la revue Apollon.

Connaissant admirablement les langues anciennes et modernes, il fit de nombreuses traductions. Il choisissait les symbolistes français les plus hermétiques et les tragiques grecs, principalement Euripide.

Gravement malade du cœur, il attendait constamment une issue fatale. Le mystère de la vie et de la mort se trouve pour Annenski recouvert du voile de l'amour et du désespoir, et ne s'exprime pas directement mais par métaphores.

Il fut un poète à la forme châtiée, un artiste du langage poétique. Son meilleur recueil est Le Coffret de cyprès.

Peu connu durant sa vie, Annenski apparaît aujourd'hui comme un des meilleurs poètes russes. Il vécut une existence sans grands événements, dans un cadre conventionnel et dans une famille incapable de le comprendre.

Son drame est tout intime, attente de la mort, amour impossible et secret, incompréhension de ses contemporains.

Annenski eut sur Goumilev une grande influence.

LES VERS

Ils n'ont point de beauté, aucun rayonnement,
Par cœur je les répète ainsi que dans un songe,
Ils sont recuits au feu qui lentement les ronge,
Ils sont ces instants vains d'inutiles tourments.

Mais, tout en eux m'est cher : leur brumeuse naissance,
Leur lente éclosion dans un troublant silence,
Leur démarche indécise et leurs brusques lueurs;
Ils sont toute ma peine, ils font tout mon bonheur.

Qui sait combien de fois, sans cet étrange lot
— Mon travail, cauchemar sur un monceau de pages —
J'aurais pu m'effondrer, éclater en sanglots,
Dans la lutte inégale emporté par l'orage.

Mais, ainsi qu'une mère aime mieux de sa chair
L'enfant le plus chétif, ainsi j'aime mes vers.

●

Tant que, dans un croissant effroi,
Languissant au fond du problème,
Nous mentons, en plein désarroi,
L'un à l'autre, comme à nous-mêmes;

Tant que veille, à notre fenêtre,
Le spectre d'un funeste sort;
Et qu'achevant sa route, un être
N'a pas joint la vie à la mort,

Nous cherchons, tourmentés, tragiques,
A saisir cet instant féerique
Qui s'enfuit devant nos regards.

La porte du jardin est close...
Il neige... Sur le sol se pose
L'aile endeuillée du désespoir...

LA POÉSIE

En toi, péniblement s'unissent
Le hasard, l'esprit créateur;
La beauté n'a point de couleurs
Plus fuyantes et plus factices.

Dans l'ardent et houleux désert
Du monde, n'aimant qu'un mirage,
Chercher en d'ineffables vers
La magique fleur du langage...

Tu nous troubles, irrésistible,
Impalpable, à peine visible,
De pâle et fuyante lueur,

Au point qu'à jamais tu nous lies
Par la pensée et par le cœur;
Et que l'on t'aime à la folie!

●

En ce lieu parfumé, ce jour bleu comme un lac,
Une chanson m'obsède et près de moi serpente...
Non, je ne chante pas ce que dit le ressac,
Ce qui fleurit heureux, qui me rit et me tente.

Non, je ne touche pas au printemps, à ses fleurs,
Et laisse leur duvet aux papillons trop frêles;
Non, je ne chante pas l'instant où le flot meurt
Ni d'une barque au loin les frissonnantes ailes.

Parmi tant de splendeurs, je chéris plus encor,
Dans mon âme en exil et combien douloureuse,
La pénombre des jours las et brumeux du Nord
Et tout l'inexprimé des chansons langoureuses...

249

Automne, mon amie, te voici près de moi!
A travers ton réseau de branches nues et grêles,
Jamais ne me parut plus blême le ciel froid,
Et je ne connais pas de neiges plus mortelles.

Ai-je vu l'eau jamais en d'aussi froids miroirs?
Aussi morne dépouille ai-je jamais connue?
Et sous un ciel livide une vie aussi nue,
Comme aussi déchirés les nuages du soir?

Dans l'air étrange et neuf mes regrets s'exaspèrent,
Rester là jusqu'au bout, engourdi dans mon corps...
Mais il serait plus triste et plus poignant encor
De voir vides, ô mots, vos attrayants mystères!

SIMON NADSON

1862-1887

Simon Nadson naquit en 1862 à Pétersbourg. Ayant perdu très jeune ses parents, il entre à dix ans à l'École militaire. Dès l'âge de neuf ans, il écrivait des vers sous l'influence de Nekrassov, de Pletchéev et de Lermontov.

Nommé officier à la fin de ses études, il est en garnison près de Pétersbourg; mais, atteint de tuberculose, obtient sa retraite et part se soigner à l'étranger.

A sa rentrée en Russie il s'installe en Ukraine, ne pouvant plus séjourner à Pétersbourg pour raisons de santé. En 1886, il est en Crimée et passe les derniers mois de sa vie à Yalta.

Pendant son séjour à Pétersbourg, il avait collaboré à la presse d'avantgarde et surtout aux journaux de Pletchéev qui l'avait encouragé dès ses débuts. On lui décerne le prix Pouchkine pour la deuxième édition de son recueil de vers.

Il mourut le 19 janvier 1887.

Continuant la tradition de la poésie civique après Nekrassov, l'œuvre de Nadson se trouve cependant marquée par la réaction écrasante des années 80. Le poète doit se contenter d'exprimer sa foi dans l'avenir, de formuler de vagues espérances et, plus souvent encore, s'abandonner au découragement et au pessimisme. Sa poésie ne fut donc pas une poésie de combat, mais se limite à des généralités qui n'ont de rapports directs ni avec le peuple ni avec la vie politique.

La langue poétique de Nadson pêche par l'emploi de certains clichés, mais ses poèmes vibrent d'une émotion sincère et d'un grand amour de la patrie et du peuple russe.

Apparenté à Nekrassov, il garde son intérêt pour le lecteur soviétique.

Son activité littéraire ne dure que huit années, mais il a laissé de nombreux poèmes lyriques qui eurent un immense succès non seulement auprès de ses contemporains, mais aussi auprès de la génération suivante.

Ses thèmes personnels sont pleins de tristesse; la jeune fille qu'il aimait mourut de tuberculose et lui-même se savait condamné.

LES FLEURS

J'allais chez toi dans la nuit automnale,
J'allais chez toi parmi l'obscurité.
Autour de moi grondait la capitale,
Avec ses flots de passants agités.
Le sombre fleuve émergeait du mystère
Et ses vaisseaux dormaient sans se mouvoir,
Les feux du soir en chaînes de lumières
Couraient le long des maisons dans le noir.
Au fond du cœur portant ma lassitude,
En cette nuit j'allais vers mon soutien,
A ton foyer chercher la quiétude,
L'oubli, la paix, dans un doux entretien.
Je te voyais dans ton salon douillet...
Au piano, des bougies qui s'allument...
Ton clair regard se levant des cahiers
Me reprochait ma profonde amertume.

. . . .

Dans la nuit sombre accélérant mes pas,
Quelques lueurs filtraient des réverbères...
Je vis soudain une clarté là-bas,
Des rayons d'or tombaient d'une verrière.
Dans un été d'orangerie, altières,
S'ouvraient les fleurs : les muguets et les lis,
Des dahlias, de chatoyants œillets,
La giroflée et le volubilis;
Tel un rubis la rose scintillait...
J'attendais que la brise en ses caresses

252

Balance enfin la feuille avec paresse,
Que d'un lis blanc s'envole un papillon,
Mais mon bonheur devint confusion...
En cette nuit... en cette nuit navrante,
Devant la rue humide et sans gaieté,
Respirer un triomphe à ce point éhonté,
Une splendeur à ce point impudente !

Et j'arrivais malade, il t'en souvient,
Tu t'attendis en vain à mes caresses,
Aveugle m'apparut ton amour, et le mien
Me sembla criminel, du fond de ma tristesse.

OH ! NE ME DITES PAS...

Oh ! ne me dites pas qu'il n'est plus, car il vit ;
Si l'autel est brisé, la flamme encor demeure,
Si la rose est cueillie, elle embaume et ravit,
Si la harpe est cassée, un accord vibre et pleure.

1886

THÉODORE SOLOGOUB

1863-1927

De son vrai nom Théodore Téternikov, Sologoub naquit à Pétersbourg. Son père qui était tailleur mourut jeune et sa mère dut prendre du service comme domestique; Sologoub reçut néanmoins une bonne instruction. Il devint maître d'école en province, puis à Pétersbourg. Ses succès littéraires lui permirent d'abandonner la pédagogie pour se consacrer entièrement à son œuvre.

Favorable à la révolution de 1905, il n'y prit aucune part active.

Le trait dominant de ses écrits, c'est le sentiment aigu des puissances ténébreuses du mal. Son célèbre roman, Le Démon mesquin, décrit la psychologie et la vie d'un être abject, le maître d'école Pérédonov, dont il analyse l'hypocrisie, la cruauté, la sensualité, la traîtrise, en un mot la bassesse d'âme.

Sa poésie s'attache à décrire les forces démoniaques qui règnent sur le monde. Il se réfugie dans la célébration de la mort, ou dans l'exaltation des joies éphémères de la vie.

L'histoire a malheureusement donné raison à Sologoub, au-delà même de ce qu'il avait pressenti et exprimé.

La révolution d'Octobre ne lui fut pas favorable, il ne put continuer à publier ses œuvres et tenta d'obtenir la permission de partir pour l'étranger, mais sa femme s'étant jetée dans la Néva, il abandonna ses démarches et mourut peu après.

●

Lorsque je naviguais sur les eaux en colère
Et que mon beau navire eut sombré par le fond,
Je t'ai seul invoqué, toi, le Diable, mon père,
En criant : « Sauve-moi, je me noie, oh! viens donc!
Ne laisse pas périr ainsi, avant le terme,
Mon cœur empli de haine; écoute, je promets
De consacrer mes jours que la ténèbre cerne
Au vice le plus noir qui soit, à tout jamais! »
Le Diable m'arracha des flots de la rafale;
Dans une vieille barque étant jeté soudain,
J'y découvris un banc, deux rames, une voile,
Et c'est ainsi que fut dévié mon destin.
Au rivage désert de notre vie cruelle
J'ai pu sauver mon corps mordu par le péché,
Mon âme dédaignée, et demeurais fidèle
A mon père, le Diable... « A jamais attaché
Par ton geste, je veux te célébrer, mon père,
Me dresser en ton nom contre tant d'injustice;
Je dénigrerai tout ce qui vit sur la terre,
Et séducteur séduit, je répandrai le vice! »

●

Dans l'Éden j'étais solitaire,
Quelqu'un m'avait nommé Adam,
Et l'encens des fleurs printanières
Me célébrait se répandant.
Les animaux des premiers âges
Autour de mon corps innocent
Se tenaient, pleins d'amour sauvage;
Un limpide ruisseau couvrait
Mes pieds de ses baisers rapides,
Et son clair miroir se parait
De sourires doux et candides...

255

Quand le soleil fuit le zénith,
Que descend l'heure vespérale,
Des monts, sur un sentier bleu pâle,
Venait vers moi ma fée Lilith,
Comme un songe, tendre et légère.
Quelle douceur dans ses discours!
Quelle gaieté touchante et claire!
Pourquoi rêver d'un autre amour?
Mais, sous l'Arbre du Mal, un jour,
Devant moi qui sortais du rêve,
Riant, debout se tenait Ève...
Le soleil approchait des mers,
Le jour déjà devenait sombre,
Ma Lilith, passant comme une ombre,
Soudain s'évanouit dans l'air.

*

Oh! respire cet air encor,
Lourd pour ta poitrine opprimée,
Soldat de Dieu, de qui le corps
Fond déjà comme une fumée.

Qu'es-tu donc pour le Créateur?
Perdu dans l'océan immense,
Une goutte... quelque rumeur...
Puis bientôt rien, rien — le silence.

L'aube répandra sa beauté,
Ses rayons brillant sur les ondes,
Toute la terre va chanter;
Toi seul, tu quitteras le monde.

Oh! respire, respire encor
Ces suaves senteurs aimées,
Soldat de Dieu, de qui le corps
Se dissout comme une fumée.

1927

DIMITRI MÉREJKOVSKI

1865-1941

Né à Pétersbourg, Mérejkovski y fait ses études universitaires. Il représente la tendance philosophique et religieuse de la pensée russe de son temps. Historien, critique, romancier et poète, ses premiers vers paraissent en 1883. Très influencés par Nadson, ils sont pénétrés d'un civisme douloureux et déclamatoire.

Ses voyages à l'étranger, la lecture de Nietzsche, des symbolistes français et de Vladimir Soloviov modifient ses goûts littéraires. En 1892, paraît son recueil intitulé Symboles *contenant un manifeste qui incite les poètes à passer d'un positivisme sans âme à un idéal divin. Pour Mérejkovski, la culture est une recherche de Dieu; la poésie, un pur symbolisme. Il tend à démontrer que le Christ et l'antéchrist sont l'esprit et la chair, l'abîme supérieur et l'abîme inférieur.*

Pour le lecteur russe, la partie la plus précieuse de son œuvre est la trilogie : Julien l'Apostat, Léonard de Vinci, Pierre et Alexis, *romans historiques s'appuyant sur une grande documentation. Les personnages en sont vivants, les conflits pathétiques, l'époque rendue avec authenticité. Cette trilogie où s'affrontent les idées de Dieu et du Démon, du ciel et de l'abîme, lui donna la célébrité mondiale.*

Ayant quitté la Russie peu après la révolution d'Octobre avec sa femme, la poétesse Zénaïde Ghippius, il continue de mener à Paris la lutte contre les bolchéviks qu'il considère comme des représentants de l'antéchrist.

Il poursuit en exil des travaux littéraires importants. Ses mérites de poète symboliste russe sont largement dépassés par son œuvre critique et par ses romans historiques.

Il meurt à Paris en 1941.

∗

Dans un effort inutile et trop lourd
Je veux briser la chaîne de l'amour;
Si je pouvais enfin me libérer!
Si je pouvais, enfin, ne plus aimer!

Mon âme passe en la honte et la peur,
Parmi le sang, la boue et la douleur.
Vide mon cœur de toute sa poussière,
Je prie, ô Dieu, qu'enfin Tu me libères!

Hélas! en vain j'ai demandé ma grâce,
Serait-il vrai que la pitié se lasse?
Désespéré, je traîne la fatigue
De ce cruel amour que rien n'endigue.

Point de pardon et point de liberté!
Mourant toujours et toujours tourmentés,
Nous sommes tous à ce même esclavage
De notre amour condamnés d'âge en âge.

1895

∗

Misère, maladie, solitude et vieillesse,
Vous venez m'annoncer l'éternelle allégresse,
La fin de mes malheurs déjà me présageant,
Vous êtes avec moi toutes quatre à présent.

Du bien comme du mal, vous, les juges sévères,
Mystérieuses sœurs, antiques messagères,
Vous conversez tout bas, vous retrouvant la nuit,
Et parlez d'une sœur, la cinquième, qui suit...

Votre voix devenant plus douce et cordiale,
Je vois briller, plus près, le ciel et ses étoiles,
Bientôt, j'apercevrai cette cinquième sœur,
Et dirai : « Bonjour, mère, ô toi, ma proche mort. »

Paris

VIATCHESLAV IVANOV

1866-1949

Né à Moscou en 1866, Ivanov acquiert une profonde érudition en littérature, en histoire, en philosophie, en théologie ancienne et moderne, d'abord à l'université de Moscou, puis à l'université de Pétersbourg et plus tard dans ses voyages d'études en France et en Italie.

Rentré en Russie en 1905, il fut le promoteur du symbolisme religieux. Il retourne à l'étranger en 1912, et rentre peu après s'installant à Moscou.

La révolution de 1917 lui semble ne pas offrir la solution du problème humain qu'il voit dans la fidélité à l'idéal chrétien.

Le nouveau gouvernement le désigne pour la chaire de littérature grecque de Bakou, mais trois ans après, chargé de mission en Italie, il se fixe à Rome où il se convertit au catholicisme.

Vouée aux extases ésotériques, la poésie d'Ivanov est un mélange savant de symbolisme religieux, de christianisme et de mythologie.

Sa langue aux richesses parfois excessives est souvent obscure à la première lecture, mais elle comporte de réelles et rares beautés.

LA ROSERAIE

Le flamboyant midi m'assaille
Parmi les roses de l'ardeur,
Luxuriance où je défaille,
Dans l'enclos embaumé de fleurs;
Je sens leur enivrante haleine
Et le poison de leur parfum.
Esprit de la forêt de chênes,
Où donc es-tu, hôte opportun?
Accours, accours, esprit sauvage
Aux pieds légers, de tes bocages;
De tes sabots creuse mes prés,
Trouble mes sources qui sommeillent,
Car sur mes parterres secrets
La nuit même voit des abeilles
Voltiger, des abeilles d'or
Sur des brasiers de roses folles;
La grappe enivrante s'endort,
Comme un jet d'eau bat le Pactole.
L'onde, en gouttes d'argent tintant,
Coule des urnes des Naïades;
Apporte à mes enchantements
Des odeurs de racines fades,
De l'humus comme de l'absinthe,
Et des aiguilles résineuses,
Des roseaux une étrange plainte
Ou d'une dryade amoureuse!
Serrant de chaînes diaprées
Les reins de la lascivité,
Je couvre de roses pourprées
Le lit d'ardentes voluptés.
Tu vas dans l'angoisse sacrée
Errer ici, heureux captif,
Tantôt ravi, tantôt craintif.
Ce que prophétise la terre,
Ce que raconte le torrent,

Ce que disent les sœurs austères
Au fond des grottes, tu l'entends...

L'ESPRIT RUSSE

L'esprit russe, âpre, original,
Pareil aux flammes dangereuses,
Impétueux, clair, augural,
Gai parfois, et parfois morose;

C'est l'aiguille sans défaillance
Qui voit le pôle en ses brouillards
Et guide, à travers l'existence,
La volonté, sans un écart;

C'est l'aigle, du haut des nuages,
Qui, parmi les vapeurs mystiques,
Observe de son œil critique
Le val, et non quelque mirage.

LE COLISÉE

Que la nuit est morose et lourd le firmament;
Sous la lune, voici l'immense monument;
Ses arcades, béant sur une arène vide,
Sont comme des yeux morts aux orbites livides...

La race ancienne des Locuste, des Néron,
Remplit l'obscurité. Me fixent, invisibles,
Leurs regards pénétrants... Le silence est profond
Et pourtant je perçois leurs voix à peine audibles.

Pourquoi frissonnent-ils de sombre volupté?
Ils sont comme enivrés du sang de leurs orgies...
Quelle ombre s'étend là, dans la pâle clarté?

Où plonge leur regard? Quelle étrange magie...
Je me retourne alors et vois, pétrifié,
Sur l'ombre de la croix, le Grand Crucifié.

ZÉNAIDE GHIPPIUS

1867-1945

Épouse du célèbre philosophe, historien et critique littéraire, Mérej-kovski, Zénaïde Ghippius participe avec son mari aux réunions philo-sophiques et religieuses qui furent bientôt interdites par la police tsariste.

Symboliste, sa poésie est supérieure à celle de Mérejkovski. Elle possède une acuité d'intelligence exceptionnelle. L'emprise et l'originalité de ses vers sont indiscutables. Sa poésie est plus virile que féminine. D'ailleurs, la poétesse parle souvent d'elle-même au masculin. Ame complexe et déchirée, elle fut une grande amie de Blok qui la tenait en très haute estime et lui adressait de nombreuses lettres et poèmes dont Femme, orgueilleuse Insensée!

Zénaïde Ghippius condamne le poète des Douze; *et tout en reconnais-sant l'innocence de son âme, elle le juge impardonnable.*

Après la révolution de 1917, elle quitte la Russie avec Mérejkovski et meurt à Paris en 1945, quatre ans après son mari.

COMPLAINTE

Sonnez, sonnez mes lourds fers de bagnard,
   Vous, jours mauvais, forgez ma chaîne!

Dans mon exil les tourbillons m'entraînent
   Sur une route sans espoir.

Quand dormiront nos guides engourdis,
   Je ramperai hors du chemin,

Je briserai ce lourd anneau maudit,
   Cassant le fil de mon destin.

Accueille-moi, ô taïga cruelle,
   Moi que les hommes ont banni,

Recouvre-moi de ton manteau de gel,
   De ta poignante et sombre nuit.

Les routes vont, jamais encor suivies,
   Mais où donc courent ces chemins?

Va devant toi dans ce désert sans vie!
   Qu'attends-tu? Qu'est-ce que tu crains?

Étoile, ô toi, qui fus ma préférée,
   Étoile que j'aime toujours,

Oh! parle-moi, mon étoile dorée,
   De liberté, comme d'amour!

Libre à présent, la voix de la tempête
   Chante et résonne en m'appelant;

Un lit profond de neige elle m'apprête,
   Elle m'apprête un lit tout blanc.

Ô Mère, ô Mort, bénis-moi et t'incline
   Sur mon tourment d'amour secret!

En me serrant sur ta chère poitrine,
   Libre enfin, je m'endormirai.

INSTANCE

Je frapperai à cette porte,
Malgré la nuit, malgré le vent,
Jusqu'à ce que la mort m'emporte,
Ou que l'on réponde en m'ouvrant.

Écoute, écoute ma prière,
Car je ne m'en irai jamais!
Fais-la surgir de sa poussière,
Rends-la-moi, celle que j'aimais!

Ouvre-lui sa maison natale,
Même pécheresse, absous-la;
Sur la Russie coupable étale,
Étale ton manteau d'éclat...

De la revoir vivante et belle
Permets à l'esclave obstiné,
Sinon la porte paternelle
Je ne pourrais abandonner.

Je frappe. Un cœur renaît des cendres,
La porte tremble sur ses gonds,
Oh! ne tarde plus à m'entendre,
Je crie vers toi, réponds, réponds!

Paris

CONSTANTIN BALMONT

1867-1943

Balmont aimait à dire qu'il était d'origine écossaise comme Lermontov; en vérité, il descendait plutôt de chevaliers suédois. Riche propriétaire du gouvernement de Vladimir, le père de Constantin, président du « Zemstvo[1] », possédait une grande culture. Quant à sa mère, de descendance tartare, c'est à elle que Balmont devait son caractère sauvage et passionné.

Son enfance fut assombrie par des crises nerveuses. A vingt-deux ans, il tente de se suicider en se jetant par une fenêtre. Mais il ressent après cela un nouvel afflux de vitalité et s'adonne entièrement à la poésie. Entré à la Faculté de droit de l'université de Moscou, il fut expulsé de la ville pour avoir pris part à des émeutes d'étudiants.

En 1900, il est déjà un poète célèbre. Ses premiers vers sont inspirés par le sentiment d'un civisme douloureux; mais bientôt il se joint au mouvement symboliste et rénove ainsi la poésie russe qui était alors presque entièrement vouée à la lutte politique. Il sut redonner au public russe le goût des vers et l'amour de la poésie qui s'étaient affaiblis. Balmont avait le culte de la personnalité, du soleil et de la beauté. L'extase, l'extrême harmonie de son lyrisme en font une sorte de magie verbale.

Mais de temps en temps l'esprit civique se réveille en lui. Prenant, sous l'influence de Gorki, une part active à la révolution de 1905, il se voit contraint à quitter la Russie, et ne rentre amnistié qu'en 1913.

La poésie russe doit de nombreuses traductions à Balmont qui montra dans l'appréciation des œuvres des autres poètes une grande perspicacité.

Bien qu'ayant solennellement reconnu la révolution d'Octobre, il émigra sans tarder et mourut à Paris en 1943.

1. Administration provinciale.

LES ROSEAUX

Lorsque arrive minuit dans les marais déserts
Les roseaux doucement soupirent dans les airs,
Que disent les roseaux, pourquoi donc ces murmures?
Pourquoi des feux follets brûlent dans leur verdure?
Ces errantes clartés sur le miroir des eaux
Se rallument ou bien s'éteignent de nouveau.
Les roseaux de minuit s'inclinent et bruissent,
Ils cachent des crapauds, de longs serpents y glissent.
Le visage penché d'un livide croissant
Se mire dans les eaux, tremblant, évanescent.
Oh! l'odeur de la vase, étrangement sauvage,
Il aspire, il étreint, l'attirant marécage...
« Qui donc est-ce... Pourquoi? demandent les roseaux.
Pourquoi brûlent ainsi des flammes sur nos eaux? »
Mais le croissant se tait tristement qui l'ignore,
Et penche son profil plus bas, plus bas encore...
Les roseaux chuchotant dans la nuit de saphir,
D'une âme disparue évoquent les soupirs.

•

Voyez, je brûle, solennelle,
Suivez l'étoile du matin!
Je vous promets de beaux jardins
Où poussent des fleurs éternelles...

Je vous promets de beaux jardins
Où coule une existence heureuse,
Où brille l'astre du matin,
Où l'onde dort, silencieuse.

Pays de la sérénité,
A jamais loin de tous orages...
Suivez-moi dans ce paysage
Délivré de l'obscurité!

266

L'ayant trouvé, pour vous j'éclaire
Ce qui, seul, ne saurait trahir;
Jetée au fond d'un lac, la pierre
Ne peut plus sur l'eau revenir.

Voyez, je brûle solennelle,
Suivez l'étoile du matin!
Je vous promets de beaux jardins
Où poussent des fleurs éternelles...

LES MERISIERS

Nous étions tous les deux dans un beau rêve entrés,
Les merisiers en fleur nous avaient enivrés
Et le matin brillait comme une mer immense
Aux nuages légers. Parmi l'exubérance
Des arbres et des fleurs, et de l'herbe, en ce jour
Nous vivions inondés de couleurs et d'amour;
Et, la main dans la main, rapprochant nos visages,
Vibrant à l'unisson des fleurs et des ramages,
Au soleil printanier rayonnant des hauteurs,
Nous étions éperdus, exaltés de bonheur.

L'éternité régnait sur cette heure si brève,
Le matin triomphait dans nos cœurs, dans nos rêves.
Parmi les merisiers à l'arôme enivrant,
Nous étions tous les deux un reflet du printemps.

●

Je demandais au libre vent des plaines :
« Pour être jeune, ô vent, dis, que faut-il?
– Ainsi que moi, sois léger et subtil »,
Répondit-il d'une voix presque humaine.

Je demandais à la puissante mer
De m'expliquer le mystère du monde;
Sa grande voix me répondit, profonde :
« Ainsi que moi, sois sonore et divers. »

Je demandais à l'astre de lumière :
« Ô soleil, dis, comment te ressembler?
Pour réchauffer les êtres comment faire? »
Il ne dit rien, mais j'entendis — « brûler »

●

J'ignore la sagesse, utile pour les masses,
Et ne mets dans mes vers que ce qui fuit et passe,
Car l'instant passager, pour moi, contient un monde
Empli de jeux changeants et d'opalines ondes.

Ne me maudissez pas, vous qui vous croyez sages,
Je porte en moi la flamme et ne suis qu'un nuage...
Et comme le nuage orageux mais si tendre,
Je parle aux seuls rêveurs qui seuls peuvent m'entendre.

LA TERRE PROMISE

Ne regarde plus le passé,
Clos tes yeux las, ô doux visage,
Tu liras ainsi le message
Sur ces ardents feuillets tracé.

Fuyant un infernal abîme,
Portés au rivage étranger,
Notre table des lois nous mîmes
Dans une arche, hors du danger...

Et, la gardant toujours entière,
Inaltérable désormais,
Nous resterons dans sa lumière
Dès à présent et pour jamais.

Quand iront vers l'aube nouvelle
Le loup avec l'agneau, alors
Nous briserons le sceau qui cèle
Jalousement notre trésor.

Paris

MAXIME GORKI

1868-1936

Maxime Gorki, de son vrai nom : Alexis Pechkov, naquit à Nijni-Novgorod, aujourd'hui appelée Gorki. Son père, charpentier, meurt jeune et les siens connaissent une grande misère. A l'âge de quatre ans, gamin des rues, Gorki ramasse des chiffons, capture et vend des oiseaux chanteurs. Plus tard, il est tour à tour gâte-sauce sur un bateau de la Volga, boulanger, scieur de bûches, chargeur dans un port de la Caspienne, marchand de pommes, peintre en bâtiment, veilleur de nuit, employé de chemin de fer, etc. Il consacre ses loisirs à écrire.

A l'âge de vingt ans, il attente à ses jours en se tirant une balle de revolver dans le poumon.

Gorki retrace les aventures de son enfance et de sa jeunesse dans les récits devenus célèbres : L'Enfance, Parmi les hommes, Mes universités. Il va vivre à Kazan où il se rapproche d'un milieu intellectuel et révolutionnaire. Pour avoir propagé parmi les paysans et les ouvriers des idées jugées subversives, il fait de la prison et depuis lors est surveillé de près par la police tsariste.

En 1898, paraissent deux volumes de ses récits qui valent d'emblée à leur auteur une immense notoriété. En 1901, Gorki entre dans le parti démocrate (aile bolchevique) auquel il consacre une partie de ses énormes revenus littéraires. En 1905, il est enfermé pour quelques mois dans la forteresse de Petropavlovsk. A sa sortie de prison, il va vivre à Capri où il fonde une école de propagande révolutionnaire. En 1907, lors d'un congrès socialiste à Londres, il se lie d'une grande amitié avec Lénine.

La guerre de 1914 et la révolution de 1917 troublent profondément sa conscience, mais il finit par adhérer totalement au régime bolchevique, tout en intervenant constamment en faveur des intellectuels et pour

269

une certaine liberté littéraire auprès de son ami, Lénine. Pendant la maladie de celui-ci, il se querelle avec les nouveaux dirigeants et part à plusieurs reprises pour l'étranger. Après la victoire de Staline sur Zinoviev, Gorki revient définitivement en Russie et se consacre sans restrictions au régime dont il devient, dans le domaine littéraire, le chef incontesté.

Ses œuvres sont éditées à trente-trois millions d'exemplaires en langue russe, et à quatre millions d'exemplaires en d'autres langues.

Les œuvres poétiques de Gorki, telles que Le Faucon *et* L'Oiseau de la tempête, *appartiennent à sa période romantique, exprimant la révolte de sa jeunesse et ses aspirations anarchiques. Ces œuvres sont rythmées mais non rimées; elles témoignent d'une grande envolée poétique, et sont de véritables proclamations révolutionnaires.*

Son drame célèbre, Les Bas-Fonds, *qui date également de cette période, eut cinq cents représentations à Berlin.*

Une révolution n'est pas uniquement le choc des forces sociales opposées, il lui faut encore un essor psychologique, un romantisme prolétarien, et c'est Gorki qui le lui a fourni. Il a vécu la révolution, évoluant avec elle jusqu'à son aboutissement historique.

L'OISEAU DE LA TEMPÊTE

Au-dessus d'une mer chenue, le vent ramasse les nuages. Entre la mer et les nuages, pareil à quelque foudre noire, plane l'oiseau de la tempête.

Il effleure tantôt la vague, tantôt au ciel il monte en flèche. Son cri qu'écoutent les nuées clame sa joie et son audace.

Cri de colère et de passion, ce cri provoque la tempête, ce cri présage la victoire!

Gémissantes, sentant l'orage, les mouettes qui se démènent, voudraient bien cacher leur frayeur, trouver refuge dans la mer.

Les grèbes gémissent de même, la bataille pour l'existence, son ivresse, leur sont contraires; ils ont peur, très peur de la foudre.

Le gros pingouin, stupide, se cache timidement dans les falaises. Seul, l'oiseau fier de la tempête survole, courageux et libre, les flots écumants qui grisonnent!

Toujours plus sombres, les nuées descendent plus bas sur la mer. En chantant, les ondes s'élancent à la rencontre du tonnerre.

Enfin il éclate, l'écume couvre les vagues irritées qui hurlent, affrontant le vent.

Il les saisit alors par groupes, dans son puissant embrassement et les jette à toute volée, dans une colère sauvage, contre les abruptes falaises, et brise en de fines poussières leurs grandes lames d'émeraude.

L'oiseau de la tempête plane, pareil à quelque foudre noire, perçant en flèche les nuages, cueillant l'écume de son aile.

Il fend les airs, tel un démon, le fier démon noir de l'orage! Tantôt il rit, tantôt sanglote; il rit se moquant des nuées, il sanglote de joie intense.

Car dans la fureur du tonnerre, il perçoit déjà la fatigue; il est certain que les nuages ne cacheront pas le soleil!

Le vent hurle, l'orage gronde.

Dans des flammes bleues, les nuées apparaissent incandescentes. La mer engloutit les éclairs et les éteint au fond du gouffre.

Tels des serpents de feu se tordent leurs brusques reflets sur la mer.

Déjà, déjà c'est la tempête!

Altier, c'est son oiseau qui plane dans les hauteurs parmi les foudres.

Prophète, ton cri de victoire demande que l'orage augmente!

1901

*

Le soleil dans le ciel s'attarde,
Pourtant en ma geôle il fait noir;
Jour et nuit surveille la garde
Les fenêtres et les couloirs.

Geôlier, geôlier, ta garde est vaine...
Comment ferais-je pour m'enfuir?
Et comment romprais-je les chaînes
Qui me tiennent pour m'asservir?

Lourdes chaînes, mes lourdes chaînes,
C'est vous mes gardiens, vous les vrais,
Je ne puis vous briser moi-même
Et personne ne le pourrait...

1902

IVAN BOUNINE

1870-1953

Né à Voronej en *1870*, descendant de la famille noble des Bounine dont un autre rejeton avait été Joukovski, Ivan Bounine commence très jeune à écrire des vers, mais devint surtout un grand prosateur.

En *1903*, il reçoit le prix Pouchkine; en *1909*; il est membre honoraire de l'Académie des sciences. En *1917*, il émigre et poursuit à l'étranger son œuvre littéraire. En *1933*, Ivan Bounine reçoit le Prix Nobel, attribué pour la première fois à un écrivain russe. Il meurt à Paris en *1953*.

Son talent s'impose par la noblesse du langage, le culte de la beauté, des dons de paysagiste. Son œuvre est pénétrée d'un profond pessimisme; tous ses écrits révèlent le côté tragique de la vie.

Quant à ses vers, ils frappent surtout par la perfection de leur forme, leur pittoresque et leur sonorité.

Il a enrichi la poésie russe d'un chef-d'œuvre en traduisant le **Chant de** Hiawatha *de Longfellow.*

LE TOMBEAU DE RACHEL

« Elle expira, Jacob l'ensevelit en route... »
Aucune inscription n'indique son tombeau;
Mais, blanchie à la craie, étrange, luit la voûte
Du sépulcre, éclairé des lueurs d'un flambeau.

Timidement j'approche et puis, dans le silence,
J'embrasse en frissonnant tes cendres, Israël;
Sur cette blanche tombe, antique souvenance,
La plus douce parole en ce monde, « Rachel »...

LE COQ
SUR LA CROIX D'UNE ÉGLISE

Pareil au voilier dans le vent
Il vogue au-dessus de la terre,
Seul il vole et vole en avant
Et le ciel glisse en sens contraire.

Il chante que tous nous passons
Comme le fleuve et les nuages,
Que les ans, les siècles s'en vont,
Se dissipent comme un mirage,

Que tout ne dure qu'un instant...
Il chante que tout est mensonge :
Le foyer, l'amour, les enfants
Et les petits-enfants — un songe;
Que tout s'écoule, et tout s'enfuit,
Sauf l'église, la croix et lui.

VALÈRE BRUSSOV

1873-1924

Né à Moscou, Valère Brussov y fait ses études de lettres.

Devenu poète, il se joint au mouvement symboliste. Ses premiers vers sont pleins d'excentricités, leur sonorité devant se suffire à elle-même. Dans son premier recueil : Les Nerfs à nu, on peut lire un poème d'un seul vers : « Oh! couvre donc tes jambes pâles! »

Mais le résultat est atteint : Brussov avait attiré l'attention des lecteurs. Il continue en suivant les courants en vogue; ses vers sont tantôt érotiques, tantôt démoniaques, tantôt à tendance politique, comme Le Maçon, le plus connu de tous ses poèmes.

Plus tard, grâce à un travail acharné, il acquiert une grande virtuosité, mais il manque de chaleur et de conviction, ce qui ne l'a pas empêché de connaître une grande célébrité, surtout après son adhésion sans réserve au régime communiste.

Il devint directeur de l'École des Écrivains Russes. Ses traductions sont parfois excellentes. Mais, s'il réussit à traduire l'Énéide, Virgile, Victor Hugo, Verhaeren, il échoue dans la traduction de Verlaine.

LE MAÇON

— Hé là! maçon, en blouse blanche
Pour qui construis-tu la maison?

— Laisse-nous! ce n'est pas dimanche,
Nous bâtissons une prison...

— Maçon, dans une peine amère,
Qui versera ici des pleurs?

— Oh, pas vous : ni toi ni tes frères,
Pourquoi vous feriez-vous voleurs?

— Entre ces murs, qui va connaître
Des nuits sans sommeil et sans fin?

— Un ouvrier, mon fils peut-être,
Car c'est parfois notre destin!

— Mais si, derrière les grillages,
Il pense à ton travail, maçon?

— Prends garde à mon échafaudage!
Tais-toi, tout ça nous le savons...

1901

ORPHÉE ET EURYDICE

ORPHÉE

J'entends, j'entends ton pas léger
Quitter la mort pour l'existence;
Par ce noir sentier ravagé
Je te mène à la délivrance.

276

EURYDICE

Tu m'emmènes et sans espoir
Je t'obéis, inerte et pâle;
Sur mes yeux un nuage noir
Descend comme un funèbre voile.

ORPHÉE

Ah! montons, degré par degré,
Vers la musique et la lumière;
Là-haut tes yeux vont s'éclairer,
C'est mon amour qui te libère.

EURYDICE

Je n'ose... Non, je n'ose pas,
Mon époux, mon ami, mon frère.
A peine un souffle sur tes pas,
Serai-je une ombre sur la terre?

ORPHÉE

Au seuil, nous verrons le printemps;
J'ai conjuré Dieu par ma lyre,
Mon amour t'espère et mon chant
T'insufflera vie et sourire.

EURYDICE

Hélas! Que valent tous les chants!
Pour qui connut le grand silence?
Le printemps, qu'est-ce auprès des champs
D'asphodèles, de leurs nuances...?

ORPHÉE

Souviens-toi! Souviens-toi des prés,
Des chants sonores, et des danses!
Souviens-toi des ardents secrets,
Des baisers, d'un bonheur intense!

EURYDICE

Je ne respire plus. Mon cœur
Est froid, un lourd rideau m'isole...
Ami, j'entends avec stupeur,
J'entends à peine tes paroles.

ORPHÉE

Ah! tu ne te souviens plus... mais
De ma mémoire encor surnage
Chaque instant et la mort jamais
Ne m'a dérobé ton visage.

EURYDICE

Dans l'ombre à peine m'apparaît
De mon passé la vague trace.
Ô mon ami, tes pâles traits
Devant mes yeux déjà s'effacent...

ORPHÉE

Retourne-toi, Orphée! Ô ciel!
La nuit... Le vide... Ah! maléfice!
L'ombre gémit à tes appels :
« Eurydice, mon Eurydice! »

Nuit du 10 au 11 juin 1904

La vie semblait obscure et lourde;
J'ai grandi dans un temps amer,
La terre était glacée et sourde,
L'esprit se refusait aux vers.

Mais, dans les tréfonds de la terre,
Grondait un tonnerre lointain;
Le bris des glaciers millénaires,
Le galop des sabots d'airain.

Et j'espérais atteindre l'âge
D'entrevoir le nouvel azur,
De boire le vin des orages,
De respirer l'air libre et pur.

Or, je voyais tomber les chaînes,
Les décades passant toujours;
De Zousime, puis de Moukdène,
Je vis surgir en feu les tours.

Puis, de la guerre et de l'opprobre,
Ouvrant la voie aux libertés
J'ai pu voir l'An Cinq éclater
Et Février suivi d'Octobre.

Verrai-je l'astre glorieux?
Lointain, il brille encore à peine...
Mais, oh! combien je suis heureux
Qu'une heure semblable soit la mienne!

1920

279

TATIANA TCHEPKINA-KOUPERNIK

1874-1952

Arrière-petite-fille du grand acteur russe Tchepkine, elle est surtout célèbre par ses traductions des poètes étrangers.

Ses vers, ses récits, ses pièces de théâtre eurent un grand succès, qui ne dura pas.

Après la révolution de 1917, elle demeura en Russie pour y poursuivre son activité littéraire.

CREDO

Je voudrais être libre, ainsi qu'un vent des plaines,
    Comme un vent qui vient de la mer;
Je voudrais m'arracher à ce monde, à ses chaînes,
    Et pour toujours briser mes fers.
Je voudrais ne jamais demander quelque chose,
    Vivre sans obstacle et sans frein,
Aimer en caressant et, que rien ne s'oppose
    A mes vœux au fond des jardins.
Je voudrais que vers toi la lune me ramène
    Et, parmi ses ombres glissant,
Venir combler tes vœux durant les nuits sereines
    D'un bonheur toujours renaissant.
Mon ami, je voudrais que l'on admire ensemble
    Étoiles et soleil levant
Et n'être, à tes genoux, qu'une esclave qui tremble,
    Régnant toujours sur toi, pourtant.

MICHEL KOUZMINE

1875-1936

Michel Kouzmine, poète néo-classique, n'ignorait rien de l'antique Alexandrie. Il possédait une forme parfaite et une sensibilité raffinée. Sa traduction de l'Iliade *est excellente.*

Il resta en Russie après la révolution d'Octobre, mais ne tarda pas à tomber dans l'oubli.

CHANT D'ALEXANDRIE

Soleil, Soleil, Soleil, ô divin Hélios,
Tu réjouis les cœurs des rois et des héros.
Les grands chevaux sacrés vers toi, Soleil, hennissent,
Et d'Héliopolis vers toi s'élève un hymne.
Quand tu luis, les lézards sortent d'entre les pierres
Et les garçons s'en vont, en riant, se baigner
Vers les plages du Nil. Soleil, Soleil, Soleil,
Je ne suis qu'un reclus de ces bibliothèques,
Mais je chéris autant ta splendeur, ô Soleil,
Que le marin hâlé fleurant poisson et sel.
Son cœur frémit, heureux, dans ta vive lumière,
Quand tu montes, royal, au-dessus de la mer,
De même que le mien, quand ton rayon de feu
Glisse par la lucarne ouverte du plafond
Sur le feuillet léger, en caressant ma main
Qui trace au vermillon la lettre, la première,
D'un chant rythmé pour toi, radieux Hélios!

UN JOUR ENTIER...

(Extrait)

Quel étrange bonheur est d'être délaissé.
Une lumière brille, une lumière intense...
Ainsi qu'au bel été durant l'hiver on pense,
Un soleil disparu luit au cœur du passé.

Une fleur desséchée entre de vieilles lettres,
Un regard qui sourit, un rendez-vous d'amants,
Aujourd'hui tes chemins sont noirs et s'enchevêtrent,
Mais n'as-tu pas foulé la jeune herbe au printemps?

Reçois cette leçon d'une autre volupté,
Un chemin différent y mène, étrange et vaste...
Bonheur de l'abandon, bonheur illimité...
Seul, vivre sans amour serait un sort néfaste.

MAXIMILIEN VOLOCHINE

1877-1932

Après des études à l'université de Moscou, Volochine fait de fréquents voyages en Occident, et mène une existence errante.

Il rentre à Moscou en 1916, mais part aussitôt pour sa propriété de Coctebel en Crimée, où il habite désormais avec sa mère, dans une espèce de tour qui abrite une importante bibliothèque.

Contrairement à Blok, il n'adhère pas à la révolution d'Octobre et reste étranger aux rouges comme aux blancs dans la guerre civile qui déchire la Russie, priant « et pour les uns et pour les autres ».

Il avait débuté comme poète symboliste, mais se libère peu à peu de toute emprise et se révèle adorateur du feu, indépendant et mystique, et surtout poète des destinées de la Russie. Il voit dans la révolution l'épreuve de feu et de sang que Dieu envoie à sa patrie pour l'en faire sortir purifiée et triomphante. Ses vues ne pouvaient plaire aux dirigeants de la nouvelle Russie. Néanmoins, on laissa en paix cet inoffensif excentrique mais rien de ce qu'il écrivait ne paraissant, il ne put subsister que grâce aux secours de ses amis et à ses dons de peintre. Un puissant souffle prophétique anime sa poésie, montrant le peuple russe sur son chemin de croix avançant dans les ténèbres de son histoire vers sa résurrection.

PARIS

Le ciel brillait d'un sourire incarnat
Noyant Paris de brume violette;
Triste, le jour lassé s'abandonna,
Contre le sol pressant soudain sa tête.

Avec lenteur s'ouvrit l'aile du soir,
Une aile bleue, au-dessus de la terre;
Quelqu'un saisit une poignée de pierres
Et les jeta dans un sombre miroir.

En de changeants satins berce la Seine,
Avec douceur, un petit vapeur blanc;
Sur l'eau la fête ainsi que sur la scène,
Répand son luxe avec ses feux dansants.

Venant au fleuve, en rangs sur lui se penchent
Les peupliers qui semblent des géants;
Dans la dentelle étrange de leurs branches
S'allume un clair semis de diamants.

LES DÉMONS SOURDS-MUETS

Qui est aveugle sinon mon serviteur,
et sourd comme le messager que j'envoie.

ESAIE 42, 19.

Ils passent sur la terre offerte,
Aveugles, sourds-muets, c'est eux
Qui tracent des signes de feu
Sur les ténèbres entrouvertes.

Restant eux-mêmes dans le noir,
Ils éclairent des précipices;
Leur but ne pouvant concevoir,
Sans rien discerner, ils agissent.

Ils jettent des rayons de feu
Du fond même de la pénombre
Et sont les messagers de Dieu
Qui fulgure dans le ciel sombre.

29 décembre 1917

LA GUERRE CIVILE

(Extrait)

La même voix partout résonne,
Là, comme ici, dans tous les rangs,
« Est contre nous qui ne se donne
A nous : Honte aux indifférents! »

Dans les flammes, les hurlements,
Je reste sourd à ces apôtres,
Du fond de mon âme priant
Et pour les uns, et pour les autres.

1921

NORD-EST

(Fin)

« Bénie sois ta venue, ô Fléau de Dieu que je sers et ce n'est pas à moi de t'arrêter. » Paroles de saint Lou, archevêque de Troyes, adressées à Attila.

Frappe-nous au visage et larde nos poitrines,
Brûle-nous par l'émeute et la guerre intestine;
Pendant des siècles, seuls, nous marchons face aux vents
Par des déserts glacés sans arrêt en avant,
Pour périr ou trouver dans l'ouragan de neige
Nos temples profanés par des mains sacrilèges.
Comprenant, aimant tout, jusqu'au plus odieux,
Est-ce à nous de peser les hauts desseins de Dieu!
Ô souffle incandescent de cet enfer polaire,
Fléau, fléau de Dieu, je te salue sur terre!

1920

AU FOND DE L'ENFER

*A la mémoire de A. Blok
et de N. Goumilev*

Plus sourde encor, plus sauvage toujours,
La nuit se fige en son ombre mortelle
Et l'on ne peut aux vies porter secours
Qu'éteint le vent ainsi que des chandelles.
Poète russe, ainsi le veut ton sort,
A sa fin brusque il a conduit Pouchkine,
Dostoïevski dans « La Maison des morts ».
Quel est le lot, le lot qu'il me destine?

Ô toi, Russie infanticide, quand
Vais-je périr en tes caves maudites
Ou glisser dans une flaque de sang?
Ton Golgotha, pourtant, je ne le quitte
Et ne saurais choisir un autre sort...
Si, sous mon faix, à la fin je succombe,
Auprès de toi je veux trouver la mort
Ou tel Lazare un jour quitter la tombe.

1921

ALEXANDRE BLOK

1880-1921

Alexandre Blok, né en 1880, appartient par ses origines à l'« Intelligentsia » russe. Son père est professeur, son grand-père est recteur de l'université de Pétersbourg, sa mère, ses tantes et sa grand-mère sont écrivains et traductrices. Sa mère et son père s'étant séparés peu après sa naissance, le futur poète grandit dans la maison de son grand-père maternel, dans un luxe raffiné, tantôt en ville, tantôt dans un domaine, aux environs de Moscou. Il poursuit ses études à la faculté des lettres de Pétersbourg mais, avant d'y entrer, écrit déjà des vers. Plus tard, il épouse la fille de l'illustre savant Mendeléev.

Symboliste à ses débuts, Blok, se détournant de la réalité, lui préfère le fantastique, le rêve et le mysticisme. Vladimir Soloviov lui ouvre le chemin de l'évasion ésotérique, et ce qui l'attire surtout chez ce poète-penseur c'est la symbolique figure féminine où se mêlent le principe divin et l'amour idéalisé. Il intitule son premier recueil Les Vers à la belle Dame.

Mais la vie entraîne le jeune poète qui se plonge dans les vapeurs d'alcool, dans les passions déchirantes ou bien dans les explosions de joie folle et bruyante. Ces orages de sens trouvent leur expression dans le recueil Le Masque de Neige.

Dans son Jardin des Rossignols *il raconte, comment, attiré par « l'éternel féminin », il pénètre dans le jardin de l'art pur où il ne peut demeurer. La vie réelle triomphe et le poète quitte le jardin aux hautes murailles fleuries de roses, mais ne retrouve plus ni sa maison ni son compagnon, l'âne.*

Ce retour à la réalité commence par une vision prophétique de La Ville, *qui apparaît à Blok déjà immergée dans les brumes sanglantes des révolutions futures.*

Son évolution est exprimée dans un célèbre poème, L'Inconnue, *qui débute par une description réaliste de la ville et de ses restaurants, et se termine par l'apparition ensorcelante d'une jeune inconnue.*

Sortant de son indifférence politique, sous l'influence de Gorki, Blok se passionne pour la révolution démocratique russe de 1905 et, dans une de ses manifestations, c'est lui qui porte le drapeau rouge.

Maigré la défaite des insurgés, Nicolas II et ses ministres, effrayés par l'ampleur de cette révolution, essaient d'enrayer ses effets en créant un simulacre de Parlement et en accordant des libertés factices. Pour demeurer, l'absolutisme est ainsi amené à se limiter lui-même en apparence, tout en réprimant impitoyablement les forces révolutionnaires.

Désormais, c'est la Russie qui prend la place de **La Belle Dame** dans la poésie de Blok, et la rencontre avec Kluev l'affermit encore dans ce choix. Devenant le poète des destinées de la Russie, il la voit tout entière aimantée vers son avenir. Le poème **La Plaine de Koulikovo** évoque la bataille de 1380 qui préfigure les batailles futures, selon sa vision prophétique.

Ayant hérité les dons oratoires de Pouchkine et de Lermontov, Alexandre Blok brosse une vaste fresque réaliste de la période de 1877 à 1905 dans un grand poème **Le Châtiment.**

D'autre part, « la romance », bien qu'illustrée par les plus grands poètes russes, gardait un caractère mineur. Blok sut, en poussant à la perfection la mélodie de ses vers, l'élever à une hauteur poétique qu'elle n'avait encore jamais atteinte.

A la révolution d'Octobre, le poète, dans un élan extraordinaire, dans une extase de visionnaire, saisi par les éléments déchaînés, assourdi par l'écroulement du vieux monde, écrit son chef-d'œuvre, **Les Douze.**

La révolution s'y déroule au milieu d'une tempête de neige. « Ils vont, dit Blok, d'un pas souverain. » Ce sont les nouveaux maîtres du destin de la Russie, douze soldats rouges — patrouille révolutionnaire — dont le pas rythmé traverse les rues enneigées et désertes de Pétersbourg : Petka, l'un des Douze, tue Katka, fille du peuple qui fait la noce, et le tout s'achève par l'apparition, dans un poudroiement de neige, du Christ qui précède la patrouille et porte le drapeau rouge.

Les Soviétiques ne pouvaient donner leur adhésion à ce poème où l'auteur choisit ses Douze parmi ceux sur le dos desquels « un as de carreau[1] ne serait pas de trop » et le Christ qui les guide vers une

1. Signe des bagnards.

rédemption n'était pas la figure symbolique qui pouvait plaire à un régime matérialiste.

Ses amis avaient cessé de lui donner la main, la qualifiant de traître. Zénaïde Ghippius, sa grande amie, sans douter de sa sincérité, trouvait qu'il était impardonnable. Son cas était encore aggravé par l'abandon d'une langue et des rythmes poétiques qu'il avait pratiqués jusqu'alors. Les clichés révolutionnaires qu'il introduit dans ce poème, les couplets de foire, les chants soldatesques, les « tchastouchki » (quatrains populaires), un rythme chaotique, un langage grossier, apparaissent à ses admirateurs comme une chute vertigineuse de leur grand poète.

Le problème, bien qu'inversé, n'est pas résolu, car les adversaires cherchent à présent à tirer chacun vers soi le chef-d'œuvre de Blok. Les uns disent qu'il est la critique violente de la révolution d'Octobre, les autres affirment qu'il est sa glorification.

En même temps que Les Douze, *Blok écrivit* Les Scythes, *ode monumentale appelant le vieux monde à un avenir de paix et de travail. On retrouve ici la pensée que Pouchkine exprima dans son poème* Aux détracteurs de la Russie, *où la Russie apparaît chargée d'une haute mission, après avoir délivré l'Europe du joug de Napoléon, et avoir servi pendant des siècles de bouclier à l'Occident contre les invasions tartares.*

Les Scythes, *ode aux vues prophétiques, est le testament de Blok, car il n'écrivait plus aucune œuvre considérable après ces deux poèmes grandioses. Il est vrai qu'il vécut depuis lors en d'âpres tourments de conscience qui faillirent le mener à la folie. Il refusait systématiquement de lire en public* Les Douze, *et mourut à l'âge de quarante et un ans, épuisé moralement et physiquement.*

●

Face à l'horizon rougissant
Une ville blême agonise,
Le ciel immerge dans le sang
Son grand corps fait de pierre grise.

Tout est noyé dans le couchant :
Les vitres et les murs d'usine,
La mèche de cheveux mutine,
Un vieux manteau, roux et luisant.

De pudiques visages laissent
Voir leurs dents blanches... C'est l'oubli,
Et chaque fille est pécheresse,
Chaque pensée aspire au lit.

Étincelants, les chevaux d'or,
Crinière au vent, rapides, passent;
Les nuages, monstres distors,
Semblent des seins nus dans l'espace.

Le portier d'un rouge vineux
Répand des seaux d'eau pourpre au soir,
Et la rôdeuse du trottoir
Balance des hanches de feu.

Dans le clocher à la volée
La cloche bondit rugissant,
Qui nous tire, comme endiablée,
Sa sonore langue de sang.

« La Ville », 1904

•

Tu passes mon aimé, mon prince,
Dans les prés fleuris, solitaire;
Vois, j'ondule en liseron mince
Parmi les blés, sur la rivière.

De ma blanche fleur transparente
Je saisis tes songes au vol;
Mais ton cheval sur cette sente
Foule ma floraison au sol.

Piétine mon éternité,
C'est pour toi, toi seul, que j'allume,
Timide, aux matines de brume,
Ce cierge en sa douce clarté!

Pour toi, dans sa flamme sans cesse,
Je tremble en frissons anxieux;
Pâle, en l'église tu te dresses
Auprès de la Reine des Cieux.

Veillant sur toi comme une flamme,
Pour toi j'éclos en tendre fleur;
Encor ta fiancée, de cœur
Je suis à tout jamais ta femme!

1904

L'INCONNUE

(Extrait)

C'est l'heure (ai-je rêvé, peut-être?)
C'est l'heure où je la vois bouger
Dans le brouillard de la fenêtre...
Pure, d'un pas lent et léger,

Elle passe entre les buveurs,
Toujours seule, en robe de soie,
Puis à la vitre elle s'assoit
Exhalant brumes et senteurs.

La légende sort des ténèbres,
Éclot de ses soyeux atours,
De sa main fine aux anneaux lourds,
Du béret aux plumes funèbres.

Dans son voile, comme hanté
Par cette présence insolite,
Je vois la grève sans limites,
Je vois les lointains enchantés;

Et les plumes d'autruche glissent,
Oscillant dans mon rêve éteint...
Les yeux, d'un bleu profond, fleurissent
Là-bas, au rivage lointain.

1906

*

C'est toi la neige immaculée,
La blanche église des lointains,
Et ni mes nuits ni mes veillées
Ne seront sans espoir, sans fin...

Car mon âme, déjà trop lasse,
Je ne veux plus la croire, ah! non!
Voyageur attardé qui passe,
J'irai frapper à ta maison.

En me pardonnant ta torture,
Donne à l'infidèle tes mains,
Et fais la promesse au parjure
D'un renouveau déjà prochain.

8 novembre 1908

*

Les très hauts faits, les gloires admirables,
J'oubliais tout, dans ce monde dément,
Quand je voyais devant moi sur la table
Ton pur visage en son encadrement.

Mais tu quittas un soir notre maison,
Et je jetai l'anneau d'or dans l'espace;
De ton destin alors tu fis le don
A quelqu'un d'autre, et j'oubliai ta face.

Les jours fuyaient dans la ronde maudite
Et, succombant aux passions, au vin,
Près d'un lutrin je déplorais ta fuite,
Et t'appelais, toi, ma jeunesse, en vain.

Quand j'ai pleuré priant que tu m'assistes,
A m'écouter tu n'as pas consenti...
T'enveloppant dans ta cape bleue, triste,
Loin de chez nous dans la nuit tu partis.

Je ne sais pas où tu choisis la place,
Ma fière et douce aimée, pour t'arrêter;
Je dors et vois ta cape bleue qui passe,
Tu la portais lorsque tu m'as quitté.

Comment rêver à l'amour, aux hommages,
Tout est fini : la jeunesse et son temps!
De cette table, en son encadrement,
J'ai pour toujours ôté ton beau visage.

30 décembre 1908

*

Le fleuve qui répand ses eaux tristes et lentes
        Passe, lavant ses bords;
Sur son escarpement d'argile jaunissante,
        La meule attend et dort.

Russie! Ô mon épouse! Oui, jusqu'à la souffrance
        Notre chemin est clair...
Et la flèche tatare a dans sa violence
        Traversé notre chair.

Dans la steppe un chemin menaçant, taciturne,
        Nostalgique et sans fin
S'enfuit, et je ne crains pas même les nocturnes
        Embûches du destin.

Dépêchons! Dans la nuit de grands bûchers éclairent
        Les lointains de nos champs;
Le saint étendard brille aux fugaces lumières,
        Et le sabre du Khan.

La bataille, toujours! L'accalmie? – Un mirage,
    Dans la poudre et le sang[1]
Tu voles en avant, ô cavale sauvage,
    Et piétines les champs...

Ces verstes sans répit, ces verstes obsédantes,
    Assez! Fais halte! Attends!
De grands nuages vont et vont dans l'épouvante,
    Le ciel est comme en sang.

7 juin 1908

LA PLAINE DE KOULIKOVO

Au champ Koulikovo encore
Se répand l'épaisse pénombre,
Éteignant la naissante aurore
Sous un nuage morne et sombre.

Dans le silence de la nuit,
Parmi les ténèbres sans faille,
On ne distingue plus le bruit
Ni les éclairs de la bataille.

Pourtant, je reconnais les signes
Des jours altiers, des jours féconds,
Sur le champ ennemi nos cygnes,
Leur clapotis et nos clairons.

Un cœur vit-il sous le boisseau?
Vois, les nuages s'agglomèrent!
L'armure est lourde avant l'assaut...
C'est ton heure! Fais ta prière!

23 octobre 1908

---

1. **Les Tatars** avaient envahi la Russie en 1237 et l'avaient, après une guerre cruelle, soumise à leur joug. La victoire russe de Koulikovo en 1380 secouait pour la première fois ce joug détesté, mettant en fuite le Khan Mamaï. Ce n'est cependant qu'en 1480 que la Russie reconquit son indépendance nationale

LA RUSSIE

C'est la Russie et sa misère,
Ses chants emportés sans retour
Par le vent, ses grises chaumières..
Russie, ô mon premier amour!

Je porterai ma croix sans plainte,
Fier et certain de ta grandeur...
Ah! livre ta beauté sans crainte
A l'un de tes ensorceleurs!

Qu'il te trompe, qu'il te séduise,
Tu ne peux te perdre ou mourir!
Tes traits pourtant vont s'assombrir
Par le chagrin que tu maîtrises.

Qu'importe encore une autre peine?
Dans ton fleuve ce n'est qu'un pleur!
Rien n'est changé... Forêts et plaines...
Et sur ton front un châle à fleurs.

Plus rien, plus rien n'est impossible,
Ma longue route n'est plus rien,
Quand ton regard irrésistible
Brille parfois sur mon chemin,
Et quand, dolent et monotone,
Le chant de mon cocher résonne.

18 octobre 1908

295

＊

Devant le « zinc », rivé sur place,
Ivre, tout m'est indifférent;
Mon bonheur s'enfuit dans l'espace,
Noyé dans les brumes d'argent.

Parmi les neiges millénaires,
Parmi les siècles naufragés
Il fuit... Dans le brouillard lunaire,
Mon cœur est tout entier plongé.

La troïka vole et projette
Des lueurs au fond de la nuit;
Sous une douga[1] la clochette
Chante que le bonheur a fui...

Ce harnais d'or... La nuit entière,
J'entends, je vois le harnais d'or;
Mon cœur assourdi, solitaire,
Est ivre mort, est ivre mort...

28 octobre 1908

＊

La nuit est là, pareille à beaucoup d'autres,
    La rue est vide;
Pour qui veux-tu rester parmi les nôtres
    Fière et limpide?

L'obscurité s'égoutte des corniches,
    Je vais moi-même
Jeter au ciel le défi où s'affiche
    Mon anathème.

1. Douga = arc de limonière.

296

Nous savons tous le bonheur impossible
  Sur cette terre,
La main serrant, pour viser quelle cible,
  Un revolver.

On pleure, on rit... Sans idéal les nôtres
  S'en vont quand même...
Le jour est là, pareil à beaucoup d'autres;
  Pas de problèmes...

4 novembre 1908

•

  Ô cher, sois téméraire,
  Et nous nous aimerons!

  De mes fleurettes claires
  J'ombragerai ton front.

  Je suis la verte étoile
  Qui brille à l'orient,

  Ou la vague d'opale
  Sur tes armes coulant.

  Ondine, je me dresse
  Au-dessus du courant,

  Ô douloureuse ivresse,
  Qui tous les deux nous prend!

  Oui, durant les nuits sombres,
  Il est doux de mourir,

  Et de croiser dans l'ombre
  Des regards sans désirs...

1er janvier 1909

•

Ainsi s'écoule ma vie folle,
Parfois heureux et triomphant,
Parfois je me plains, me désole,
Et je pleure tout en chantant.

Mais, si déjà m'attend ma perte,
Si, décevant tous mes espoirs,
« L'autre » d'une main grande ouverte
Me cache son mortel miroir,

Fuyant l'éclat de cette glace,
Vais-je reculer et franchir
Les confins du nocturne espace
D'où l'on ne peut pas revenir...

27 novembre 1910

•

Nuit, pharmacie, rue et lanterne...
Si tu vivais vingt ans encor,
Sous sa lumière absurde et terne
Rien ne changerait au décor.

Tu meurs... Les mêmes faits alternent,
Se répétant... Retour fatal :
Nuit, pharmacie, rue et lanterne,
Le miroir sombre du canal...

12 octobre 1912

LES DOUZE

I

Le soir est noir,
La neige est blanche,
Le vent, le vent!
Et le passant titube et flanche;
Le vent, le vent
Souffle partout en ouragan!

Il souffle, il hurle dans l'espace,
Et sous la neige on sent la glace.
Que c'est glissant!
Que c'est lassant!
Trébuchant, le piéton
N'avance qu'à tâtons.

Une pancarte entre deux édifices
Pendue à cette corde lisse :
« Les Pleins Pouvoirs à la Constituante. »
Une vieille qui se lamente,
Elle ne comprend pas au fond
Que l'on gaspille un tel chiffon,
Il aurait pu vêtir les gosses!
Qu'on nous habille et qu'on nous chausse!

La vieille tout en clopinant
Déjà dépasse la congère;
« Protège-nous, ma Sainte Mère,
Les Bolcheviks, ils vont nous faire
Tous mourir... » Quel vent effrayant!
Et le froid ne lui cède en rien.
Au carrefour, c'est le bourgeois
Qui, dans son col, fourre un nez froid.

Et celui-ci, aux cheveux longs,
Qui dit à mi-voix : « Les félons!

299

Le pays sombre! » C'est peut-être
L'orateur ou l'homme de lettres?

Et puis, voici quelque soutane
Se faufilant de ce côté.
« Hé! Pope! Tu ne te pavanes
Pas aujourd'hui, en vérité!

« Te souvient-il de ta faconde?
Tu marchais le ventre en avant,
Et ta croix aveuglait le monde,
Sur ta poitrine s'étalant. »

Deux barinia font des cancans,
Dans leurs longs manteaux d'astrakan :
« Oh! nous avons pleuré, pleuré! »
Mais, comme par un fait exprès,
L'une d'elles choit. La voilà
Qui dans la neige tombe à plat!
Oh, là! Tire-la! Lève-la!

Mais le vent, tout content,
S'amuse, le méchant.
Il agite les pans,
Il fauche les passants;
Il déchire, il écarte
Cette grande pancarte :
« Les Pleins Pouvoirs à la Constituante »
Bribes de phrases tournoyantes :

Et nous aussi...
Dans cet immeuble-ci...
Une réunion...
Notre décision...
Vingt-cinq, la nuit! Dix, un moment!
Ni rabais ni discussions...
Viens dormir maintenant!

Il se fait tard,
La rue est vide.

C'est un clochard,
Dos rond, livide,
Le vent le glace.

— Viens, pauvre hère,
Que l'on s'embrasse!

Du pain?
Misère!
Que sera-ce demain?
Va, passe ton chemin!

Comme le ciel est noir!
Comme ce soir
Bout la colère,
La sombre, la sainte, l'amère,
Et comme la poitrine est pleine
D'une noire et sinistre haine...

— Camarade! Prends garde!
Regarde bien, regarde!

II

Ah! quel vent! La neige poudroie,
Ils sont douze, marchant toujours,
Fusils pendus à des courroies;
Des feux, des feux tout alentour...

Dans la bouche, la cigarette,
Un certain pli à leur casquette...
Sur leur dos, un as de carreau[1]
Pourtant ne serait pas de trop!

Liberté! Liberté!
Plus de croix! Plus de croix!

---

1. Signe des bagnards.

Ta-ta-ta-ta!

Camarades, ce qu'il fait froid!

Katka avec Vanka
Sont au bistrot là-bas...
Elle a des billets dans ses bas,
Et lui non plus n'en manque pas.
Il fut des nôtres dans le temps,
Mais s'est fait soldat, maintenant!

Bourgeois, fils de chienne, Vanka,
Essaie d'embrasser ma Katka!

Liberté! Liberté!
Plus de croix! Plus de croix!
A quoi donc s'occupe Katka
Avec Vanka?
A quoi? A quoi?
Ta-ta-ta-ta!

Dans le soir des feux étincellent,
Le fusil pend à la bretelle...

Au pas révolutionnaire!
L'ennemi ne sommeille guère...

N'écoute pas les inepties!
Tire sur la Sainte Russie,
Sur la vieille, la familière,
Aux isbas, comme au gros derrière!

Eh! Plus de croix!

III

Ainsi nos gars s'en sont allés
Dans l'Armée Rouge s'enrôler,

Dans l'Armée Rouge s'enrôler,
Lui offrir leurs têtes brûlées.

Notre peine nous suffoque,
Notre existence de chien,
Notre manteau tout en loques,
Notre fusil autrichien!

Malheur à tous les bourgeois!
Le feu mondial rougeoie,
Nous l'allumons dans le sang!
Bénis-nous, Dieu Tout-Puissant!

IV

Vanka et Katka sur le siège
Volent dans un traîneau rapide
Parmi les tourbillons de neige,
Le cocher crie et tient les guides.
Électrique, sur le timon
Brille le petit lumignon.

Dans sa capote militaire,
Vanka, ce crétin exemplaire,
Vaniteux, pour en faire accroire,
Tortille sa moustache noire.

« Admirez donc mes épaules!
Entendez bien mes paroles! »
Vanka l'enlace et l'envoûte,
Katka, la sotte, l'écoute.

Son visage se renversant,
On voit les perles de ses dents...
Ô ma Katia vagabonde,
Ô ma petite gueule ronde...

Sur ton cou blanc pourtant encor
De mon couteau reste la trace,
Et sous ton sein gauche ressort
L'éraflure à la même place...
Danse, danse encore ma fille,
Tes jambes sont bien trop jolies!

Dans tes dessous de dentelle,
Vas-y, vas-y donc, ma gosse!
Avec les gradés, ma belle,
Vas-y, va faire la noce!

Cet officier, tu te rappelles?
Mon long couteau l'a bien atteint!
Ta mémoire flancherait-elle?
Ne te souviens-tu plus, catin?

Tu portais belles guêtres grises,
Croquant du chocolat « Mignon »,
Avec des gradés je t'ai prise,
Mais à présent c'est les troufions!

Pêche autant que tu peux le faire,
Ton âme en sera plus légère!

Ils repassent à toute allure,
Le cocher vole, et hurle, et jure...

A l'aide, André! Fais la barrière!
Petrouchka, toi, viens par-derrière!

Tak-tak-tak-tak-tak-tak-tak-tak!
La neige s'envole en poussière...

Il prend la poudre d'escampette!
Appuie encor sur la gâchette!
Tak-tak-tak-tak!

Bonne leçon pour toi en somme
D'avoir pris Katka à son homme!

Avec le cocher tu te trottes,
Mais je t'aurai demain, sans faute!

Katka, où donc es-tu passée?
Morte... La tête renversée...

Contente enfin? Tu ne dis rien...
Pourris sur la neige, putain!

Au pas révolutionnaire!
L'ennemi ne sommeille guère.

VII

Les hommes vont d'un pas altier,
Leur fusil comme tout bagage,
Mais lui, le pauvre meurtrier,
On n'aperçoit plus son visage.

Toujours accélérant le pas,
La neige vite, vite il foule;
Son cou dans un mouchoir s'enroule,
Vraiment, il ne s'en remet pas...

— Qu'as-tu, camarade, tu n'es
Pas gai, tu parais tout hagard...
Petrouchka, baisses-tu le nez?
Plaindrais-tu Katka, par hasard?

— Mes amis, ma seule famille,
Je l'aimais, ah! que je l'aimais...

Je passais avec cette fille
Des nuits qui ne s'oublient jamais.

Et pour cette bravade folle
Qui s'allumait dans son regard,
Pour sa mouche près de l'épaule,
Qu'ai-je fait, furieux guignard!

— Tais-toi, salaud! Quelle rengaine!
Tu radotes comme une femme,
Retournant à l'envers ton âme...
Confesse-toi donc, eh! Sans-Gêne!
Allons, redresse tes épaules!
Allons! Sur toi, garde contrôle!

Qu'on s'apitoie et se relâche,
Pour cela l'on a trop à faire!
Cher camarade, notre frère,
Nous avons de bien autres tâches!

Modérant son pas à leur suite,
Déjà Petrouchka va moins vite...

Le voilà qui déjà rejette,
Gai comme auparavant, la tête...

Eh! eh!
S'amuser n'est pas pécher!

Allez, fermez tous les étages,
Car, aujourd'hui, c'est le pillage!

Sur les caves, laissez les clefs,
Les va-nu-pieds vont se soûler!

VIII

Ma peine amère, ma peine,
L'ennui mortel qui nous guette...

306

Je saurai faire la fête,
Je saurai croquer les graines,
Je me gratterai la tête...

Et de mon couteau fin prêt
Je saurai tracer des traits!

Eh! bourgeois, tiens-toi penaud,
Deviens un petit moineau!
Sans plus attendre à présent,
Je vais boire tout ton sang...

Pour venger mon désespoir,
Pour ma fille aux sourcils noirs...

Qu'elle repose en le Seigneur...
Ô crève-cœur! Ô crève-cœur!

IX

On n'entend plus de bruits urbains,
La Neva repose tranquille,
Amusez-vous même sans vin,
Il n'y a plus d'agents de ville!

Au carrefour, c'est le bourgeois
Qui, dans son col, fourre un nez froid,
Et la queue basse, un chien galeux
Auprès de lui se tient, frileux.

Il a l'air d'un muet problème...
Derrière lui voici, cagnard,
Comme le vieux monde lui-même,
La queue basse, ce chien bâtard.

X

Comme par jeu, toujours augmente
Cette tourmente, la tourmente,

Si forte qu'on ne se voit pas,
Non, vraiment pas, à quatre pas!

Ou cette neige tourbillonne
Ou bien elle monte en colonne...

— Quelle bourrasque, Sauveur!
Petka, ne sois pas menteur!
A quoi donc te sert alors
Cet iconostase en or!
Tu n'est pas très conscient,
Réfléchis bien en ce jour!
Par Katka, pour son amour,
Tes mains sont encore en sang...

Au pas révolutionnaire,
Voici venir notre adversaire!

En avant, en avant, sans peur,
Peuple de travailleurs!

XI

Ils vont au pas souverain,
Ils n'ont rien gardé de saint;
A tout vraiment ils sont prêts,
Sans le plus petit regret...

Leur fusil à la bretelle,
Contre un ennemi caché,
Dans les étroites ruelles
Ils ont du mal à marcher;
La neige retient les bottes
Tant elle est épaisse et haute.

Devant leurs yeux dans le vent bouge
Un drapeau rouge, un drapeau rouge!

Et, monotone,
Leur pas résonne.

Gare! Féroce est l'ennemi.
Il ne dort qu'à demi...

Jour et nuit, aveuglante,
La poussière de la tourmente..

En avant, en avant sans peur,
Peuple de travailleurs!

XII

Souverains résonnent leurs pas...
— Vois, qui donc se cache là-bas!
Qui va là! C'est le vent qui bouge,
Qui joue avec le drapeau rouge.

— Dans ce tas de neige glacé
Quelqu'un, je le crois, s'est glissé!
Mais non, seul ce chien de misère,
Affamé, clopine derrière.

Va-t'en, teigneux, tu nous embêtes,
Sinon, avec ma baïonnette
Je vais te chatouiller les reins...
Le vieux monde est comme ce chien,
Qui montre ses dents. J'en ai marre
File! Disparais! Sinon gare!

Toujours ce chien... Mais qui donc bouge?
Qui donc agite un drapeau rouge?

— Comme il fait noir, sois attentif,
Là, derrière les bâtiments
Quelqu'un marche d'un pas furtif...
— Camarade, rends-toi vivant!

Je t'aurai, t'aurai mort ou vif!
Rends-toi, fais vite, car après,
Je t'avertis, on va tirer!

Tak-tak-tak-tak-tak! Qui répond?
Seul, un écho dans les maisons...

Seul, le rire de la bourrasque
Dans les neiges glapit, fantasque...

Tak-tak-tak!
Tak-tak-tak!

Douze, ils vont d'un pas souverain;
Famélique, les suit un chien...
Mais, invisible dans la nuit,
Invulnérable sous les balles,
D'un pied délicat et léger
Traversant l'espace enneigé,
Comme poudré de perles pâles,
Réincarné,
De roses blanches couronné,
Jésus-Christ qui marche devant
Porte leur étendard de sang.

Janvier 1918

LES SCYTHES

Les Scythes c'est nous, c'est nous les Asiatiques,
      Nul n'a jamais pu nous compter...
Voyez nos yeux, nos yeux avides et obliques,
      Essayez de nous affronter!

Les siècles sont pour vous ce qu'est pour nous une heure,
      Tels vos serfs, mais sur notre sol,
Nous sommes le rempart entre ceux qui s'abhorrent :
      L'Européen et le Mongol.

310

D'un grand bruit votre forge assourdit le tonnerre
      D'avalanches et de torrents;
Lisbonne après Messine, écroulées sur la terre,
      Vous semblent un conte effarant...

Vous fixez l'Orient, oh! depuis tant d'années,
      Amassant chez vous ses fleurons;
C'est pour nous préparer de noires destinées,
      Pour pointer sur nous vos canons.

L'heure a-t-elle sonné? Nos offenses s'amassent,
      Le mal survole vos forums;
Le jour est proche où vont s'évanouir sans trace
      Vos temples parfaits, vos Paestums.

Monde, monde ancien, ton âme se dissipe
      Dans un bien-être édulcoré!
Fais halte en ta sagesse, ainsi que fit Œdipe
      Devant le Sphinx au vieux secret!

La Russie est un sphinx de joie ou de tristesse.
      Parfois baignant dans un sang noir,
C'est toi qu'elle regarde et regarde sans cesse
      Avec amour et désespoir.

Vous ne savez aimer comme nous aimons, frères,
      Vous avez depuis trop longtemps
Oublié qu'un amour existe sur la terre,
      Inextinguible et dévorant.

Nous aimons la chaleur glaciale des nombres
      Et la beauté des dons divins,
Nous comprenons l'esprit gaulois, comme le sombre
      Génie orageux des Germains.

Venise, nous pensons à ton exquis mirage,
      A l'enfer des rues de Paris,
A Cologne, à ses tours montant jusqu'aux nuages,
      Aux parcs de citronniers fleuris.

Nous aimons et la chair et son odeur grisante,
        Mais dans l'ardeur de nos assauts
Craqueraient malgré nous, entre nos mains pesantes,
        Vos tendres, vos fragiles os.

Nous sommes entraînés à monter sans entraves
        Nos jeunes chevaux trop rétifs,
A leur briser les reins, à calmer nos esclaves
        Sous nos désirs impératifs.

Sortant du cauchemar de vos guerres sans trêve,
        Venez dans nos bras fraternels,
Car il est temps encor de rengainer le glaive,
        Amis, venez à notre appel!

Sinon, charmante Europe, on s'écartera, passe
        Dans nos taillis et nos forêts!
Asiates de gueule, alors te faisant face,
        Tu nous verras au sol ancrés.

Venez combattre ici, vous aurez de la place,
        Venez combattre sur l'Oural :
Les sauvages Mongols, leurs hordes, leurs espaces,
        Contre l'acier et « l'intégral ».

Mais, oh! ne comptez plus sur nous, sur notre zèle!
        Restés à l'écart du combat,
Nos yeux étroits fixant la bataille mortelle,
        Nous viendrons voir comme on se bat.

Nous verrons de ces Huns l'atroce convoitise
        Fouiller les morts, les dépouillant;
Nous les verrons, rasant les cités, les églises,
        Griller la chair des frères blancs.

Reviens à toi, vieux monde, entends-moi, je t'appelle
        Au bonheur, au travail, au bien!
Sur la lyre barbare une voix fraternelle
        La dernière fois te dit : « Viens! »

                                    30 janvier 1918

ANDRÉ BIELY

1880-1934

André Biély, fils d'un professeur, disciple de Soloviov, ami de Blok, de son vrai nom Boris Bougaïev, est né à Moscou en 1880. Ayant terminé des études de physique et de mathématiques, il s'inscrit à la Faculté des lettres, mais n'y reste pas longtemps, car il part pour l'étranger jusqu'en 1916.

A mi-chemin du symbolisme et du futurisme, André Biély tente, entre autres choses, de réduire la littérature au sens symbolique des syllabes. Ses excentricités, ses orgies verbales n'envahissent pas, fort heureusement, tous ses écrits.

Il laisse une œuvre poétique, des romans tel que **La Colombe d'argent** *(qui décrit les anciennes sectes religieuses, toujours vivantes en Russie), des récits, des théories esthétiques. Il voit dans la révolution une des apparences du mystère universel. Pourtant il émigre, habite quelque temps Berlin mais, déçu, rentre bientôt en Russie où il poursuit son travail littéraire, en demeurant à l'écart des nouvelles tendances de la littérature soviétique.*

Personnalité diversement et généreusement douée, il est un instable, un névrosé, parfois insupportable même pour ses meilleurs amis, malgré un charme désarmant.

●

Ah! ces images familières!
Toujours les talus, les brouillards,
Le bruissement des clairières,
Un peuple affamé sans espoir...

Ah! ce pays, combien sévère!
Libre espace sans liberté...
Des champs monte une voix amère :
« Meurs avec moi sans hésiter! »
Voici de mortelles menaces,
Voici des cris désespérés,
Des sanglots, des plaintes qui passent
En des messages éplorés.
Toutes les morts inassouvies
Sans arrêt volent dans le vent;
Dans la steppe, on fauche les vies,
Dans la steppe, on fauche les gens.

Terre glacée, plaine mortelle,
Pays maudit, pays du froid,
Mère, ô Russie, patrie cruelle,
Qui s'est ainsi moqué de toi?

1908

LA CÉCITÉ

Samson fut aveuglé, mortifié par Dieu,
Insulté, rabaissé par les enfants du vice.
Au festin amené, Samson baissa ses yeux
Perdus, en écoutant des voix profanatrices.
L'obscurité coulait comme un flot angoissant
Où flamboyaient les traits des anges menaçants.

Le firmament s'ouvrit : « Reprends ta force ancienne,
Esclave bien-aimé, j'ai conjuré ton sort! »
L'aveugle resplendit de beauté surhumaine,
Frissonna comme un cèdre et pâlit tel un mort.

Le rire du Baal ne peut pas le séduire,
Et ne le tentent plus pourpres, ni passions,
L'univers, assourdi de tonnerre, chavire...
Aveugle était Samson...

314

VÉLÉMIR KHLEBNIKOV

1885-1922

Son véritable nom est Victor Khlebnikov. Il naquit dans le village de Toundoutov, du gouvernement d'Astrakhan, dans une famille qui appartenait à la noblesse. En 1903, ayant terminé ses études secondaires à Kazan, il fréquente l'université de la ville comme élève de la Faculté de physique et de mathématiques. En 1909, devenant le pionnier du futurisme, il signe un manifeste, Le Vivier des Juges. Dès 1910, commence sa vie errante et misérable à travers la Russie. Plongé en des calculs fantastiques, il transporte avec lui une taie d'oreiller pleine de manuscrits qu'il sème en route.

Mobilisé en 1916, il se rallie, en 1917, à la révolution d'Octobre mais la transpose sur un plan irréel.

Il habite tantôt Pétersbourg, tantôt Moscou, tantôt Kharkov. A Kharkov il est deux fois atteint du typhus et vit dans un grand dénuement.

Après avoir combattu dans l'Armée Rouge iranienne, il rentre à Moscou en 1921 et meurt d'épuisement en 1922 près de Nijni.

Beaucoup de ses écrits ne sont que des expériences de laboratoire, poétiques et verbales; ils choquèrent toutes les habitudes littéraires. Ses dernières œuvres sont parfaitement intelligibles, comme, par exemple, son poème épique sur la révolution d'Octobre : La Perquisition de nuit. Martyr et héros des lettres, Khlebnikov, rejetant formalisme et culture, accède aux sommets du langage et de la poésie.

Son influence sur Maïakovski, sur Pasternak, sur Tikhonov, sur Sabolotzki fut marquante; il créa des néologismes d'une portée et d'une variété extraordinaires. Ayant dévoilé les richesses de la langue russe, ce grand poète a sombré dans les difficultés matérielles du début de la révolution.

＊

Bobéobi chantent les lèvres...
Vééomi chantent les yeux,
Piééo chantent les cils,
Liééi chantent les traits,
Gsi-gsi-gséo chante la chaîne...
C'est ainsi que sur une toile
De certaines correspondances,
En dehors des dimensions,
Le visage vivait sa vie.

＊

Vous, les jeunes marchands,
Quel vent dans votre tête!
En touloupe marchant,
Que Pougatchev me prête[1],
Je traverse Moscou.
Pour que le Droit domine
N'avons-nous pas peiné
Et, vous en zibeline,
Par des pur-sang traînés,
Vous osez nous narguer!
Et, quand à flots déferle
Chez l'ennemi le sang,
Osent porter des perles
Les femmes des marchands!
Vais-je grincer des dents
Dans cette nuit sans fond?
Plutôt voguer, chantant,
Sur la Volga, le Don!
Avant-coureurs, j'enrôle
Les canots au couchant;
Qui me suit? Je m'envole,
Mes amis, en avant!

1. Allusion à l'œuvre de Pouchkine, *La Fille du capitaine*, où le héros donne à un inconnu, mourant de froid, Pougatchev, sa touloupe (manteau fourré).
En 1773, Pougatchev, se faisant passer pour le tsar Pierre III, réunit une grande armée de paysans révoltés et remonta la Volga en prenant une ville après l'autre.

*

Venant à nous, la Liberté
Sur notre cœur jette des fleurs.
Elle vient en sa nudité;
Nous tutoyons le ciel sans peur!

Frappant nos boucliers d'airain,
Nous disons en guerriers sévères :
« Que le peuple soit souverain
A jamais sur toute sa terre!

« Que les vierges à leur fenêtre
Chantent les anciennes croisades
D'un peuple immense qui veut être
Lui-même, enfin, son autocrate! »

12 avril 1917

PERQUISITION NOCTURNE

Les marins « rouges » font irruption dans une maison habitée par une famille de « blancs ». Ainsi qu'une mer en furie, se déchaîne l'ivresse de la destruction, du meurtre, du blasphème... Le fils est fusillé, la mère doit servir ses meurtriers attablés.

Un marin parle :

Oui, je suis ivre, mais
Je veux que Sa [1] balle me frappe
Ici même devant la nappe
Pleine de taches et d'éclats.
Frères, vous les saints meurtriers,
Vous portez des chemises blanches

1. Du Christ.

317

Rayées par la mer; sur vos pieds
Retombent des pantalons noirs;
Derrière vos cous indociles
Évoquent la mer, son ressac,
Suggèrent le vent bleu du large,
Vos cols aux fiers battements d'ailes;
De vos nuques une hirondelle
S'envole sur l'inscription,
Sur le nom fameux du navire,
De la forteresse marine,
La grande voix de la patrie.
Toi, vagabond de la mer, frère,
Restant ferme dans le malheur,
Ignorant le roulis, la peur,
Écoute-moi bien aujourd'hui :
Je veux tomber tué sur place,
Que de ce coin, orné d'icônes,
Un fulgurant feu me terrasse,
Que de ce coin vers moi se tourne
La bouche sombre du fusil
Afin que je Lui[1] dise alors :
« Imbécile! » face à la mort,
Comme ce garçon blond, rieur,
Me l'a crié face au chargeur.
J'entrais de force dans sa vie,
Semblable à quelque ténébreuse
Divinité. Je le tuai
Mais fus vaincu par son sonore
Éclat de rire, rire où tintaient
Tous les cristaux de la jeunesse.
A présent je veux vaincre Dieu
D'un rire aussi fort et joyeux,
Malgré qu'il fasse noir en moi
Et que mon cœur soit lourd... trop lourd...

La vieille! Ô la rusée sorcière,
Elle a mis le feu! Au secours!

1. Le Christ.

Nous brûlons et toute la pièce
Se remplit de fumée. Mais moi
Je dis en frisant ma moustache :
« Sauveur, tu n'es qu'un imbécile! »
Il[1] va tirer... de l'air, de l'air...
Et des coups de crosse inutiles
S'abattent sur la porte en fer.
Finir d'une balle? Étouffer?

La vieille apparaît : « Choisissez! »

7-11 novembre 1921

CHANT IRANIEN

Sur le fleuve qu'on nomme Iran,
Le long de ses flots murmurants,
Et de ses pilotis profonds,
Portant leur fusil vers l'amont,
Deux drôles de gars s'en allaient,
C'est aux sandres qu'ils en voulaient.

. . . .

L'avion vole dynamique,
Du blond nuage il est le frère!
Où donc est la nappe magique[2]?
Elle paraît être en retard;
Est-elle en prison par hasard?
Je crois les contes prophétiques,
Leurs présages sont véridiques.
Hélas! ma chair sera poussière

1. Le Christ.
2. Khlebnikov est mort des suites de privations.

319

Quand passera la foule altière,
Sous les drapeaux victorieux,
Foulant mon crâne poussiéreux
Qui languira dedans la terre.
Faut-il jeter mes droits, ma vie
Au feu de l'avenir sacré?
Ah! que l'herbe noircisse aux prés!
Que le fleuve se pétrifie!

1920

NICOLAS GOUMILEV

1886-1921

Né à Cronstadt, fils d'un médecin de marine, Goumilev, à sa sortie du collège, va faire des études à Paris, voyage en Italie, en Égypte, en Abyssinie. Après deux ans d'absence, il revient à Pétersbourg et se rallie au mouvement symboliste, mais, rompant bientôt avec cette tendance, il fonde « l'acméisme », du mot grec « acmé » = pointe de lance.

Il épouse Anna Akhmatova.

« L'acméisme » est une réaction contre le symbolisme, le futurisme et leurs nébuleuses recherches. Il s'agit, au contraire, d'une poésie précise, pleinement réalisée, sculpturale, vouée aux sentiments virils, prônant pour l'homme la liberté de « choisir sa vie comme sa mort ».

Goumilev célèbre les capitaines, les conquérants, les voyageurs audacieux. En 1913, il est envoyé par l'Académie des sciences dans une lointaine expédition. A la déclaration de guerre, en 1914, il s'engage dans l'armée et, pour ses faits d'armes, est deux fois décoré de la Croix de Saint Georges. A son retour du front, en 1918 la révolution bat son plein.

Après un voyage à travers la Russie, il est arrêté à Pétersbourg pour une vague participation à un complot anti-gouvernemental. Il se défend si mal contre le machiavélisme des enquêteurs qu'il est condamné à mort et fusillé en 1921, faisant montre d'un extraordinaire sang-froid.

LE VERBE

Sur l'univers à son réveil
Dieu veillait en sa majesté!
Un mot arrêtait le soleil,
Un mot effaçait les cités!
L'aigle arrêtait son vol superbe,
Les étoiles tremblaient de peur,
Quand la flamme rose du verbe
Traversait parfois les hauteurs.

. . . .

Le patriarche, assis à l'ombre,
Triomphant du bien et du mal,
Préférait s'exprimer en nombres,
Qu'il traçait sur le sol natal.
Dominant les soucis futiles,
Le verbe émergeait radieux,
Et saint Jean dans son Évangile
Disait que le Verbe était Dieu.
Pourtant aujourd'hui sous nos yeux
Les paroles sont prisonnières,
Comme enchaînées par la matière.
Pauvres abeilles condamnées
Dans une ruche abandonnée!

LES CAPITAINES

Sur les mers bleues qui les attirent,
Parmi les lames qui déferlent,
Frôlant le basalte et les perles,
Dansent les voiles des navires.

Sondant les fonds et les courants,
Les capitaines à leur tête
Pour découvrir des continents
Vont braver dangers et tempêtes.

Imprégnés par le sel marin,
Non par la poussière des chartes,
Ils tracent de nouveaux chemins
De leur aiguille, sur leur carte,

Ou songent, debout sur le pont,
Au port éloigné qu'ils quittèrent,
De leurs bottes d'un souple jonc
Balayant l'écume amère.

Une émeute à bord éclatant,
Ils arrachent, d'une main sûre
Sous des dentelles de Brabant,
Le pistolet de leur ceinture.

Quand la mer se déchaîne et lève
Ses hautes lames jusqu'aux cieux,
Ferlant leurs voiles, anxieux,
Aucun d'eux n'implore une trêve!

Des lâches auraient-ils ces mains,
Ce regard perçant, insoumis,
Jetant leur frégate soudain
Sur les bâtiments ennemis,

Sachant de leur fer ou leur balle
Tuer des baleines géantes,
Ou bien saisir, intermittente,
La lueur d'un phare aux étoiles.

DEVANT LA CHEMINÉE

Dans le jour déclinant... devant la cheminée
Il se tenait debout, en se croisant les bras,
Et son regard errant au loin, il nous narra
D'une profonde voix son âpre destinée :

« Nous allions jusqu'au fond des pays inconnus,
Traversant les grands bois, les monts et les contrées,
Alors apparaissaient des villes ignorées,
Après quatre-vingts jours d'un effort continu,
D'où parvenaient au camp, du fond des nuits immenses,
Des hurlements aigus, déchirant le silence.

« Nous abattions des bois, nous creusions des fossés;
Le soir venaient vers nous de grands lions avides
Mais, n'ayant parmi nous aucune âme timide,
Visant entre les yeux, nous savions les tuer.
J'ai découvert un temple antique sous les sables,
Un fleuve désormais porte mon nom, je crois,
Au pays des grands lacs, des tribus redoutables
M'obéissaient alors, se pliant à mes lois.

« A présent je suis las, plongé dans la torpeur;
Désespéré, mon cœur est gravement malade
Et je sais, oui, je sais ce que c'est que la peur,
Enfermé dans ces murs, ces quatre murs maussades.
Ni l'éclat du fusil ni la voix de la mer
Ne pourraient aujourd'hui briser ma lourde chaîne. »

Dans la pénombre assise, en son charme pervers,
L'écoutait, triomphante, une femme hautaine.

IGOR SÉVÉRIANINE

1887-1943

Dès la fin de ses études secondaires, Igor Sévérianine fonde l'ego-futurisme et obtient un grand succès de surprise auprès du public toujours avide de nouveauté :

Je suis comme enivré de mon propre succès,
Je suis le génial Igor Sévérianine,
Car sur tous les écrans je me suis vu passer
Et tous ces cœurs soumis, c'est moi qui les domine,

Ses vers sonores mais insensés s'étaient gravés dans la mémoire.

Poète d'une époque trouble, il tombe souvent dans un clinquant de pacotille. Malgré ses dons remarquables et son grand succès, ses excentricités verbales trahissent la langue russe et sont aujourd'hui très démodées.

Sa renommée, ébranlée par la guerre de 1914, ne résista pas à la révolution d'Octobre.

Pourtant, dans la tristesse de l'exil, Sévérianine a trouvé des accents sincères et poignants.

CELLE QU'ON APPELLE TRISTESSE...

Comme une femme ayant beaucoup vécu,
 Dans sa langueur et sa tendresse,
Offre sa couche à notre cœur vaincu
 Celle qu'on appelle Tristesse...

Elle s'étend, capiteuse, illusoire,
 A la fois fatale et frivole;
Mon âme a soif, autant que de la gloire,
 De la courbe de son épaule.

Avec les ans, pensifs baissant la tête,
 Au gai printemps, à ses couleurs,
Nous préférons l'automne insatisfaite
 Dont la tristesse a pris nos cœurs.

EN CHEMIN

Verste après verste, je chemine
En avant, tel un paladin.
Qui suis-je? Igor Sévérianine
Au nom grisant comme le vin.

Mon cœur dans son extase vole,
Ma chevelure flotte au vent
Et se répand en mèches folles
Comme à Moscou auparavant...

Moscou, Moscou, aux chapeaux d'or,
De quel cristal étaient tes âmes!
La gloire avait fleuri mon sort
Qui fut toujours ma fleur de flamme.

Ma vie, ô vin mousseux, doré,
Que ta lie a le goût amer!
C'est vers Moscou que sans arrêt
Je vais, en me disant mes vers.

NICOLAS KLUEV

1887-1937

Né dans le gouvernement d'Olonetz, d'un père soldat et d'une mère paysanne, Nicolas Kluev grandit parmi les forêts et les lacs de l'extrême-Nord.

Appartenant à l'ancienne secte de « Khlysty » (Flagellants), élu à l'âge de quinze ans comme « David » du « Navire des Khlysty », avec la tâche de composer des chants mystiques, on l'envoie à dix-huit ans à Bakou pour s'occuper d'un appartement clandestin où venaient s'abriter des fugitifs appartenant à sa croyance persécutée.

En 1912, un marchand édite à ses frais le premier recueil des vers de Kluev qui, bientôt, devient un poète folklorique connu, exprimant dans sa poésie l'esprit de sa secte, son mysticisme et son symbolisme particulier.

Il eut une profonde influence sur Blok et surtout sur Essénine, fait important dans l'histoire de la poésie russe.

Raspoutine l'introduisit dans le palais impérial où l'on appréciait les chants populaires très en vogue à l'époque.

Adhérant d'emblée à la révolution d'Octobre, il fut souvent reçu chez Lénine qui goûtait la couleur particulière de ses œuvres. Mais Lénine mort, il fut exilé en Sibérie pour ses tendances non conformistes et, malgré toutes les démarches de Gorki, il dut purger sa peine jusqu'à la fin. Arrêté par le NKVD en juin 1937, il fut fusillé en octobre de la même année.

L'ATTENTE

Les branches sur notre croisée
Frappent à coups multipliés;
D'une rapide chevauchée
J'entends le rythme régulier.

L'Hôte se fraiera-t-il passage?
L'ombre sur le chemin s'étend,
Comme un grand fauve qui l'attend,
Dans la forêt triste et sauvage.

Qui donc est-ce? Un vieux pèlerin,
Spectre d'une mort effrayante?
Ou bien, vengeur, un séraphin
Aux larges ailes flamboyantes?

Les saules chantent dans le vent,
La tempête devient plus forte,
Lève-toi, mon âme, à présent!
Le cavalier est à la porte.

LE TESTAMENT

Quand sonnera l'heure funeste,
    Je te prie simplement
De tourner tes yeux, sans tristesse,
    Vers le soleil levant.

A ta promesse sois fidèle;
    Sans larmes, mon enfant,
Jette sur ces clartés nouvelles
    Un regard triomphant.

Mais qu'à ta vue rien ne dérobe
    Ce haut fait sans défaut,
Que, tel un fiancé, dès l'aube
    Je monte à l'échafaud ;

Et, domptant le mal de mon âme,
    Ame aux ailes de feu,
Je plonge en l'océan de flammes
    Accomplissant mon vœu.

●

L'or de septembre se répand
Sur l'abandon de ta chaumière,
L'orée semble un parvis austère
Où les pins versent leur encens.

D'un balai de jaunes feuillages
Le vent brasse les jours lointains ;
Soulève les branches de pin,
Parais près du fourré sauvage !

C'est ton visage, ton sarrau,
Ta voix, ta démarche légère...
Le murmure des pins suggère
Un ciel derrière des barreaux.

Il suggère cette clochette
Sur l'amer chemin de l'exil...
Mère forêt, ton cœur subtil
A compris ma peine muette.

Ô toi forêt, vous pins géants,
D'un fils devinant le mystère,
De cette morte au cœur aimant
Parlez aux cieux comme à la terre.

LAMENTATION SUR ESSENINE
(Extrait)

Au jardin défleuri, voici le tilleul blanc,
Le rossignol s'est tu, là-bas, vers la rivière;
Mieux valait, saluant en sa horde le Khan,
Goûter au yatagan à l'entaille grossière,
Et tel Michel de Tver subir la mort fatale;
Ou mourir en moujik, la barbe jusqu'aux mains!
Comme un bonnet, le toit de ta maison natale
S'enfonce encore plus bas dans ce malheur soudain.
. . . .
Comme toi, la poitrine offerte aux roues de fer,
La gerbe choit du char sur le sillon désert.
La chanson sur le champ se traîne, inconsolée,
Telle une veuve, ou bien la sœur du mauvais temps;
Heureux le sapin qui, sur la terre gelée,
Attend le coup de hache en son doux linceul blanc.

ANNA AKHMATOVA

1888-1966

Anna Akhmatova, née en 1888 près d'Odessa, est la fille d'un marin et s'appelle de son vrai nom Anna Gorenko.

Ses premiers vers parurent dans un recueil édité à Paris en 1910 par Goumilev qu'elle épousa. Promoteur de la tendance acméiste, ce poète fut fusillé par les Soviets pour avoir pris part à un complot antibolchevique; mais le couple avait déjà divorcé à cette époque.

Anna Akhmatova continue la tradition classique russe, telle que l'avait créée Pouchkine qu'elle ne cesse pas d'étudier. Son aïeule en poésie est la comtesse Rostoptchina, mais Akhmatova la dépasse de beaucoup.

La révolution d'Octobre ne lui fait pas quitter Leningrad où elle a toujours vécu; mais, étrangère aux idées régnantes, elle vit dans le silence de 1923 à 1940. Redevenue célèbre, fêtée, elle a conquis une grande popularité.

Anna Akhmatova est profondément russe, avec, parfois, des réactions de simple femme du peuple, infiniment émouvantes chez ce poète accompli. Elle se dépouille elle-même de tous les prestiges de sa haute culture au point que l'on croirait parfois entendre dans ses vers les cris ou les invocations d'une paysanne.

Les poèmes lyriques d'Akhmatova sont d'une sincère et troublante intensité et le ton de ses confidences est profondément émouvant.

TZARSKOÏÉ-SÉLO

Je vois mon double... c'est un marbre
Qui, foudroyé, gît sous les arbres,
Abandonnant ses pâles traits
Aux eaux du lac de la forêt.

De claires pluies lavent sa plaie
Qui s'est déjà coagulée...
Attends, attends!... A l'avenir
Je vais de marbre devenir.

1909-1911

A TZARSKOÏÉ-SÉLO

(A Tzarskoïé-Sélo se trouvait le lycée où Pouchkine
fit ses études.)

Jeune et bronzé, c'est là qu'il erre,
Longeant le lac silencieux;
L'écho de ses pas sur la terre
Résonne encor, mélodieux.
Sur les chemins et sur les bornes
Les aiguilles des pins brunis...
Il posait ici son tricorne
Et son livre usé de Parny.

Recueil, *Le Soir*, 1912

LE CHANT
DE LA DERNIÈRE RENCONTRE

Ma poitrine semblait étroite,
Mes pas légers étaient pressés,
Et, distraite, j'avais passé
Mon gant gauche sur ma main droite.

Que de marches!... Qu'elles sont dures!
Elles n'étaient pourtant que trois...
Dans les érables passe un murmure,
Passe et me dit : « Meurs avec moi!

« Inconstant, cruel, monotone,
Le sort m'a comme toi meurtri. »
Et je répondis à l'Automne
— Avec toi je mourrai, chéri —

Je me tournais vers la maison
Obscure, et vis que dans la chambre
Brillaient encore des bougies d'ambre...
Rencontre ultime, et sa chanson!

Recueil, *Le Soir*, 1912

•

J'entends dans un bruissement
D'arbres, une voix inconnue
Me disant : « Qu'es-tu devenue,
Et de toi que fit ton amant?

« Il te voue aux langueurs amères,
Aux poisons d'amour sans espoir;
Qu'elles sont lourdes tes paupières,
Comme passées au crayon noir!

« Tu prétends avoir bonne mine,
Mais sembles sortir d'un cercueil!
D'ailleurs, je sais qu'en ta poitrine
Ton cœur ne tient que par orgueil! »

Je dis au calomniateur :
« Tais-toi donc, tais-toi, noir vautour,
Il m'est soumis de tout son cœur,
Amoureux de moi pour toujours. »

1912

Mes mains se crispent sous mon voile :
« Pourquoi donc as-tu l'air si pâle ? »
Parce que je l'ai, hier soir,
Grisé d'un âpre désespoir.

Sa bouche se tordit, amère,
Puis il sortit en chancelant;
Sans voir la rampe, je descends,
Et cours à la porte cochère.

Je lui crie, haletante : « Arrête!
Je vais mourir, si je te perds! »
Il me dit, en tournant la tête :
« Ne reste pas au courant d'air! »

Recueil, *Le Soir.* 1912

●

(*Fragment*)

Vous m'avez dit : « Prends, assassine
Ton amour... C'en est assez! »
Docile, je vais m'effacer,
Seul, mon sang brûle et se mutine.

Si je meurs qui va les écrire
Ces vers...? Qui va les animer
Ces mots que je pourrais vous dire
Et qui ne chanteraient jamais.

Juillet 1913

＊

Je la connais, la vraie tendresse,
Je la connais, si douce et pure;
En vain avec délicatesse
Tu m'enveloppes de fourrures.

Oui, c'est en vain que tu murmures
Ces paroles attendrissantes;
De tes yeux, je connais la dure,
La sombre lueur obsédante!

1913

＊

Je suffoque en cet éclairage,
Sous les rayons de ses regards...
Saura-t-il faire mon dressage?
Que va-t-il me dire ce soir?

Je frissonne sous la lumière,
Mon sang s'arrête dans son cours :
Comme une stèle funéraire
Sur ma vie s'est posé l'amour.

1913

＊

Tu ne me vois pas, infidèle,
Ah! que tu es beau! Sois maudit!
Je ne peux m'envoler, moi, qui
Dès mon enfance avais des ailes.

Les objets, les visages bougent
Et s'estompent dans l'atmosphère,
Je vois une tulipe rouge,
La tulipe à ta boutonnière.

Recueil, *Le Rosaire*. 1914

335

JUILLET 1914

La tourbe brûle en nos marais
Depuis déjà quatre semaines,
L'oiseau se tait dans la forêt,
Et le tremble frissonne à peine.

Depuis Pâques, pas un seul jour
De pluie... et la chaleur persiste;
Vint un passant unijambiste
Qui prophétisa dans la cour :

« Nous allons vers des temps affreux,
Vers la faim, la terreur, la peste;
Vers des charniers et deuils nombreux,
Vers l'éclipse des feux célestes.

« Mais notre ennemi ne pourra
Jamais nous prendre notre terre;
Sur nos douleurs elle étendra
Son manteau blanc, la Sainte Mère. »

1914

*

Mon sourire, quittant mes lèvres,
Est emporté par un vent froid;
Encore un espoir qui décroît,
Tandis qu'un chant naît sur mes lèvres.

Ô solitude, ô ma douleur,
L'amour blessé ne peut se taire!
Comme une plainte involontaire
J'offre mon chant aux persifleurs.

1915

*

Donne-moi de longues tristesses,
L'asthme, l'insomnie, les frissons,
Prends mon enfant, et ne me laisse
Ni mon ami ni mes chansons.

Ainsi, mon ardente prière
Monte dans ces jours de douleur,
Afin que chasse la lumière,
Russie, tes nuages de pleurs.

1915

LA NUIT BLANCHE

Non, je n'ai pas fermé la porte,
Ni même allumé les bougeoirs;
Ah! le sais-tu que, lasse et morte,
Je n'osais me coucher ce soir?

Je voyais s'éteindre, vermeille,
L'ardeur du couchant dans le soir;
Une voix, qui semblait pareille
A la tienne, était mon espoir...

Oh! la vie est une géhenne
Maudite, ainsi que l'avenir;
Et cependant, j'étais certaine
Que tu devais me revenir...

*

Sur ma poitrine, encor vivante,
Comme la stèle d'un tombeau,
Voici la parole écrasante...
J'étais déjà dans son attente,
J'en viendrai à bout : nitchevo[1]!

1. Ce n'est rien.

337

Aujourd'hui, j'ai beaucoup à faire,
Il faut tuer le souvenir,
Réapprendre à vivre, à tenir,
Le cœur doit se changer en pierre.

Sinon... Mais voici le printemps,
Derrière ma vitre il s'arrête;
Je pressentais depuis longtemps
Ce jour dans la maison muette...

•

Ailleurs, il est une simple existence.
Une lumière heureuse, douce et gaie :
La jeune fille écoute en ce silence
Où le soir tombe, au-dessus d'une haie,
De son voisin les tendres confidences.

. . . .

Nous, notre vie étrange nous harcelle;
Je sais le rite amer de nos rencontres.
Nos entretiens, lorsque le cœur s'y montre,
Le vent les brise en sa folie cruelle.
Mais rien ne vaut ton dur granit, ô ville
De la douleur, du froid et de la gloire :
Ton large fleuve, où des glaces rutilent,
Tes beaux jardins, plongés dans l'ombre noire
D'où le soleil fuit, et l'irrésistible
Voix de la Muse, à peine perceptible...

Recueil, *La Volée blanche*, 1917

L'ombre qui parle ici à Anna Akhmatova est, sans doute, celle du poète Goumilev, son mari, fusillé en 1921.

Comment se fit que pour otage,
Sans te berner, ô ma douceur,
A toute terrestre douleur
Je t'ai laissée en esclavage?
Les glaces fument sous les ponts,
Les brasiers brillent de flammèches,
Maudit, hurle un vent furibond
Et sur la Néva vole en flèche
Une balle cherchant ton cœur.
Dans cette maison solitaire,
Blanche, dans la blanche lueur,
Tu perpétues ma gloire amère.

1922

●

Où commença son vain exil Pouchkine,
Où Lermontov finit le sien plus tard,
Dans les parfums d'herbes et d'églantines,
Seule, une fois je pus apercevoir
Étinceler, inassouvis, dans l'ombre,
Au crépuscule avant qu'il ne fît sombre,
Auprès du lac aux reflets nacarat,
Les yeux de l'immortel amant de Tamara [1].

Kislovodsk, 1927

1. Allusion au *Démon* de Lermontov.

339

LA VAILLANCE

Je sais : tout est pour nous remis sur la balance,
    Nous voici prêts et résolus.
C'est fait ! L'heure a sonné, l'heure de la vaillance,
    Elle ne nous quittera plus.
Car, nous ne craignons pas de tomber sous les balles,
    Nous ne pleurons pas notre toit,
Mais nous voulons garder notre langue natale
    Au verbe rayonnant et droit.
Langue russe, on saura te garder libre et pure,
    Et sans te laisser déformer
Te léguer à nos fils, te sauvant des injures
    De la servitude à jamais!

23 février 1942

＊

(Fragments)

I

Vois ces deux montagnes, de même
Nous serons toujours séparés,
Mais par cette étoile que j'aime
Offre-moi ton salut doré.

II

Ce cœur ne répondra jamais
A mon appel... Tout est fini;
Mon chant s'envole dans la nuit
Où tu n'es plus, toi que j'aimais...

1946

MICHEL HÉRASSIMOV

1889-1939

Né près de Bourgouslan, fils d'un ouvrier de chemin de fer, Hérassimov étudie à l'école ferroviaire technique et participe, dès 1905, aux activités révolutionnaires. Emprisonné en 1906, libéré en 1907, il émigre et vit à Berlin et en France où il est tour à tour manœuvre, ajusteur, monteur, mineur et chauffeur sur les navires.

Au début de la Première Guerre mondiale, il combat dans l'armée française. Rentré en Russie, il est de nouveau emprisonné en 1916, à Samara. Après la révolution d'Octobre, il occupe des postes de confiance dans le gouvernement.

Ses vers avaient commencé à paraître en 1913, et son premier recueil date de 1917. Il est un des fondateurs du groupe La Forge, et glorifie le travail au point de tout industrialiser et de tout mécaniser. Ces excès communs à tous les poètes de La Forge lui attirèrent de vives critiques et la désaffection des lecteurs.

NOUS

Le Mai doré répand ses fleurs,
Et l'ivresse parmi les êtres;
Pour tout saisir et tout connaître
Nous pénétrons les profondeurs.

. . . .

Le même élan en nous s'éveille,
Et nous portons ce rêve étrange
Qui fit surgir les Michel-Ange
Ou du Parnasse les merveilles.

Nous cultivions les orchidées,
Nous bercions les roses d'un jour
Et nous nous trouvions en Judée
Quand le Christ enseignait l'amour.

Sculptant pierre ou marbre splendide
Pour les sphinx, temples, panthéons,
Nous bâtissions les pyramides
Et le sublime Parthénon.

Sur le mont Sinaï nous vîmes,
Surgissant du buisson ardent,
L'étendard du soleil des cimes,
Notre drapeau, couleur de sang.

Aux arts, aux sciences, aux gloires,
Comme à la turquoise du ciel,
Nous aspirons en voulant boire
L'orage de ce Mai de miel.

1917

LES FLEURS DE FER

C'est sous un ciel plein de fumée
Que j'ai forgé mes fleurs de fer,
Non dans la nature embaumée
Parmi ses charmes doux et clairs.

Mes fleurs ne sont point caressées
Par le soleil, et le croissant
Ne les aura jamais bercées,
Bouquet sonore, incandescent!

Charmé par l'appel des sirènes,
Par le grondement des moteurs
J'aime vos chansons souveraines,
Ô sapins d'acier de mon cœur!

J'ai quitté les rondes paisibles,
Calleuse est à présent ma main,
Mais sous ma blouse, inextinguible,
Brûle une flamme dans mon sein.

Parmi des chants qui m'enivrèrent,
Ô dur bouquet, je t'ai forgé
Dans la forge de ma colère
De communiste et d'insurgé!

1917

343

VLADIMIR KIRILOV

1889-1943

Né au village de Karino du gouvernement de Smolensk, Kirilov étudie d'abord à l'école primaire de son village et devient ensuite apprenti dans un atelier de cordonnerie.

En 1903, il s'engage à Odessa comme mousse à bord d'un long courrier et navigue en Turquie, en Grèce, en Afrique du Nord.

Pour avoir pris part, en 1907, à l'insurrection de la flotte de la mer Noire, il est exilé pour trois ans en Sibérie. A sa libération il fait un voyage en Amérique, et rentre en Russie en 1912. Mobilisé en 1914, il prend en 1917 une part active à la révolution d'Octobre.

En 1920, il devient l'un des fondateurs du groupe littéraire **La Forge**. Le premier recueil de ses vers paraît à Petrograd en 1918.

Les œuvres de Kirilov du temps de **La Forge** montrent, comme celles des autres poètes de ce groupe, l'exaltation irraisonnée des âmes en plein orage révolutionnaire. Ainsi s'expliquent les exagérations qui lassèrent jusqu'à ses admirateurs.

NOUS

Légions du Travail, innombrables, utiles,
Nous sommes les vainqueurs des mers, des continents;
De soleils fabriqués nous éclairons les villes,
La flamme de nos cœurs triomphe maintenant.

« Bourreaux de la beauté! » nous crient des voix brisées...
Poussés par un grisant élan d'orgueil cruel,
Piétinons les fleurs d'art, détruisons les musées,
Pour un grand « Avenir » brûlons les Raphaël!

Nous avons rejeté le poids héréditaire
D'une sagesse exsangue et de vaines chimères;
Les filles du pays futur de la clarté
Dépasseront Vénus en leur jeune beauté.

Aimant les explosifs et le chant des sirènes,
La roue en mouvement, les puissantes vapeurs,
Nous avons oublié l'herbe fraîche et ses fleurs,
Tous nos pleurs sont taris; pas de tendresse vaine!

Esthètes, maudissez notre cruel exemple!
Baisez-les sous nos pieds, vos pauvres vétustés!
Arrosez de vos pleurs les ruines des temples!
Libres, nous respirons la nouvelle beauté!

Nous voulons des travaux qui soient à nos mesures,
Notre cœur maintenant porte un nouvel amour,
Nos rayons sont gorgés du miel de nos cultures,
Nous guidons la planète en de nouveaux parcours!

Ô vie, en leur extase, accueille les transfuges
Endurcis au combat et dans l'adversité;
Nous sommes tout dans tout, la flamme et la clarté,
La Providence, ainsi que le Droit et le Juge!

Décembre 1917

NICOLAS ASSÉEV

1889

Né en 1889 à Lgov, fils de fonctionnaire, Asséev entre, après avoir terminé l'école secondaire, à l'Institut commercial de Moscou; en même temps il suit, comme auditeur, les conférences de la Faculté des lettres.

Ses premiers vers paraissent en 1913. Il est appelé sous les drapeaux au début de la Première Guerre mondiale. Après la révolution d'Octobre, pendant la guerre civile, il travaille dans un journal bolchévique à Vladivostok.

Vivant à Moscou depuis 1922, il se consacre entièrement à la littérature et, dès 1933, devient l'un des organisateurs du journal LEF. Pendant la Seconde Guerre mondiale, il écrit beaucoup et traduit les poètes des républiques alliées de l'Union. Décoré de l'Ordre de Lénine, il obtient le prix Staline en 1941.

Sous l'influence de Maïakovski, son ami et compagnon de lutte, Asséev décrit la révolution et la guerre civile, en se tournant parfois vers les événements du passé, comme dans Les Hussards bleus.

Poète épique, il brosse des tableaux saisissants et possède le don du chant auquel s'unissent les qualités d'un tribun. Grâce à la clarté d'un style parfois proche du folklore, certains de ses poèmes lui valent une large popularité.

LES HUSSARDS BLEUS

Ainsi qu'un ours blessé, l'hiver nous attaqua;
Un envol de traîneaux longeant la Fontanka,
Les traces des patins sur la neige s'étirent;
On perçoit, mais de qui, là-bas les voix, les rires?
« C'est la main sur le cœur que je le redirai :

Laisse ton sabre en paix, car rien n'est encor prêt!
C'est folie de braver un puissant adversaire,
Par amour pour les tiens, garde-toi de le faire! »

Le long de Liteïny, ils volent dans le vent,
Sur la glace résonne un bruit de sabots blancs.
« Très cher ami, voici ma pensée sans ambages,
Rien n'est plus effrayant qu'un pareil esclavage!
Je préfère, entends-tu, par la corde périr,
Qu'avec des cheveux blancs comme un lâche vieillir!
Le temps est arrivé, nous attaquons de face;
Ton amour, Liberté, brûle en mon cœur, vivace! »

Entre leurs lèvres on voit de longs tchibouks tors,
« En avant, hussards bleus, tentez, tentez le sort! »
Ils sont comme vivants, les voilà tous ensemble
Qui, dans les restaurants, vers le soir se rassemblent.
Ils quittent leurs manteaux dans la nuit tutélaire.
« On entend : Fais mousser, lève, lève ton verre!
Verse encore et toujours, le vin rend clairvoyant :
A la fraternité! Aux jeunes partisans! »

Ô guitare, ô chansons! Ô discours indignés!
Avoir peur? Mais de quoi? Qui faut-il épargner?
La flamme est dans les cœurs, tel ce vin dans les verres.
Des « Tziganes », on lit les strophes téméraires.
Les voilà déjà loin; ils se sont envolés,
Ils froncent leurs sourcils, menacent les palais.
Les discours achevés, les âmes épanchées,
La nuit porte conseil, ô folle chevauchée!

Qu'est-ce donc, qu'est-ce donc, qu'est-ce donc que ce chant?
Visage, cache-toi dans les mains en pleurant!
Ô vibrante guitare, où sont tes sortilèges?
Les jeunes hussards bleus sont couchés dans la neige.

1927

Poème inspiré par l'insurrection militaire du
14 décembre 1825 à laquelle avaient pris part de
jeunes officiers de l'aristocratie.

BORIS PASTERNAK

1890-1960

Boris Pasternak, né à Moscou en 1890, est le fils de Léonide Pasternak, peintre et académicien, et d'une mère musicienne. Les personnalités les plus éminentes des lettres et des arts fréquentaient la maison de ses parents. Familier de Léon Tolstoï, son père a illustré d'une façon remarquable Résurrection.

Le futur poète s'adonna d'abord à la musique, mais s'aperçut bientôt que ses dons de compositeur péchaient par manque de technique. Il abandonna donc le projet de se consacrer à la musique.

Après avoir fait ses études secondaires, à Moscou, il entre à la Faculté de droit, passe, en 1909, à la Faculté des lettres en se spécialisant dans la philosophie. Il va ensuite parfaire ses études à Marbourg et voyage en Italie.

Ses écrits paraissent dans la presse russe depuis 1913. Entre 1915 et 1917, il vit dans la région de l'Oural. Après la révolution d'Octobre, il travaille quelque temps dans l'administration des bibliothèques d'État. Ses traductions des poètes de l'Occident sont largement répandues en Russie.

Son premier recueil de vers, Le Jumeau dans le Ciel, parut à Moscou en 1914, suivi de Par-dessus les Barrières en 1917; Ma Sœur la Vie fut écrit en 1917, mais ne fut publié qu'en 1922. D'autres recueils de vers suivirent : Les Thèmes et Variantes en 1923, Deuxième Naissance en 1932, Les Premiers Trains du matin en 1943, Vastes Étendues en 1945. Il faut y ajouter un Choix de récits en 1925, une autobiographie, Sauf-Conduit en 1931, et des Traductions choisies en 1940.

Après la guerre parurent ses traductions des tragédies de Shakespeare, *et ses* Essais autobiographiques [1] *qui s'arrêtent au seuil de la révolution d'Octobre et furent écrits au moment où Pasternak achevait* Le Docteur Jivago. *En 1960, il termine une pièce en quatre actes qui a été jouée en 1961 pour commémorer le centenaire de l'abolition du servage en Russie. Cette pièce s'appelle* Le Servage. *En 1961, deux pièces de Pasternak figurent au répertoire de Moscou; ce sont des traductions du* Faust *de Goethe et de* Marie Stuart *de Schiller.*

Après le bruit provoqué par la publication à l'étranger du Docteur Jivago *et par le prix Nobel qu'il dut refuser, le poète mena avec sa femme une vie de retraite à Pérédelkino, village d'écrivains à trente-cinq kilomètres de Moscou.*

Malgré ses efforts, Pasternak n'a pu devenir, comme il l'aurait voulu, un homme nouveau. Il n'a pu s'adapter à l'idéologie soviétique dans l'art, ni aux canons littéraires du régime. Tout comme Mandelstam, l'âme collective ne l'a pas assimilé. Gorki, le pape de la littérature soviétique, écrivait à Pasternak : « *Parfois, je vois avec tristesse que le chaos du monde domine votre création et s'y reflète sans aucune harmonie.* » *Deux œuvres seulement de Pasternak rejettent ce* « *chaos* »; *il écrit* L'An 1905 *et le* Lieutenant Schmidt, *poèmes d'un grand élan révolutionnaire et d'un âpre héroïsme; mais ces œuvres ne furent suivies d'aucune autre du même caractère, et Pasternak continua à demeurer en dehors de la vie agissante, revenant à son style obscur et raffiné.*

Malgré sa très grande culture, Pasternak est souvent un poète purement instinctif qui se laisse submerger par la nouveauté de ses perceptions immédiates sans essayer de les organiser. L'obscurité de ses poèmes, leur subjectivité lyrique, leur caractère parfois onirique, les rendent inaccessibles au grand public et touchent les seuls lettrés, pour lesquels ils prennent parfois une valeur expérimentale.

Au point de vue du langage, Pasternak continue l'œuvre de pionnier du futuriste Khlebnikov qui a montré les infinies ressources que le russe offre à celui qui peut s'en rendre maître.

Rompant avec tout son passé, nous lisons les déclarations suivantes de Pasternak dans ses Essais autobiographiques : « *Je n'aime pas ce qui a été mon style jusqu'en 1940; je rejette la moitié de ce qu'a fait Maïakovski et tout ne me plaît pas chez Essénine. La désagrégation générale de la forme, l'appauvrissement de la pensée, les impuretés et les iné-*

---

1. Éditions Gallimard.

galités du style, tout cela m'est étranger. Je ne me lamente pas sur la disparition de mes travaux imparfaits et pleins de défauts. »

Plus loin, il cite les paroles que lui adressa l'épouse du poète Baltrouchaïtis : « Vous regretterez un jour d'avoir publié une œuvre qui manque de maturité. »

On trouve la preuve et l'illustration de ce repentir et de cette rupture avec son passé littéraire dans son roman Le Docteur Jivago et dans quelques poèmes qui le terminent. Tout cela forme un testament littéraire où, sans rien perdre de son intensité suggestive, le lyrisme de Pasternak nous émeut de plus en plus par la puissance de ses qualités profondément humaines.

LE RÊVE

Je vois l'automne en rêve à travers la fenêtre,
Toi, parmi les amis qui font les plaisantins ;
Mon cœur, tel un faucon qui vient de se repaître,
Descendait des hauteurs se poser sur ta main.

Vieilli, le temps passait, il estompait les êtres,
La croisée embuée eut des reflets d'argent...
Septembre ce matin avait surgi des champs,
Couvert de pleurs de sang les vitres des fenêtres.

Le temps passait, fripant les fauteuils. Leur satin
S'éraillait et fondait, pareil à de la glace ;
La cloche s'assourdit, ta voix hésite et passe.
Comme un écho, mon rêve affaibli s'est éteint...

Je m'éveillai dès l'aube, obscurcie, automnale,
Quand le vent s'éloignant en rapides rafales,
Comme un char de blé mûr perdant ses brins de miel,
Emportait les bouleaux qui couraient dans le ciel.

*

Tous les ruisseaux s'étant mêlés,
Leur flot se hâte en des rigoles,
Pareil au cheval pommelé
Qui joue et danse et caracole.

En gazouillant, les oisillons
Boivent le clair citron des messes
Avec la paille d'un rayon
Au ciel d'azur et d'allégresse.

Moscou dans le bleu des étangs
A l'infini se multiplie,
Dans l'eau toujours se reflétant
Comme Kitej, ville engloutie.

Les toits paraissent transparents
Et les teintes sont cristallines;
Ondulant, les briques s'inclinent,
Comme des roseaux dans le vent.

Vers les soirs les jours s'acheminent...

1917

*

Extrait du Recueil

« Par-dessus les Barrières »

Moi, né d'hier, j'étais tout abandon,
La marche encor me semblait étrangère,
Je me souviens que du haut d'un grand pont
J'apercevais des choses singulières...

351

Mais un vieillard, mon instinct flagorneur,
Qui me suivait ou bien me précédait,
Se demandait : « Est-il digne, d'ailleurs,
Dans ces jours noirs ainsi d'être guidé? »

Un pas encor, me disait cet instinct,
Me conduisant en scolastique habile,
A travers un labyrinthe incertain
D'arbres, de fleurs, de passions fébriles.

Le dur pavé regardait les hauteurs,
Sournoisement... La rue — une chaudière!
Sur les tilleuls passait, tel un rameur,
Le vent d'été secouant leur poussière.

. . . .

La terre était brûlante comme un four
Dévorant l'herbe et l'ardente broussaille;
Le ciel sanglant fermait son regard lourd,
Jaune arnica, brunissant la pierraille.

Des peignes jusqu'aux pieds, je te portais sur moi,
Dans la ville marchant sans but comme en délire;
Par cœur je t'apprenais sur le bout de mes doigts
Comme un tragédien un drame de Shakespeare.

1917

LIEUTENANT SCHMIDT

(Extrait)

Octobre... Chapelet de grèves...
Ô vent! Ô suppôt de l'enfer!
Les cargaisons, les frets, la mer,
Que la bourrasque en franges lève.

Ô ténèbres de boue, appels
Des sirènes... Verrous, serrures,
Tourbillon de feuillets, brochures;
Six heures, matin solennel...

Hors des prisons! Aux carrefours
D'où fusent de libres discours!
Et face aux salves, des blessures,
Les cierges dans leurs blancheurs pures.

Funérailles de la douleur...
A Schmidt fidélité sans feinte[1]!
Des vêtements de deuil, des pleurs,
Des signes muets, des étreintes...

Les décors de crêpe, les chants...
Un chœur de cent mille réponses
Ne formant qu'une voix de bronze :
La foi jurée au Lieutenant...

Dans le vent s'effeuillent des phrases
Tels des érables, des ormilles,
Car il n'épargne que l'extase,
Balayant toutes les vétilles.

Seule une voix sort de la houle :
« Pour nos fils! Jurez de faire front
Sans reculer d'un pas! » La foule
Lui répondit : « Nous le jurons! »

1926

---

1. Dans le cadre de la révolution de 1905, un soulèvement de marins et de soldats se déclara à Sébastopol. Le lieutenant P. P. Schmidt, prenant son commandement militaire, hissa le drapeau rouge sur le croiseur *Otchakov*, et douze vaisseaux de la mer Noire se joignirent à lui. Cette révolte écrasée, le 15 novembre, le lieutenant Schmidt fut exécuté.

LE TESTAMENT
DU LIEUTENANT SCHMIDT

Dans le chaos de notre temps
La fin paraît funeste et prompte;
Quand l'un châtie et se repent,
Sur le Golgotha l'autre monte.

Dans la suite des temps enclos,
Nous agissons sous la contrainte;
Muet, j'accepterai mon lot,
Sans colère, comme sans plainte.

Vous m'effacerez sans trembler
Car nos destins sont réciproques,
Vous, martyrs du dogme aveuglés,
Aussi victimes de l'époque.

L'amour de mon pays natal
M'est bien plus cher que l'existence;
Au moment de l'arrêt final
Je n'attends pas votre indulgence.

En d'autres jours, vous savez quand,
Dans un essor involontaire,
Je fus emporté hors du rang
Par la marée élémentaire.

Lorsque mon pays s'est levé,
Je n'ai pu rester en arrière,
Mon dur chemin est achevé,
Sans regret je le considère.

Heureux du choix, me dressant aux
Confins de deux temps de l'Histoire,
Je sais, debout à mon poteau,
Qu'il sert.de borne transitoire.

1927

LA MUSIQUE

Vois ce piano qui s'ébranle
Et que deux gaillards vont jucher,
Soulevé sur de fortes sangles,
Comme une cloche à son clocher.

Par-dessus les toits, ils hissèrent
Leur charge dans un humble exploit,
Ainsi sur un plateau de pierre
Portait-on la Table des Lois.

Engloutie, apparut la ville
Baignant dans la brume des fonds
Le piano resta tranquille
Là-haut, au milieu du salon.

Au sixième, le locataire
Voyait la cité du balcon
Et la dominait tout entière,
Puis se retirait dans le fond...

Et l'on entendit le choral,
La messe et la voix des forêts;
Chef-d'œuvre neuf, original
Que, seul, il avait pu créer.

Et puis, ses mains improvisèrent
La nuit, l'incendie et les chars,
Le sort des êtres solitaires,
L'averse sur le boulevard.

De même, aux clartés des bougies,
Au lieu d'anciens accords naïfs,
Chopin levait cette magie
Dont son rêve était le motif;

Et de même les Walkyries,
Volant au-dessus des maisons,
Prophétiques, passent et crient
En balayant rythme et raison;

De même encor, guerre et vacarme
De la pensée étant bannis,
Tchaïkovsky fit verser des larmes
Sur les amants de Rimini.

1957

LA NUIT BLANCHE

(Docteur Jivago)

Le lointain souvenir me hante
D'une maison à Pétersbourg;
Tu viens de Koursk, étudiante,
Tous les amis te font la cour.

D'un gratte-ciel, à ta fenêtre,
Sur la ville baissant les yeux,
Dans la nuit blanche, tous les deux,
Un rêve étrange nous pénètre.

Papillons de gaz, au matin
Tremblent les feux des réverbères;
Et doucement je te suggère
Des mots pareils à ces confins.

Nous ressentons une extrême
Dévotion pour un secret,
Que Pétersbourg ressent de même,
Sur son fleuve démesuré.

Dans cette nuit de printemps, blanche,
Le chant du rossignol lointain,
De roulades et de louanges
Étourdit les forêts de pins;

Et cet oiseau chétif propage
Un air sonore, si charmant,
Qu'au fond des verdoyants bocages
L'extase a joint l'affolement.
Le long d'un mur la nuit chemine
En pèlerinage, nu-pieds;
Elle traîne après elle, en sourdine,
Les mots qu'elle vient d'épier.

Par-dessus leurs clôtures en planches,
Elle fait part de l'entretien
Aux arbres fruitiers des jardins
Qui, parés de fleurettes blanches,

Semblables à de clairs fantômes,
Se répandent sur le chemin;
Et qui déjà lui disent comme
Leur adieu, dans un geste humain...

1957

RENDEZ-VOUS

(Docteur Jivago)

La neige vient d'envahir
Les routes comme les toits,
Je sors pour me dégourdir :
Devant la porte, c'est toi...

Toi, dans ton manteau d'automne,
Et sans chapeau par ce temps;
La neige que tu machonnes,
Contre toi-même luttant.

Les arbres et les clôtures
S'effacent dans le lointain;
Seule, sur la neige pure,
Tu restes sur le chemin.

Jusque dans ton encolure
L'eau coule du fichu blanc;
Mêlés à ta chevelure
Scintillent des diamants.

Ta mèche blonde défaite,
Comme un rayon d'or et d'eau,
Éclaire ta silhouette,
Ton visage et ton manteau.

Tes yeux tristes sont immenses
Sous de longs cils saupoudrés;
Et toute ton apparence
Se dessine d'un seul trait...

Comme d'une lame dure
D'acier trempé dans les pleurs,
C'est d'une vive rainure
Que tu m'entailles le cœur.

Mais au sein du blanc mystère
Se dédouble cette nuit,
Et tracer une frontière
Entre nous, je ne le puis.

Que sommes-nous donc, ô chère?
Vivons-nous encor sur terre?
Du temps passé, de ses heurts,
Reste à peine une rumeur...

1957

LA NUIT D'HIVER

(Docteur Jivago)

La neige volait, inlassable,
    Partout volait.
La chandelle sur notre table
    Brûlait, brûlait...

Comme en été les éphémères,
    Les flocons blancs
A la fenêtre de lumière
    Venaient volant.

Ils la décoraient d'innombrables
    Traits étoilés;
La chandelle sur notre table
    Brûlait, brûlait...

Sur le plafond couraient des ombres
    De pieds, de mains,
Qui se croisaient dans la pénombre,
    Tels nos destins.

Puis, de petits souliers tombaient
    Sur le plancher;
Un pleur de cire sur ta robe
    Qui s'épanchait...

Dans la rafale impénétrable
    Tout basculait,
La chandelle sur notre table,
    Brûlait, brûlait...

Sur sa flamme soufflait un vent
    D'ardeur étrange,
De grandes ailes se croisant,
    Comme d'un ange.

En février d'interminables
    Flocons volaient,
La chandelle sur notre table
    Brûlait, brûlait...

1957

*

Extrait du
Docteur Jivago

On nettoie... C'est veille de fête...
A l'écart dans le clair-obscur,
A la myrrhe dans la cuvette
Je lave encor tes pieds très purs.

En vain je cherche les sandales,
Je ne puis les trouver, Seigneur,
Et mes cheveux en mèches pâles
Retombent sur mes yeux en pleurs.

Posés dans le bas de ma robe,
Je baigne de larmes tes pieds,
Sous mes cheveux je les dérobe,
Je les orne de mon collier.

Dès lors, prophétesse ou sibylle,
Je vois tout entier l'avenir
De ma vue étrange et subtile,
Comme venant de s'accomplir.

Déjà m'apparaît le calvaire
Et, serrés dans un cercle étroit,
Nous sentons tous trembler la terre,
Peut-être, de pitié pour moi.

Mais les soldats font leurs bagages,
Les cavaliers suivent l'appel;
Comme la trombe d'un orage,
La croix vient déchirer le ciel.

Sous le crucifix, défaillante,
Je mords mes lèvres... Ah! je crois
Qu'ils sont trop ceux à qui se tendent
Tes bras aux deux bras de la croix.

Pour qui tes tourments, ta puissance?
Ici-bas, pour qui ta grandeur?
Est-il tant d'âmes, d'existences,
De bois, de plaines, de hauteurs?

Et, de ces trois journées fatales
Telle est la désolation
Que mon âme, dans l'intervalle,
Atteint la Résurrection.

1957

LE JARDIN DE GETHSÉMANI

(Docteur Jivago)

Le chemin qu'il suivait devant lui s'enfuyait,
Éclairé dans la nuit par la céleste voûte;
Désert, il contournait le Mont des Oliviers,
Et le Cédron coulait en bas, longeant la route.

Comme au fil d'un couteau, ce champ était tranché,
Et de lui surgissait la Voie lactée, immense;
Les oliviers d'argent semblaient vouloir marcher
Dans l'air, comme animés d'un mouvement intense.

Tout au long s'étendait un vert lotissement.
Laissant devant le mur ses amis, plein d'émoi,
Il leur dit : « Mon âme est triste mortellement,
Restez ici, vous tous, et veillez avec moi. »

Il avait renoncé sans faire résistance
Comme aux biens empruntés, superflus, casuels,
Aux dons miraculeux, à la toute-puissance;
Il était désormais, tel que nous, un mortel.

Cette nuit qui passait paraissait un abîme
De non-être total, d'anéantissement,
Le monde était désert, la terre – un lieu de crime;
Ce vert jardin restait le seul endroit vivant.

Son regard mesurant les profondeurs damnées,
L'Éternité sans fin et sans commencement,
Il priait le Très-Haut que lui soit épargnée
La coupe de la mort, en des sueurs de sang.

Son angoisse adoucie en d'ardentes prières,
Abandonnant l'enceinte, il sortit du jardin;
Vaincus par le sommeil, ses disciples par terre
Dans l'herbe étaient couchés sur le bord du chemin.

Il les éveille et dit : « Vous êtes vautrés comme
Si vous ne saviez pas votre part de grandeur,
Pourtant l'heure a sonné, l'heure où le Fils de l'Homme
Doit se livrer aux mains cruelles des pécheurs. »

A peine a-t-il parlé que l'on vit apparaître
Esclaves, malandrins que suivent des soldats.
Torches, piques... A sa bouche un baiser de traître,
On voit les précéder et les guider — Judas.

Pierre intervient alors. Mais à peine se lève
Et retombe son glaive ayant versé le sang,
Qu'il entend : « Non, non, Pierre, en un pareil instant,
Le fer est sans objet! Rengaine donc ton glaive!

« Si mon père eût voulu dans son immense grâce
A mon aide envoyer ses légions de feu,
L'ennemi, disparu sans laisser une trace,
N'eût même pas touché un seul de mes cheveux.

« Le livre de la vie est ouvert à la page
Sacro-sainte, la page écrite dans l'Éden,
Et tout doit s'accomplir à cet instant des âges,
Comme il était écrit. Que tout arrive! Amen.

« Tout se déroulera comme en la parabole,
Et rien ne doit changer dans son fatal parcours...
Au nom de sa grandeur terrible, je m'immole,
J'accepte le martyre et termine mes jours.

« Trois nuits auront passé quand sur les flots du temps,
Sortant de leurs tombeaux, viendront en caravanes
Devant mon tribunal, pareils à des chalands,
Les siècles émergés des plus profonds arcanes. »

1957

ÉLIE EHRENBOURG

1891-1967

Né à Kiev en 1891, Ehrenbourg fait ses études au premier collège de Moscou. Arrêté en 1908 pour activité révolutionnaire, il se rend à Paris après neuf mois de réclusion et y publie, en 1910, son premier recueil **Les Vers**, où se fait sentir l'influence des symbolistes.

Pendant la Première Guerre mondiale il est correspondant sur le front franco-allemand. Rentré en 1917 en Union soviétique, il travaille jusqu'en 1921 dans diverses administrations, puis quitte de nouveau la Russie et voyage en Europe, en Asie et en Amérique. Au moment où Hitler attaqua la France, Ehrenbourg est correspondant des **Izvestia** à Paris.

Rentré en 1940 à Moscou, il collabore à la **Pravda** et à l'**Étoile Rouge**. Décoré de la médaille Lénine, de l'Étendard Rouge du Travail, de l'Étoile Rouge, il obtient deux fois le prix Staline.

Avant la révolution, Ehrenbourg écrivait des vers romantiques comme **Dans les habits d'un fier seigneur**. Romancier spirituel, il a des trouvailles originales; sa critique du monde européen est mordante, impitoyable; ses héros sans idéal sont cyniques et scandaleux, tel **Houlio Hourenito**, agent provocateur international.

Au début, la révolution semble le décevoir; il part pour l'étranger. Ses reportages et ses livres (**Les Récits de l'Espagne rouge**) sont remarquables.

Mais au cours de la dernière guerre, Ehrenbourg abandonne sa causticité et son scepticisme. **La Chute de Paris** vibre d'une indignation épique. Un autre livre, **La Guerre**, est d'un ardent patriotisme.

Rentré à Moscou, il écrit plus de trois cents articles où l'on trouve notamment ce passage :

« Dans les campagnes de Russie, nous défendons toutes les valeurs culturelles, ainsi que le passé et la création future de l'humanité. Nous avançons dans le feu et nous combattons l'assaut des ténèbres. Nous avons beaucoup perdu dans cette lutte, mais nous avons conservé pour la génération future, qui sera plus heureuse que nous, la pensée, la lumière, la conscience et l'humanité. » Élie Ehrenbourg est mort en 1967.

●

Dans les habits d'un fier seigneur
Je parais en scène ce soir;
Mais par erreur du régisseur,
J'ai quelques siècles de retard.

Tout en traînant ma lourde armure,
D'un grand pas régulier et lent
Je passe, grotesque figure,
Sous les rires des insolents.

En d'autres temps, faisant hommage
A la noble dame, soudain
J'eusse couru, plein de courage,
Semer la peur chez les voisins.

Au retour, après leur défaite,
A la Vierge me consacrant,
Soumis, j'eusse baissé la tête
Devant le morne Vatican.

Mais piteuse est une cuirasse
Sous les discours éblouissants;
Les chevaleresques menaces
N'intimident plus les puissants.

Alors il faut bien que je tente
D'écrire ces vers languissants;
Que soit bizarre leur accent,
Ce sont mes vers... et je les chante!

1905

365

MADRID

Madrid, tes offenses, ton sang,
Qui les a vus ne les oublie!
Pourquoi l'enfant a des béquilles?
La poussière tournoie au vent...
Pourquoi brillent les réverbères?
Qui va durer jusqu'au matin?
Fièvre des murs et des paupières,
Les cris des sirènes, soudain!
Pourquoi ce berceau vide et triste?
Pourquoi Carabancel existe?
Embrasse, embrasse, ô mère tendre,
Ô toi, qui ne veux pas comprendre!
La porte ouverte mène au ciel
Et, si tu veux, crois son appel.
Mais un lambeau de linge éclaire,
Trempée de sang, la sombre terre.
Le froid des vitres dans la nuit...
A la tranchée la rue conduit.
Le tramway siffle qui s'en va,
« Adieu, adieu... n'oubliez pas! »
Le canon dit, qui nous obsède,
« Pas d'évasion, aucune aide... »
L'aurore est inventée en vain,
Les mers ne viendront pas qui chantent,
Ni les navires, ni les trains,
Ni l'étoile d'or, apaisante.

1938

●

Imprégnée de rosée, soumise,
L'herbe frémit en s'étalant;
Alors que des toitures grises
L'oiseau partit insouciant.
Toi seul, tu restas à ta place,
Grand arbre qui, tel un soldat,
Chargé de garder cet espace,
Vivant, ton poste ne céda.
Quand le feu te fendit soudain,
N'étant qu'arbre, tu mourus comme,
Solennel, serait mort un homme,
Les bras ouverts sur le terrain.

1945

367

JOSEPH MANDELSTAM

1892-1938

Fils d'un petit commerçant juif, Mandelstam parvient à terminer ses études à l'université de Pétersbourg et fait ses débuts littéraires dans la revue Apollon. Il adhère aussitôt à la tendance « acméiste ».

Peu nombreuse, son œuvre poétique se réduit à trois plaquettes : **La Pierre** *(1915),* Tristia *(1921),* Poésies *(1928) et quelques pièces disséminées dans les revues jusqu'en 1933.*

On sait aujourd'hui qu'il fut déporté en Sibérie, où il mourut dans un camp, près de Vladivostok, en 1938.

Mandelstam devrait être considéré comme un des plus grands poètes russes. Sans jamais avoir été symboliste, il use parfois d'un hermétisme qui le rapproche de cette tendance. Ses images, souvent purement subjectives, sont difficiles à comprendre, mais le mystère qui les enveloppe ajoute encore à leur charme. Étrangère à la clarté classique de Pouchkine, la poésie de Mandelstam se rapprocherait plutôt de celle de Tutchev; elle a ces mêmes étranges prolongements.

Possédant une solide culture, ayant beaucoup lu et beaucoup voyagé, il a pu, dans certains poèmes, brosser en quelques traits des tableaux vivants et véridiques de pays, d'époques et de caractères différents. Bien qu'il ne fût pas dans la ligne de la poésie nouvelle, les journaux soviétiques l'accueillaient dans leurs colonnes; un de ses recueils parut même en 1928, dans une édition de l'État. Mais, depuis 1933, son nom a complètement disparu de la presse.

Acméiste, poète de la beauté pure, savant et raffiné, Mandelstam ne pouvait suivre la voie prolétarienne de la poésie soviétique. L'obscurité de ses vers n'a pas toujours que des raisons esthétiques. On sent qu'il recourt à des artifices de langage non seulement pour voiler ses pensées mais pour son propre plaisir.

Incapable d'un autre travail que le travail littéraire, il connut la misère et sa vie a été marquée par la malchance. Faible de santé, il était néanmoins d'une gaieté peu commune : il lui arrivait de rire aux éclats de son infortune. Dans ses poèmes, jamais il ne se plaint de ses souffrances ou de ses amours malheureuses. Ses confidences atteignent l'universel et il revêt d'un féerique manteau verbal son désespoir d'homme et de poète. Dans un dernier poème apporté en Europe occidentale par une amie, Mandelstam dit que son siècle lui bondit sur les épaules tel un loup-cervier; il parle aussi de la nuit où coule l'Iénissei, le grand fleuve de Sibérie...

*

Mon corps, cadeau reçu, mon corps tu m'appartiens;
Que ferai-je de toi, corps uniquement mien?

Pour le bonheur de respirer et d'être
Ma gratitude à qui la reconnaître?

Dans la prison, parmi ses prisonniers,
Je suis la fleur, je suis le jardinier.

Éternité! Sur ta vitre sereine
Se voient déjà ma chaleur, mon haleine.

L'empreinte est là, le dessin est présent,
Mystérieux encore et tout récent.

L'instant s'en va, s'enfuit dans le passé;
Ce cher dessin ne peut plus s'effacer.

1909

*

Pourquoi mon âme est si sonore?
Pourquoi si peu de mots charmants?
Le rythme passe en coup de vent,
S'évanouit en météore.

Il lève les papiers légers
Dans un nuage de poussière
Puis, sans retour passe, éphémère
Ou bien revient, mais tout changé.

Pareil au vent du large, Orphée
S'éloigne au pays de la mer...
Je berce une terre de fées
Où le « moi » s'oublie et se perd.

Au fond d'une forêt de fable.
Je trouve une grotte d'azur...
Est-ce un jeu? Suis-je véritable
Et mortel? Est-ce vraiment sûr?

1911

LE COQUILLAGE

Suis-je inutile et hors d'usage,
Nuit? Du gouffre de l'univers,
Sans perle, un simple coquillage
Jeté sur le bord de la mer?

La vague écume sous ta brise,
Ton chant est sauvage et lointain,
Mais tu l'aimes, ô nuit exquise,
Ce coquillage étrange et vain.

Le couvrant d'un manteau d'étoiles,
Près de lui sur le sable d'or,
Tu le berces pendant qu'il dort
Du bruit houleux de la rafale.

Maison d'un cœur sans habitants,
Ce coquillage aux murs fragiles,
Remplis-le de rumeurs subtiles,
De brouillard, d'écume et de vent!

1911

*

Ainsi qu'un fer rouillé, ce bref automne
Grince et chante et ronge déjà le corps;
Seigneur, que sont Crésus et ses trésors
Quand ton affreuse angoisse nous tisonne?

Par ce Serpent qui danse devant moi
Persécuté, je languis et frissonne...
Je ne veux plus de subtils émois,
Adieu, mon âme! Ô Muse, j'abandonne!

Perdu dans mes vaines négations,
Et démêlant la pelote inféconde
Des plaintes et des déclarations,
Ma coupe est lourde et pourtant peu profonde.

Vivre, à quoi bon? Malade, un grand python
S'étant dressé se balance et frissonne,
Comme d'un nœud il ceint son corps trop long,
Puis las, soudain retombe et s'abandonne.

J'écoute, au seuil de l'exécution,
Vibrant encor de chansons et d'images,
En prisonnier, sans crainte ou passion,
Siffler le fer dans le vent de l'orage.

*

J'écoute une musique intense,
A mes yeux s'ouvre l'Infini.
Le vol des oiseaux de minuit
Traverse en planant le silence...

Simple comme le ciel uni,
Et pauvre comme la nature,
Ma liberté m'est plus obscure
Que la voix des oiseaux de nuit.

371

Là-haut, blafard dans les étoiles,
Brille un croissant blême et languide;
Oui, je le fais mien, ô Grand Vide,
Ton univers étrange et pâle!

UN ÉGYPTIEN

J'évitais l'amende sévère,
  J'atteignis les honneurs,
Pourtant, tels des roseaux, tremblèrent
  Mes genoux de bonheur,

Lorsque dans mon manteau tombèrent
  Dans la cour du balcon,
Grandes comme la lune entière,
  Les décorations.

Ce que j'ai fait était splendide;
  Oui, c'est moi qui l'ai fait;
La place est désormais solide,
  D'un rapport élevé.

D'avance goûtant ma victoire,
  Plein de grâce et d'entrain,
Devant le roi couvert de gloire,
  Je dansai, pas en vain!

L'oiseau vole dans les nuages,
  A pied va le vilain,
Le noble jamais ne voyage
  Par de mauvais chemins.

Emportant mon lot de médailles,
  Avec tous les présents,
Il sied qu'en barque je m'en aille,
  Au sud, selon mon rang.

1913

DOMBEY ET FILS

Quand plus perçant que les sifflets,
J'entends parfois parler l'anglais,
Je vois sur les livres comptables
Oliver Twist devant sa table.

Ce qu'était Londres en ce temps,
Que Charles Dickens vous le dise!
Des Dombey les bureaux d'antan,
Et l'eau jaune de la Tamise...

La pluie... Des larmes... Mornes jours!
Dombey fils, enfant blond et tendre,
Et qui jamais ne put comprendre
Les clercs et leurs gros calembours.

Ce bureau, ces chaises bancales,
Où les shillings dès le matin
Volent dans l'air, sans intervalles,
Ainsi qu'abeilles d'un essaim.

Mais dans l'ombre enfumée et dense,
Les avocats pointent leur dard;
Déjà le Failli se balance
A la corde du désespoir.

Les lois sont pour les adversaires.
Qui peut dénouer leur garrot?
Entre ses bras sa fille serre
Le vieux pantalon à carreaux...

1913

LE VIEILLARD

Déjà le jour... chant de sirène,
    Sept heures du matin.
Ô vieillard, pareil à Verlaine,
    Voici ton heure, enfin!

Dans ton regard un feu vert brille,
    Malin ou bien naïf?
Autour de ton cou s'entortille
    Un mouchoir agressif.

Blasphémant, marmottant sans cesse
    Des mots confus, mais forts :
Il admettrait qu'on le confesse,
    Mais veut pécher d'abord.

Travailleur qui s'est révolté?
    Fêtard rentrant chez lui?
L'œil poché, dans l'obscurité,
    Comme un arc-en-ciel luit.

Au jour du samedi fidèle,
    Sous les portes cochères,
Il voit en traînant la semelle
    Sourire la misère.

Un Socrate à tête brûlée
    Que sa femme sévère
Reçoit par une injure ailée,
    Pâlissant de colère.

1913

STROPHES PÉTERSBOURGEOISES

A Goumilev

Murs jaunes, gouvernementaux,
Dans la tourmente qui persiste...
Croisant d'un geste son manteau,
En traîneau monte le légiste.

La flotte hiberne. Au froid soleil
Brille un hublot, comme embrasé.
La Russie dort d'un lourd sommeil
Tel un énorme cuirassé.

L'Amirauté, les ambassades,
Du fleuve en silence émergeant,
Vêtues de porphyre maussade
Comme d'un cilice affligeant...

Ah! le fardeau du snob nordique,
Ce spleen qu'Onéguine [1] traîna...
Un feu, le froid éclat des piques
Qui veillent devant le Sénat.

Les autos passent dans la brume,
Modeste et digne un piéton sort;
Pauvre honteux, Eugène [2] hume
L'essence, en maudissant le sort.

1913

1. Onéguine, héros du poème de Pouchkine, *Eugène Onéguine*.
2. Eugène, héros du poème de Pouchkine, *Le Cavalier d'airain*.

A Pétersbourg nous retrouvant encore,
Où nous avions enterré le soleil,
Enfin, pourra sur nos lèvres éclore,
Absurde, un mot divin et sans pareil.
Dans le velours de la nuit soviétique,
Le noir velours du vide universel,
Chantent les yeux des femmes extatiques,
Roses et lis fleurissent, immortels.

La ville fait gros dos, ainsi qu'un chat sauvage;
    La patrouille occupe le pont,
Seul vrombit dans la nuit un moteur au passage,
    Tel un coucou, crie un klaxon.
Je n'ai aucun besoin de mon permis civique,
    Et des gardes je n'ai pas peur,
Je ne veux que prier dans la nuit soviétique
    Pour le « mot » absurde et sauveur.

    Dans le léger murmure théâtral
On entend s'exclamer une voix juvénile,
    Puis un bouquet de roses, triomphal,
Immortel, dans les bras de Cyprine rutile.
    Près du bûcher quelques ombres frileuses...
Peut-être auront passé des siècles éphémères,
    Lorsque les mains de femmes bienheureuses
Recueilleront enfin nos cendres trop légères.

    Rouge, un parterre étend ses plates-bandes,
Des loges débordant de luxe et de mystère...
    Cet officier, poupée exaspérante...
Non, non, rien pour Tartuffe et les âmes vulgaires...
    Éteins-les donc nos chandelles fumeuses;
Dans le sombre velours du vide universel
    Chantent toujours les femmes bienheureuses,
Et tu n'auras pas vu le soleil noir au ciel.

25 novembre 1920

LENINGRAD

Me voici de retour dans la ville connue
Jusqu'aux larmes, jusqu'aux amygdales d'enfant...
C'est toi — vite alors, bois cette huile de morue
Des lanternes du quai, dans l'eau se déversant!

Vite, il faut t'adapter à ce jour de décembre
De sinistre goudron mêlé de jaune d'ambre!
Pétersbourg je veux vivre, ou bien serait-ce trop?
Tu sais du téléphone encor mes numéros.

Pétersbourg, les voici, les adresses perdues,
Où je peux retrouver des voix qui se sont tues.
Logé sur l'escalier de service, en ma tête,
Arrachée de son mur, résonne la sonnette.
Toute la nuit j'attends, j'attends des hôtes chers,
Sur la porte agitant les menottes de fer.

Décembre 1930

Pour la gloire à venir, la gloire héréditaire,
    La haute lignée des humains,
J'aurai perdu ma coupe à la table des pères,
    La gaieté, l'honneur, tout enfin...

Le siècle, loup-cervier, bondit sur mes épaules...
Ô siècle, je ne suis point loup et je t'en prie,
Comme on fourre un bonnet dans une manche molle,
Mets-moi sous ta pelisse au chaud en Sibérie.

Cache à mes yeux la boue aux lâchetés cruelles,
Ainsi que cette roue aux sanglants ossements,
Pour que je voie, en leur splendeur originelle,
Les chiens bleus consteller l'immense firmament.

Emporte-moi là-bas où coule l'Iénissei,
Où vers l'étoile d'or un haut sapin s'allonge,
Car je n'ai pas la peau d'un loup et je ne sais
Sans déformer ma bouche énoncer des mensonges.

MARINA ZVÉTAÉVA

1892-1942

Née à Moscou, fille d'un professeur d'histoire de l'art, Marina Zvétaéva, après avoir terminé ses études secondaires, part étudier à la Sorbonne la littérature française ancienne. Son premier recueil de vers paraît quand elle a dix-huit ans; elle s'y manifeste déjà comme un très remarquable poète classique.

Ayant quitté la Russie en 1922, elle vécut d'abord à Prague, puis à Paris; mais, attristée par l'absence de lecteurs, par le mal du pays et par la solitude, elle regagne l'U.R.S.S. et se suicide en 1942.

Dans ses Essais autobiographiques [1], *Pasternak reconnaît une grande affinité entre Zvétaéva et lui-même. Il dit :* « Zvétaéva était une femme à l'âme virile, active, décidée, conquérante, indomptable. Dans sa vie comme dans son œuvre, elle s'élançait impétueusement, avidement, presque avec rapacité vers le définitif et le déterminé; elle alla très loin dans cette voie, et y dépassa tout le monde... Elle a écrit une grande quantité de choses inconnues chez nous, des œuvres immenses et pleines de fougue. Leur publication sera un grand triomphe pour la poésie de notre pays. »

Ses poèmes aux rythmes et au vocabulaire d'une grande richesse, qui utilisent les trésors inexplorés du russe, précèdent l'œuvre novatrice de Khlébnikov. Comme lui, elle tend à recréer et à vivifier les sources folkloriques.

Sa tragédie mythologique, Thésée, *frappe par la profondeur et l'originalité de son interprétation.*

---

1. Gallimard.

LE COR DE ROLAND

Comme on voit la laideur de ce pauvre bouffon,
Je dis ma solitude et mon triste abandon.
Le prince a son lignage, et les anges s'assemblent;
Chacun a des milliers d'êtres qui lui ressemblent.
Il sait qu'en chancelant il ira s'affaisser
Sur un mur de vivants qui vont le remplacer.

La bosse est au bouffon, au voleur sa racaille;
Le soldat a son rang, le démon ses ouailles.

Mais, bien que lasse enfin j'écoute, opiniâtre,
Mon âme — le devoir, et mon destin — combattre.
Sous le sifflet du sot et le rire bourgeois,
Seule entre tous, pour tous et contre tous j'envoie,
Comme pétrifiée en l'effort, un appel
Qui résonne et se perd dans le désert du ciel.

Mais ce feu m'avertit, qui brûle dans mon sein,
Qu'un autre Charlemagne entend mon cor au loin.

Paris

＊

(Les Tchèques s'approchant des Allemands cra-
chaient dans leur direction. Journaux de mars 1937.)

Tout fut pris... Ce ne fut pas long,
Les montagnes et les vallons,
Le fer, l'acier et le charbon,
Le bois, le cristal et le plomb.

Ils ont pris l'Est après le Nord,
Pris tout le sucre et pris tout l'or,
Tous les moulins! Bandits! Bandits!
Ils ont pris l'Ouest, le Midi,

Tatra, Varra, tous nos chemins,
Les pays proches et lointains;
Plus que paradis ou prairies,
Ils nous ont pris notre patrie.

Ils nous ont pris nos camarades,
Minerais, fusils et grenades,
Mais nous allions vers eux sans armes
Et nous crachions cachant nos larmes.

Paris, 9 mai 1939

*

Ô larmes des obsèques,
Cris d'amour impuissants!
Dans les pleurs sont les Tchèques,
L'Espagne est dans le sang.

Comme elle est noire et grande,
La foule des malheurs!
Il est temps que je rende
Mon billet au Seigneur.

Dans ce Bedlam des monstres
Ma vie est inutile;
A vivre je renonce
Parmi les loups des villes.

Hurlez, requins des plaines!
Je jette mon fardeau,
Refusant que m'entraîne
Ce grand courant des dos...

Voir... Non, je ne consens,
Écouter... Pas non plus;
A ce monde dément
J'oppose mon refus!

Paris, 15 mars-11 mai 1939

*

En franges les baies
Du sorbier saignaient;
Les feuilles tombaient,
Lorsque je suis née.

Les cloches sonnaient
En se disputant,
Lorsque je suis née,
Le jour de saint Jean.

La grappe des sorbes
Arrachée au bois
Je voudrais y mordre
Ainsi qu'autrefois...

*

Ah! les vains regrets de ma terre,
M'ont révélé tous leurs secrets!
Je suis, en tout lieu, solitaire,
Peu m'importe où je dois errer...

Portant mon sac, je rentre encore
Du marché le long des bâtisses,
Vers une maison qui m'ignore
Comme une caserne, un hospice...

Mais peu m'importe de connaître,
Pauvre lionne hérissée,
Tous les milieux d'où je vais être
Infailliblement évincée.

N'étant plus de ma langue éprise,
Et sourde à son appel lacté,
Ne pouvant plus être comprise,
Je vois des mots la vanité.

Ma voix montant du fond des âges,
Tu ne liras pas mes feuillets,
Lecteur de pages et de pages,
Lecteur de tonnes de papier!

L'arbre qui, seul, pousse à l'écart
Ne rejoindra l'allée jamais,
Et rien ne peut plus m'émouvoir
De ce que j'ai le plus aimé.
. . . .

Sur une feuille vide et lisse
Les lieux, les noms, tous les indices,
Même les dates disparaissent.
Mon âme est née, où donc était-ce?

Toute maison m'est étrangère,
Pour moi tous les temples sont vides,
Tout m'est égal, me désespère,
Sauf le sorbier d'un sol aride...

Paris

VLADIMIR MAÏAKOVSKI

1894-1930

Né en Géorgie, au village de Bagdadi où son père était forestier, Maïakovski entre, en 1902, au collège de Koutaïssi. A la révolution de 1905, il prend une part active aux manifestations politiques des étudiants. Après la mort de son père, en 1906, Maïakovski se fixe à Moscou avec sa mère et ses sœurs, et y poursuit ses études secondaires. A partir de 1908, il prend part à l'action révolutionnaire clandestine et, en mars de la même année, est arrêté au cours d'une descente de police dans une typographie révolutionnaire.

Il commence à publier ses œuvres à partir de 1912 et adhère au futurisme; mais après la révolution d'Octobre, il crée le réalisme socialiste. *Pendant la guerre civile et la naissance de la nouvelle économie, Maïakovski travaille dans l'agence télégraphique de l'Union à ses célèbres vitrines de propagande politique et de publicité pour la nouvelle industrie.*

De 1922 à 1929, il fait de longs voyages en Europe occidentale et en Amérique, et traverse l'U.R.S.S. dans tous les sens, faisant des conférences, des rapports, donnant des récitals de ses vers. Mais, le 14 avril 1930, Vladimir Maïakovski, le plus célèbre poète soviétique, se tue d'une balle de revolver au cœur.

Ses premières œuvres parurent dans le recueil Soufflet au Goût public, *sorte de manifeste du futurisme; elles sont, malgré l'activité révolutionnaire de sa jeunesse, tout à fait étrangères à la politique. Le futurisme lui paraissait être seul capable de remplacer le symbolisme et l'acméisme avec leurs raffinements aristocratiques, et seul capable aussi d'ouvrir les voies à une poésie nouvelle.*

Puis, s'écartant de cette tendance, il écrit, en 1915, Le Nuage en

Pantalon *et* La Flûte des Vertèbres, *et, en 1916,* La Guerre et la Paix. *Ces poèmes satiriques vibrent toutefois d'un sentiment profondément humain.*

Le livre suivant de Maïakovski, Simple comme un Meuglement, *a la chance de plaire à Gorki.*

Quant au Nuage en Pantalon, *ce vaste poème s'attaque en ses quatre parties, avec une extrême violence, une grossièreté voulue, à l'idéologie régnante : morale, esthétique, religion et politique. Il précipite la poésie des empyrées dans les réalités quotidiennes, déclarant par exemple qu'un clou dans son soulier lui paraît un cauchemar plus effrayant que le monde fantastique de Goethe. Il crie son dégoût et sa douleur de voir le sentiment de l'amour devenir mesquin et trivial, alors qu'il est en réalité la plus belle émanation de l'âme humaine.*

Athée, il se rit d'un Dieu « mesquin et inquisiteur », entouré d'anges qui ne sont que des « coquins ». S'attaquant aux coutumes, comme à la culture bourgeoise, il leur oppose de nouvelles conceptions dans tous les domaines. Avec un sens prophétique surprenant il annonce que l'an 16, qui lui apparaît couronné d'épines, sera l'année de la révolution (il ne se trompe que d'un an). Il pressent les fulgurantes traversées des espaces planétaires. Le vaste panorama critique du Nuage en Pantalon *est brossé avec un lyrisme effréné et, malgré son apparente grossièreté, avec une grandeur et une puissance extraordinaires, où résonnent des cris d'une douleur morale qui se mue en atroce douleur physique.*

La révolution d'Octobre, à laquelle il adhère d'emblée, pose au poète de nouveaux problèmes : il veut trouver un langage accessible aux masses et se consacrer entièrement à leur bonheur. Pour construire ce nouveau système poétique, il fallut à Maïakovski un grand effort de réadaptation. C'est en 1918 que, dans La Marche de la Gauche, *il triomphe enfin de ces difficultés et s'exprime en des phrases courtes, exclamations de réunions publiques, brefs mots d'ordre d'un nouvel art révolutionnaire.*

Désormais, l'œuvre de Maïakovski va refléter la révolution avec ses petits et ses grands événements, ses difficultés, ses triomphes. Le poète et le citoyen deviennent en lui inséparables. L'opposition du lyrisme et de la politique, qui fut fatale à Essénine, ne semble pas tourmenter un Maïakovski. Après le suicide d'Essénine, il écrit un poème pour réduire la cause de cette mort à un simple abus de boisson et pour en diminuer les effets déprimants sur le public soviétique. Répondant aux derniers vers d'Essénine, écrits avec son sang :

Pas plus que de vivre sans doute,
Il n'est pas nouveau de mourir.

Maïakovski dit :

Dans la vie une chose est simple : c'est mourir,
Refaire cette vie est bien plus difficile.

*Cette tâche difficile, il la fait sienne, mais un jour, à son tour, suc-
combe sous son poids; et c'est le suicide...*

*La poésie de Maïakovski rompt avec les règles rigides de la prosodie
syllabo-tonique; libre, son vers a les intonations du langage courant de la
révolution qu'il tente de hausser jusqu'à la grande poésie. Il a souvent
recours aux rythmes des « tchastouchki » (quatrains populaires). Cer-
taines des innombrables nouveautés verbales inventées par lui ont vieilli;
mais il a débarrassé la poésie d'images et de mots usés ou vides.*

*« Un poète, disait-il, doit développer son propre rythme, abandonnant
iambes et chorés, mesures canonisées, qui ne lui appartiennent pas en
propre. Le rythme magnétise et électrise la poésie; chaque poète doit
trouver le sien, ou les siens. » Maïakovski fait souvent rimer une fin de
vers avec le commencement d'un autre, ou le début d'un vers avec
le début d'un autre. Parfois même sa rime dégénère en calembour. « La
rime a une très grande importance, écrit-il, et sans elle les vers tombe-
raient en morceaux. »*

*Cette nouvelle poétique est un grand travail, et même une « industrie »;
elle doit remplacer celle qui existe depuis 1 500 ans. Le poète se servait,
pour créer ses poèmes, de feuilletons de journaux, de placards politiques,
de légendes de caricatures, luttant avec la conception de « l'art pour
l'art ».*

*La satire, chez Maïakovski, joue un rôle important; elle a un caractère
hyperbolique, tantôt cinglant et épique, tantôt passant au calembour
populaire. Il a écrit des dizaines de satires et des pièces satiriques
dont La Punaise et Les Bains publics, qui stigmatisent le monde bour-
geois, ses représentants, et surtout la paperasserie bureaucratique qui
étouffe l'homme.*

*Maïakovski n'est cependant pas uniquement un poète politique; poète
de l'amour, il l'évoque sur le même ton extasié et hyperbolique qu'il
emploie pour parler de la révolution.*

De ses voyages en Europe occidentale et en Amérique, il rapporte de nouveaux poèmes, pénétrés de la supériorité du régime et du citoyen soviétiques sur ceux des pays capitalistes, et sa verve satirique trouve une ample matière dans ses expériences à l'étranger. Son **Passeport soviétique** est un poème remarquable.

Il existe actuellement deux clans, tous deux reconnaissant la grande valeur de l'œuvre de Maïakovski. Mais, alors que l'un affirme que le poète s'est offert en holocauste à son idéal politique, l'autre prétend au contraire que c'est dans la partie politique de son œuvre qu'il a accompli ses plus hauts exploits poétiques. L'argument des premiers, c'est le suicide de Maïakovski dans lequel ils voient la faillite de son système poétique. L'argument des autres, c'est la profonde influence exercée par Maïakovski sur toute la littérature soviétique en tant que créateur du réalisme socialiste.

LE NUAGE EN PANTALON

PROLOGUE

Votre rêve,
assoupi dans l'esprit avili,
ressemble au gros laquais paressant sur son lit;
il faut que je l'excite et que je le provoque,
brandissant mon cœur comme une sanglante loque.

Dans mon âme je n'ai pas un seul cheveu blanc,
elle ignore toujours la sénile tendresse.
Je suis beau
et j'avance âgé de vingt-deux ans;
ma voix sur l'univers résonne, vengeresse.

Tendres,
vous accordez l'amour aux violons;
grossiers, vous l'exprimez battant sur des timbales.
Je suis tout lèvres, seul, en large comme en long,
et je tourne à l'envers ma personne intégrale.

Venez vous informer!
Tiens, du salon, typique,
sort une préposée à la ligue angélique.
Comme une cuisinière un livre de recettes,
ce sont des lèvres que, très calme, elle feuillette.

Voulez-vous que,
rempli de viandes et de rage
je change, ainsi qu'un ciel, sans arrêt tous mes tons!
Voulez-vous que
je sois impeccablement sage?
Un homme — non : rien qu'un nuage en pantalon!

. . . .

I

Vous me croirez en proie à la malaria[1]

C'était à Odessa,
dans la ville solaire :

« Quatre heures » — a dit Maria :

huit,
neuf,
puis, lentement,
dix heures qui sonnèrent.

Et le soir
s'enfonça dans la nuit de décembre,
quittant peu à peu les fenêtres...

Dans son dos, hennissant, riaient les
candélabres.

Nul n'aurait pu me reconnaître :
convulsé,

gémissant,
un grand bloc de tendons!
Que peut-il désirer, un colosse semblable[1]?
Ce géant attend-il quelque chose et quoi donc?
Tant de choses pourtant lui semblent désirables!

Que de bronze sonore
soit coulé notre cœur,
à cette heure cela n'a guère d'importance,
tant on voudrait cacher
la nuit sa résonance
en quelque féminine et secrète douceur!

Je suis là,
me voûtant,
je remplis la fenêtre,
la vitre a fondu sous mon front;
sera-ce un grand amour
ou bien une amourette?
Va-t-elle venir,
oui ou non?

. . . .

Minuit court, il brandit sa faux!
et rejointe, égorgée dans l'ombre,
comme une tête à l'échafaud,
déjà la douzième heure tombe!

Ah! maudite!
Est-ce assez, assez que tout cela!
Un hurlement bientôt va déchirer mes lèvres,
Un de mes nerfs qui saute et l'on dirait qu'il a
en malade, sans bruit,
quitté son lit de fièvre.

1. Maïakovski mesurait plus de deux mètres.

389

Il fait d'abord
à peine, à peine quelques pas,
puis commence à courir,
tourner de tous côtés;
deux autres l'ont suivi, rejoignant ses ébats,
et s'agitent déjà comme des possédés.

Des plâtres sont tombés à l'étage inférieur.

Les nerfs,
petits et grands,
galopent en fureur;
ils sont exténués et leurs jambes flageolent.

La nuit comme de vase emplit la chambre folle;
d'émerger de la boue, un œil s'efforce en vain,
c'est un œil lourd, opaque.

Les portes de l'hôtel ont cliqueté soudain,
comme des dents qui claquent.

Cassante,
tel un bref et brusque : « Tiens, voilà! »
tu entres,
tourmentant tes gants de daim gris clair
« je vais me marier,
dis-tu,
sachez cela! »
— Vous marier?
Je dois me résigner, que faire!
Vous disiez :
« Jack London,
l'argent,
l'amour,
l'ardeur »
Vous étiez la Joconde
que guettaient les voleurs!

Amoureux, de nouveau je prendrai part aux jeux,
l'arcade sourcilière étincelant de feu.
Même après l'incendie, en certaines maisons,
vivent parfois encor de tristes vagabonds!

. . . .

Vous!
Amateurs de crimes,
sacrilèges,
tueries,
vous n'avez,
je parie,
vu plus affreux abîme
que mon propre visage
quand
je suis
calme et sage!

Je le sens,
« je »
deviens pour moi-même trop grand.
Quelqu'un voudrait de moi surgir obstinément.

Qui est à l'appareil?
Allô!
C'est vous, maman?
Ô maman!
Votre fils,
dites-le à mes sœurs,
votre fils est malade;
il l'est splendidement,
d'un incendie au cœur!

Comme se jette, nue, une prostituée
de la maison publique embrasée par les flammes,
de même de ma bouche
un mot,
une huée,
jaillissent, éperdus, pareils à cette femme.

Les gens reniflent
car cela sent le brûlé!
Casqués, étincelants,
On en voit qui s'empressent!
En bottes, dites-leur de ne pas circuler;
sur un cœur enflammé il faudrait des caresses...

Je peux, je peux rouler,
tels les tonneaux pleins d'eau,
mes yeux remplis de pleurs!
M'appuyant sur mes côtes
je peux
sauter, sauter, sauter de leur étau!
Patatras!
C'est en vain que de son cœur on saute!

Un baiser charbonneux tente de s'esquiver
par le sillon noirci
de mes lèvres en flammes...

Maman!
Mon chant se meurt,
mon chant inachevé...
Le chœur a brûlé dans l'église de mon âme!

Les figurines des paroles et des nombres,
ainsi que des enfants d'un édifice en feu,
de mon crâne tombés,
gisent dans les décombres...
Le « Lusitania »
pour s'accrocher aux cieux
avait,
dans sa terreur,
levé les bras vers eux!

Les lueurs d'incendie
en des appartements douillets
voudraient venir des quais d'embarquement;

ils tremblent déjà tous de peur, ceux des étages;
ah! que mon dernier cri,
en un gémissement,
proclame que je brûle, en traversant les âges!

II

Louez-moi!
Surpassant tous les Grands, tous les Sages,
sur tout le « déjà fait »,
j'inscris un mot : « NIHIL »

Je ne veux plus jamais
lire même une page.
Les livres?
Que sont-ils!

Dans le temps je croyais
qu'on fait un livre ainsi :
d'abord vient le poète — un benêt inspiré —
de ses lèvres jaillit bientôt un chant tout prêt,
sans peine ni souci!

Mais, en réalité,
pour faire une chanson
le voici tout calleux, notre pauvre chanteur;
doucement se débat le stupide poisson
d'imagination dans la vase du cœur.

Pendant qu'il cuit sans fin quelque brouet d'amours
mêlés de rossignols, tout en raclant ses rimes,
la rue qui veut crier et faire des discours
a perdu son langage, elle étouffe, on la brime...

Nous dresserons toujours, orgueilleux et superbes,
des villes ressemblant à des tours de Babel,
mais Dieu

les fait crouler,
car il confond leur verbe,
et les fait devenir des labours sous son ciel.

. . . .

Les Krupp de toute espèce ont déguisé les villes
avec de faux sourcils, froncés et menaçants;
dans la bouche
les mots pourrissent, inutiles;
il n'en reste que deux qui vivent, s'engraissant :
c'est « Salaud »
puis un autre,
est-ce « Bortch[1] » que j'entends?

Les poètes,
trempés de sanglots et de pleurs,
ont quitté le trottoir, ébouriffant leurs mèches :
« avec deux mots pareils, comment chanter
la fleur,
les fillettes
et les amours avec leurs flèches! »

Les poètes,
suivis des foules du trottoir :
filles,
entrepreneurs,
étudiants,
tout part.

Mesdames et Messieurs,
arrêtez, arrêtez!
Mendierez-vous ainsi vraiment leur charité!

Gaillards en marche,
nous sommes d'une autre classe;

1. Soupe de betteraves.

ne les écoutez plus! Il faut que soient détruits
leurs poèmes
collés sur des lits à deux places
en supplément gratuit!

Les supplier, pourquoi?
Leur soumettre nos vœux?
Leur mendier un hymne,
une ode à notre gloire?
Nous les vrais créateurs de cet hymne de feu
qu'est le bruit de l'usine et du laboratoire!

Qu'ai-je à faire avec Faust
qui traverse le ciel,
auprès de Méphisto, tel un feu d'artifice?
Un clou
dans mon soulier
me paraît plus cruel
qu'un fantasme de Goethe et sa foi créatrice!

Mon nom est
Chrisostome
et chacun de mes mots
fait renaître l'esprit
mettant le corps en fête,
mais je vous dis :
la vie, la vie et tous ses maux,
dépasse infiniment
ce que je porte en tête!

Les muscles et les nerfs sont plus que des prières.
Devons-nous mendier des faveurs éphémères?
Déjà,
chacun de nous
tient en sa main de fer
le levier qui commande aux lointains univers!

Mais, sur ces Golgotha, que sont les auditoires,
à Moscou, Petrograd, Odessa, puis à Kiev

chacun
cria vers moi,
plein d'une fureur noire :
« Au poteau! Au poteau! »
mais j'oublie mes griefs!

Car les hommes
me sont,
plus que tout, chers et proches,
ceux mêmes qui m'ont offensé.
Avez-vous vu
le chien, dans un tendre reproche,
lécher la main qui l'a blessé!

Ô génération,
moi
qui suis ta risée,
qui ne suis rien pour toi
qu'une histoire scabreuse,
seul, je le vois celui qui fait la traversée
des montagnes du temps dans la nuit ténébreuse.

Où le regard humain s'est arrêté, borné,
ô Révolution, en tes sombres fumées,
je vois l'an seize qui, d'épines couronné,
approche conduisant les hordes affamées.

Je viens à vous en précurseur,
à vos douleurs m'étant lié;
et je me suis crucifié
sur chaque goutte de vos pleurs.

J'ai dévasté vos cœurs où poussait la gentille
tendresse; j'ai coupé le chemin du pardon...
C'est plus dur cependant que prendre la Bastille,
infiniment plus dur, c'est du travail profond!

Quand
vous irez en masse
accueillir le sauveur,
dans un soulèvement
avec des cris d'espoir,
alors j'arracherai,
je foulerai mon cœur;
qu'il vous serve,
agrandi,
tout saignant, d'étendard!

1914-1915

VENTE AU RABAIS

Que je charme une femme et qu'un roman j'ébauche,
que même, par hasard, je regarde un passant,
et prudemment chacun met sa main sur sa poche.
Pourtant,
que pourrait-on
prendre à des mendiants?

Client pour ma sagène[1] au cimetière en friche,
combien de temps encor va s'écouler avant
qu'on sache que je suis
infiniment plus riche
que n'importe lequel de ces Pierpont Morgan?

Je ne suis aujourd'hui qu'un pitre qu'on redoute,
mais dans combien de temps des professeurs zélés
commenteront mes vers? Je serai mort, sans doute,
que de faim je crève ou
d'un coup de pistolet.
De sa chaire, un crétin au gros front bosselé
va dire que j'étais moitié Dieu, moitié Diable;
où,
comment,

---

1. Sagène : 2,13 m.

depuis quand
je serais évocable...

si bien qu'on ne saura
si c'est moi ou pas moi!
La foule vaniteuse
enfreindra toutes bornes,
accourant empressée et, dans un grand émoi,
sur ma tête peindra l'auréole, ou des cornes...

Écoutez!

Tout, oui tout ce dont mon âme est pleine :
ses trésors
ne pouvant même pas se compter
dont s'ornent tous mes pas vers l'immortalité,
où veille agenouillée une assemblée humaine,
tout cela, tout cela,
je vous l'offre à présent
pour un seul mot humain,
un seul mot caressant.

Venez donc par les champs ou par les boulevards,
venez à Pétersbourg
de partout sur la terre!
Ma couronne sans prix, couronne de lumière,
est rue Nadejenski
à vendre moins d'un liard!

Un mot venant du cœur
est son prix véritable!
Allons!
ce n'est pas cher...
Pourtant
c'est introuvable!

1916

J'AIME

(Fragment)

Tout seul je ne pourrais descendre
Le piano, le coffre-fort;
Dès lors, comment, comment reprendre
Mon cœur et l'emporter encor?

Les banquiers, eux, le savent bien :
« Quand on est riche sans limite,
Dans ses poches on ne met rien,
On met tout dans un coffre, et vite! »

Moi, dans mon coffre à triple tour,
Nouveau Crésus, je mets l'amour
Et, quand vraiment je le désire,
A mon gré, j'y prends un sourire,

Même un demi, et parfois moins...
Puis je dépense, allant plus loin,
Au cours d'une noce effrénée
Un rouble en lyrique monnaie.

1922

J'AIME

(Fragment)

Comme une flotte rentre au port,
Comme un train roule vers la gare,
Vers toi, comment n'irais-je, alors?
Je t'aime et fais de toi mon phare.

En sa cave compte ses biens
L'avare baron de Pouchkine;
De même, vers toi je reviens
Admirer mon cœur en sourdine.

. . . .

Nous tendons vers le point final.
Les mortels descendent sous terre;
Comme un fleuve vers l'estuaire,
Je vais vers toi d'un pas fatal.
Alors que je te quitte à peine,
Vers toi toujours tout me ramène.

Conclusion

L'amour ne se peut effacer
Par des verstes ou des querelles;
Brandissant mes vers cadencés,
Je te jure un amour fidèle!

1922

A SERGE ESSÉNINE

Dans un monde meilleur,
                  comme on dit, vous voilà!
Dans le vide volant,
               traversant les étoiles;
Ni le bistrot
          ni vous,
              n'y gagnez rien,
                   hélas!
Tempérance totale!
Je ne puis vous railler...
              Non
                Essénine, assez!

J'étouffe
de chagrin, hélas!
et non de rire.
Un sac,
plein de vos os,
je vous vois balancer
D'une main entaillée.
Arrêtez!
Oh! délire!
Arrêtez!
Avez-vous
perdu toute raison,
Vous laissant
envahir
par la craie et la glace?
Vous seul
saviez pourtant
entonner des chansons
Qu'un autre
ne saurait chanter
à votre place!
Pourquoi? Comment?
Hélas!
Qui donc en est fautif?
La critique marmonne
et ceci,
et cela,
Pas de mesure... mais
ce pas définitif,
Vient d'un abus de vin,
et de vodka... Voilà!
Les vrais fauteurs n'en sont
ni corde, ni canif,
Qui ne savent parler.
La cause n'est pas claire ·
Il n'aurait pas ouvert
sa veine
sans motif,

401

S'il avait eu de l'encre
                    à l'Hôtel d'Angleterre.
Sa langue
          est à jamais
                    prisonnière des dents;
A quoi bon
          à présent
                    raisonner ce mystère,
Le peuple,
          créateur du langage,
                         y perdant
Son sonore apprenti,
                    noceur et téméraire.

. . . .

Il n'est pas érigé
                    de monument encor,
Pas de pierre taillée,
                    pas de bronze qui sonne.
Mais devant son tombeau
                    voici qu'afflue en chœur
Le rebut des écrits
               offert à sa personne...

. . . .

La canaille
          n'est pas bien plus rare
                         qu'avant,
On y suffit à peine,
               il reste tant à faire.
Notre vie —
          La changer?
                    c'est après seulement
Qu'on peut la célébrer
                    en poètes sincères.
Il est vrai, pour la plume
                    est ingrat notre temps,

Mais dites-moi,
                 vous tous,
                             infirmes que vous êtes,
Dans quel temps,
                 dans quel lieu,
                                 aurait pris un vrai « grand »
Une route facile et déjà toute faite?
Ô toi, puissance humaine,
                          ô verbe conducteur!
En avant!
          que derrière
                        éclatent les grenades
Des ans,
          et que le vent emporte,
                                   novateur,
Leurs démêlures fades!
Notre planète est loin d'être
                             un lieu de plaisir,
Il nous faut
             arracher la joie
                             aux jours qui filent.
Dans la vie
            une chose est
                          simple : c'est mourir.
Refaire cette vie
                 est bien plus difficile!

                                                    1926

CHRISTOPHE COLOMB

(Christophe Colomb était Christophe Colomb, un
Juif espagnol. *Extrait des journaux.*)

I

Je vois comme aujourd'hui bouteilles et rognures...
Dans un port inconnu, un bistrot sur la mer;

403

Parmi d'autres buveurs aux chapeaux de travers,
C'est Christophe Colomb là-bas, dans l'embrasure...

On taquine Colomb, on plaisante pour rire :
« Ce drôle de pays qu'on appelle Sion,
Le moindre Portugais pourrait vous le détruire! »
mais Christophe bondit soudain comme un lion,

Et de sa voix couvrant tous les bruits de l'échoppe,
Une corde sensible en ce Juif résonnant,
« Vous m'assommez, dit-il, vous tous et votre Europe,
Je saurai découvrir un autre continent. »

Ses amis sont surpris; il ne fait plus la fête!
Ne boit plus, ne sort plus, même pour quelque pas;
« Peut-être, disent-ils, a-t-il perdu la tête,
Toute la nuit il ouvre et ferme des compas... »

II

Il est comme enfiévré ce jeune Juif étrange,
Il calcule, il médite, à peine il dort et mange;
Par leurs basques partout va tirer les laquais;
Des riches et des rois use les beaux parquets.

« Vous vendez des coraux? La salade est plus chère,
Des coraux qu'un enfant pêche sans se vanter!
Le continent indien, c'est tout une autre affaire!
Des perles, des brillants, il offre à volonté!

« L'Inde? Une affaire en or, mes cartes sont bien faites :
Ici c'est l'océan; d'ici l'on partira,
La route en pointillé... et pour chaque pesette
Perles et diamants par milliers de carats? »

D'attendre les chameaux, les marchands languissaient,
La caravane est lente, et l'attente est sans fin,
Et Colomb dans sa poche, hier encor percée,
Voit tomber peu à peu des douros, des florins.

Ils vont en sifflotant, des hors-la-loi ou pire,
Derrière eux la prison, devant pas un radis;
Arabes, Espagnols, Français, dans le navire,
Aux échelles déjà, grimpent tout enhardis.

« Où donc est ce Colomb? Dans une nuit aux Indes?
Avec l'audace au cœur que ne découvre-t-on?
Un tonneau sur le pont! Buvons-en quelques pintes,
Et puis, où tu voudras, même au diable, partons! »

Un jour sans dessoûler... Quel départ! Quelle pompe!
Des moustaches le vin s'égoutte sur le pont...
Qui mesure au compas le temps vraiment se trompe,
Comme celui qui prend pour voile un pantalon!

Ayant heurté la lanterne d'un phare,
Les marins sur le pont se tenaient titubant;
C'est peut-être d'ici, dénouant les amarres,
Que Christophe Colomb s'élançait en avant!

IV

La pensée aujourd'hui, seule, me reste chère :
Ce sont les mêmes flots qui soulevaient Colomb,
C'est sur la même mer que coulait de son front
La sueur des travaux, des craintes, des misères...

Lorsqu'il vit ce nuage amené par le vent
Qui remonte du Sud et fait croire à la terre,
« Grimpons aux mâts! Voyez ce rivage, mes frères! »
S'écriait, presque fou, le mousse sur l'avant.

Mais toujours l'océan s'élevait en colosse;
De sa vague il bravait l'immensité du ciel,
Puis, avec le courant venu de Saragosse,
Charriait par paquets les herbes, fraternel.

Comme nous, il guettait la chanson de l'orage;
Quand du tonnerre, enfin, se turent les accords,
Nous vîmes, par l'avant, dans la mer le sillage
De Christophe Colomb voguant vers Salvador.

Les lunes sur les mâts, comme au bout d'une pique,
Mouraient. Comme des mois, les jours leurs semblaient longs;
L'océan se fâchait; il hurlait, l'Atlantique,
Et Christophe rageait. Ah! le pauvre Colomb!

Ainsi donc remontant la cent millième vague,
(L'Atlantique, vraiment, ce n'est pas rigolo)
L'équipage déçu murmurait : « Il divague,
Serions-nous du Malin l'équipage sur l'eau!

« Là-bas, dans nos maisons, n'étions-nous pas contents?
L'Amérique en tout genre, assez! On en a marre!
Nous avions table et lit! On connaît leurs histoires!
C'est des fables de Juifs — ces nouveaux Continents! »

Ils harcèlent Christophe, ils sont sur ses talons :
« Tu te crois bien malin, parce que capitaine! »
En jouant du mousquet, ils grognent : « Retournons!
On n'est pas des pantins! Depuis que tu nous traînes! »

Et Christophe, grimpant sans cesse au perroquet,
Amaigri, malheureux, les yeux hors de la tête,
Pour abréger le temps, pose une devinette :
Son fameux tour de l'œuf, en se voyant traqué.

Mais comment arracher à la suite des âges
Ne fût-ce qu'un instant, au prix de quelque tour?
Qu'est donc l'œuf de Colomb? Un jeu pour un seul jour...
Et, regardant Christophe, hurlait son équipage :

« Le nœud coulant tiendra, et la corde de Gênes
Est solide, Colomb ! Finis ainsi qu'un chien ! »
Dans la nuit, les poignards sortaient déjà des gaines...
« La terre ! » Enfin, voici cet horizon indien !

v

Depuis, les ans ont fui, ainsi que ton emprise,
Tu n'es plus qu'un vieillard, toi, le jeune Atlantique !
N'importe quel salaud à ta moustache grise
Peut cracher comme il veut, du pont d'un « Majestic ».

Tes héritiers, Colomb, au fond des prisons sombres
Ont terminé leurs jours ; ce sont tes descendants,
Sur leurs hardes couchés en des cales dans l'ombre,
Qui côtoient cet enfer des machines ardent.

Au-dessus, dans les fleurs, ceux des premières classes
Variant les plaisirs, les danses, les boissons,
Dans le confort douillet des cabines-salons,
Des W.-C., des cinés, bien au frais se prélassent.

T'es un nigaud, Colomb, je le dis sans mentir,
A ta place si moi, là-bas, j'étais allé,
Cette Amérique, avant de la leur découvrir,
J'aurais su lui donner quelques coups de balai.

Poèmes américains, 1925-1926

TROIS MILLE TROIS SŒURS

(*Les Trois sœurs* de Tchekhov, pièce décrivant la vie
languissante de province, avec, comme leitmotiv, le
rêve, toujours déçu, d'aller vivre à Moscou.)

Vous souvient-il
            de la vie en province ?

Les cartes,
      les querelles,
               l'ennui...
Trois mille trois sœurs,
              d'une voix qui grince
Gémissaient là,
          de jour comme de nuit,
« Ah! s'en aller
          à Moscou, à Moscou... »
De pierre blanche
          ou de pierre écarlate,
Belle et charmante
          à mes yeux
               pour toujours,
Moscou! Moscou!
          Vois ta veste!
               Elle éclate,
Pour l'Union
          devenant trop étroite.
Or, en province
          on a vu, tour à tour,
Soudain surgir
          de belles capitales
Qui pour Moscou
          sont de jeunes rivales.
Dans une plaine
          où jadis les corbeaux
Croassaient seuls
          au-dessus des charognes,
Kharkov surgit,
          qui travaille
               et bourdonne;
Parmi les rails
          et les tas de charbon,
Sifflent les trains — inlassable musique;
Blok écrivait
          de cette éclosion :
« Ô mon étoile, ô nouvelle Amérique! »

Vois, où jadis
                 une mer sans poissons
Léchait ses bords,
                     ses baleines
                            et squales,
Vois-là Bakou s'offrir monumentale,
Toute en palais,
                 boulevards et pignons,
Aux travailleurs
              fourbus
                 de l'Union.
Vois! Où jadis
              la chèvre famélique
Seule broutait
              les affiches pourries,
Kazan surgit, capitale féerique,
De la nouvelle
              et rouge Tartarie.
Moscou s'attriste.
                 Eh! Qu'as-tu, bonne vieille,
Réjouis-toi!
              Vois sortir de leur œuf,
Dans l'Union,
              villages de la veille,
Des villes d'or au prestige tout neuf.

IL EST FORMELLEMENT INTERDIT...

Vraiment, on se croirait,
                 on se croirait en mai
Et même en plein été,
                je disais « mai »
                     pour rire.
On est heureux de tout :
              on renaît,
                  on respire;
Contrôleur ou porteur,

                    on voudrait tout aimer.
La plume se levait
                    sommant la main d'écrire
Et le cœur
            bouillonnait,
                        débordant de chansons.
Gare de Krasnodar,
                    avec ton beau perron,
Je veux
        en paradis
                    te peindre et te décrire!
Le rossignol ici
                peut égrener
                            ses trilles!
L'humeur? Une théière
                    en vrai Chine, pardi!
Mais brusquement j'ai lu
                        qu'il était interdit
Qu'on parle au contrôleur,
                        et mes yeux se décillent.
Mon cœur
        sentit le mors.
                        Les rossignols tombés
Des branches,
            abattus nombreux
                            a coups de pierres;
Je voudrais demander pourtant :
                            « Et les affaires?
La santé? Les enfants? »
                        Interdit! Prohibé!
Je suis passé,
            les yeux un peu baissés à terre,
Riant timidement,
                quêtant l'assentiment...
Je voudrais demander...
                    Non. Je ne puis le faire,
Je serais importun.
                C'est le gouvernement!

                        410

L'OISEAU

Il entre, salue avec grâce,
« Bonjour », lui dis-je, et tends la main.
— Un autographe? Prenez place!
— Merci. Je suis un écrivain.

— Vous écrivain? Oui, oui, sans doute!
Excusez! Salut fraternel!
Allons, lisez, je vous écoute,
Lisez-moi votre ardent appel,

Car votre œuvre est pour moi nouvelle :
Un tourbillon, un ouragan!
Et vous devez brûler de zèle,
Allez-y donc, je vous attends!

— Vous vous trompez. Amant des muses,
Écrivain, mais non prosateur,
Je sers la poésie et j'use
Du seul langage à sa hauteur! »

D'un geste élégant, il rejette
De ses cheveux soyeux le flot
Et, bêlant comme une chevrette,
Il y va de son tremolo.

« La lune éclaire la colline,
La source court dans le vallon. »
Il imite la mandoline,
Et se prend pour un violon.

Sur ses boucles, quelle auréole!
Que de noblesse sur son front!
Sur la table, perdant contrôle,
J'abats mon gros poing, furibond.

« Cessez de singer le poète,
Et finissons-en donc, enfin!
De dos ou de face, vous êtes
Plutôt tulipe qu'écrivain!

Voguant au-dessus des nuages,
Et plutôt qu'un homme, un oiseau,
Vous avez, monsieur, le ramage
D'un serin, ou d'un bécasseau.

Dans nos épreuves, nos conquêtes,
Vous semblez ridicule et vain;
Qui reste utile est un poète!
Qui sert les gens est écrivain!

Enlevez, monsieur, cette tarte!
Nos poèmes chantent le pain!
Qui crée un slogan, une marche,
Celui-là, seul est écrivain! »

1929

(MESSAGE SUPRÊME)

(Fin)

II

Deux heures vont sonner
                              et tu dois sommeiller,
La Voie lactée étend
                    sa scintillante trame.
Je ne suis pas pressé...
                         Pourquoi te réveiller
Par les brusques éclairs
                        de soudains télégrammes!

Notre barque est brisée
                                    à la vie quotidienne ;
Et, quittes désormais,
                            ne comptons pas nos lots
De réciproques torts,
                        d'offenses
                                    et de peines...
Comme on le dit parfois :
                                cet incident est clos.
La nuit
        couvre le ciel
                        d'une offrande étoilée...
Regarde, la sens-tu,
                    la paix de ce concert ?
C'est l'heure
            où se dressant,
                                on parlerait d'emblée
Aux siècles, à l'histoire,
                        à l'immense univers...

                            III

Mais tu dois sommeiller
                            deux heures vont sonner,
A moins qu'un trouble obscur
                                ne tourmente ton âme...
Je ne suis pas pressé...
                        Pourquoi t'importuner
Par les brusques éclairs
                        de soudains télégrammes !

                                            1930

SERGE ESSÉNINE

1895-1925

Né en *1895* à Constantinovo, village du gouvernement de Riazan et, sa famille paysanne étant déjà nombreuse, Serge Essénine fut confié, à l'âge de deux ans, à ses grands-parents qui l'adoraient et qui habitaient aussi le village. Il termine ses études à l'école locale, puis entre à l'école normale de la ville voisine, afin de devenir maître d'école. A sa sortie, il reste pendant deux ans avec les siens à Constantinovo, se vouant à la poésie.

De *1913* à *1915*, Essénine est à Moscou où il exerce différents métiers tout en suivant les cours de l'université populaire. A partir de *1915*, il habite Pétersbourg où il fréquente les milieux littéraires et se lie avec Klúev qui exerce sur lui une influence décisive.

Ses succès littéraires étaient déjà grands lorsqu'il fut mobilisé, puis envoyé ou front. A son retour, le poète se déclare pour le nouveau gouvernement qu'il suit à Moscou. Il signe le manifeste imaginiste, mais reconnaîtra plus tard que l'image dans la poésie, pour importante qu'elle soit, n'est pas l'essentiel.

Menant une existence dissipée avec ses nouveaux amis imaginistes, de plus en plus gâté par le succès, il commence à abuser de la boisson. En *1921*, il rencontre Isidora Duncan, et l'épouse en *1922*. Isidora avait plus de quarante ans et ne connaissait pas le russe; Essénine ne parlait aucune langue étrangère. Ce couple mal assorti part pour Berlin, puis passe à Bruxelles, à Venise, à Paris, et s'embarque enfin pour les États-Unis. Durant ces pérégrinations, le poète boit de plus en plus, et mène une vie désordonnée et scandaleuse. Par la fenêtre d'un grand hôtel parisien où il s'était arrêté avec Isidora Duncan, il jette dans la rue tout le mobilier de leur chambre et se promène nu dans les couloirs. La police intervient.

414

Revenu seul à Moscou, il s'y montre nerveux et sombre. Pris d'un besoin de se fuir lui-même, il va chez des amis à Tiflis et à Bakou. Là, sa santé s'améliore et il écrit beaucoup, avec une surprenante facilité. De retour à Moscou, pris d'une profonde tristesse, il se remet à boire. En 1925, il épouse la petite-fille de Tolstoï. Le jeune couple va à Bakou où l'état d'Essénine s'améliore de nouveau. A Moscou, où il revient en 1925, il prépare la publication de ses œuvres aux Éditions d'État, touche d'importants acomptes, boit plus que jamais et fréquente les bas-fonds de la ville. Il est repris par les crises nerveuses et des hallucinations, et sa poésie reflète alors son angoisse devant le spectre de la mort qui le poursuit dans les rues de Moscou. Pour échapper à la surveillance des siens, il gagne Leningrad et s'installe à l'Hôtel d'Angleterre. C'est là qu'Essénine s'ouvre les veines, et, après avoir écrit avec son sang un poème d'adieu, se pend dans la nuit du 27 au 28 décembre 1925. Ce poème, d'ailleurs, nous est parvenu peut-être tronqué...

A la suite de Koltzov qu'il reconnaît, d'ailleurs, comme son maître, Essénine continue la tradition populaire, mais sa poésie est celle d'un autre temps. Il eût voulu, de toutes ses forces, adhérer à la révolution d'Octobre, en devenir le héraut, mais son être, tissé de fibres du passé, l'en a empêché, car la source de sa poésie était justement dans ce passé trop proche et qu'il lui était impossible d'oublier. Poète lyrique, il était étranger à l'esprit civique illustré par les grands poètes russes du passé, comme aussi à l'optimisme obligatoire de la poésie nouvelle.

Dans un de ses poèmes, il décrit d'une façon émouvante un jeune poulain qui voulut rattraper un train et la défaite fatale du gracieux et naïf animal par le monstre de fer qui vient troubler la paix des champs et bouleverser la vie patriarcale des paysans. N'est-ce pas là une allégorie involontaire, décrivant le sort du jeune poète vaincu par la transformation de la vie du peuple russe?

En revanche, ce qui, par-dessus tous les changements, est commun à l'humanité de tous les temps, Essénine l'a chanté en des vers vibrant d'amour et de pitié; sa poésie restera éternellement jeune, émouvante et vraie.

Il chante la nature, la terre natale avec une dévotion véritablement filiale. La richesse de ses couleurs, prolongement pictural de ses émotions, fait penser à Chagall. Ses images sont toutes personnelles, prises dans la réalité même et non dans quelque arsenal poétique. L'imaginisme

et ses artifices ne l'ont pas retenu longtemps, il est vite revenu à la tra-
dition classique pouchkinienne, au réalisme poétique.

L'amour, dans la poésie d'Essénine, se pare souvent de charmes sains;
la jeune fille russe apparaît lointaine et secrète dans sa pureté et sa grâce
naturelles.

Un des traits émouvants de sa poésie, c'est sa touchante affection pour
les animaux domestiques : il parle d'eux souvent comme de frères cadets,
comme de ses amis de toujours. Aucun poète russe ne l'a précédé dans
cette voie. Enfant du peuple, égaré dans les capitales de Russie et
d'Europe où il mène une existence dissipée et bruyante, il ressent une
profonde nostalgie de son village natal, de sa maison, de sa famille, para-
dis perdu que rien ne saurait lui faire oublier. « Le Rossignol Russe » se
débat désespérément dans la cage de la vie moderne.

Mais cet archange blond était suivi par son double : Un Homme noir,
perdu de débauche et de boisson, qu'il hait sans pouvoir s'en libérer.
Une nuit, il se précipite sur cet homme noir armé d'une canne, mais
réveillé de son cauchemar, il s'aperçoit que c'est sa propre image qu'il
vient de briser dans la glace dont les éclats jonchent le sol...

*

Au petit matin, protégée
Par les tas de nattes rangées,
La chienne avait mis bas ses chiots,
Sept chiens roux et tout petiots.

Jusqu'au soir, elle n'a cessé
De les coiffer et caresser;
Et de son ventre chaud le lait
En neige tiède ruisselait.

Mais lorsque les poules le soir
A leur place vinrent s'asseoir,
Maussade, le maître sortit
Et mit dans un sac ses petits.

Inquiète, allant à sa suite,
La chienne avait couru bien vite;

Longtemps frissonna la surface
Des eaux dont fut brisée la glace...

Elle revenait, se traînant,
Et se léchait encor les flancs
Lorsque, derrière la « hata [1] »,
Un croissant de lune monta.

Alors elle vit, glapissant
L'un de ses chiots dans le croissant.

Elle geignait, fixant le ciel
D'un bleu profond, originel...
Mais le croissant en serpe fine
Glissait derrière les collines.

Comme poursuivant une pierre
Qu'on lance pour jouer, alors
Sur la neige ses yeux roulèrent,
Semblables à des boules d'or.

1915

●

Réveille-moi très tôt demain,
Mère, ma patiente mère,
Je sortirai sur le chemin,
Pour l'accueillir ainsi qu'un frère.

Hier, j'ai vu, là, dans le pré,
Les traces de son attelage,
Et sa douga [2] de bois doré
Oscille au vent sous les nuages.

1. Hata : chaumière.
2. Douga : arc de limonière.

Comme un croissant sur les buissons
Sa chapska luit, tout chante et bouge;
La jument danse à l'unisson
Secouant sa queue aux crins rouges.

Réveille-moi demain très tôt !
La lampe, il faut que tu l'apprêtes;
On dit que je serai bientôt
En Russie un fameux poète.

Je chanterai tout : l'Hôte et toi,
Le coq, le poêle et notre toit,
Et le lait de tes vaches, même,
Se répandra dans mes poèmes.

1917

*

Dernier poète de village,
J'apporte mes simples chansons
Et devant les saintes images
Mon corps est un cierge qui fond.

Lorsque, sur le cadran lunaire,
Rauques, sonneront douze coups,
Je verrai surgir l'Émissaire
Dans un sentier d'azur, debout;

Et sa main de fer, inhumaine,
Cueillant l'avoine de mes chants,
Fera périr toutes mes graines
Qui ne pouvaient pousser qu'aux champs.

Mes épis, mes chevaux, sans maître,
Appelleront en vain l'absent
Et leurs plaintes iront se perdre
Parmi les hurlements du vent.

1919

Pas de larmes, d'appels, de plaintes!
Adieu, les pommiers que j'aimais!
Oui, déjà par l'automne atteinte,
Ma jeunesse est loin à jamais.

Le cœur ne battra plus de même.
C'est un petit froid, le premier...
Indienne des prés, je t'aime,
Sans plus me promener nu-pieds.

Adieu mes beaux vagabondages,
Et le trop-plein des sentiments!
Adieu l'élan fou du jeune âge
Qui jadis enflammait mes chants.

Je ne désire plus grand-chose.
Ai-je vu ma vie en rêvant?
J'ai passé sur un cheval rose
Dans l'aube sonore, au printemps...

L'érable a répandu, légères,
Ses feuilles de cuivre bruni;
Ah! Que soit à jamais béni
Ce qui fleurit et meurt sur terre!

1921

Me tromper moi-même? A quoi bon?
En mon cœur la brume s'étale...
On dit de moi, mais pourquoi donc?
« Quel charlatan! C'est un scandale! »

On croirait que, malfaiteur, j'ai
Fusillé des gens dans les geôles;
Je ne suis pas mauvais sujet
Mais ris de ce qui semble drôle.

Simple fêtard et polisson,
A Moscou, au quartier de Tver,
A tous les chiens des environs
Ma démarche est trop familière.

De loin le plus boueux cheval
Me salue et hoche la tête;
Je suis un grand ami des bêtes,
Mes vers les guérissent du mal.

Je ne porte pas pour les femmes
Ce haut-de-forme étincelant;
Voyez, pour alléger mon âme,
J'offre de l'avoine dedans.

Issu d'un monde disparate,
Je n'ai pas d'amis à Moscou,
Et je suis prêt à mettre au cou
D'un chien ma meilleure cravate.

Sans que je sois malade, oh! non,
De mon cœur la brume s'exhale,
Et l'on dit de moi sans raison :
« Quel charlatan! C'est un scandale! »

1922

*

J'ai quitté mes steppes natales;
C'est fini, fini sans retour,
Les feuilles des grands tilleuls pâles
Ne tinteront plus sur mes jours.

Oui, la maison sans moi se tasse,
Depuis longtemps, mon vieux chien dort;
Dans les rues de Moscou, la mort,
Je le sais, me suit à la trace.

J'aime cette ville pourtant,
Si décrépite, s'embourbant,
Ville où l'antique Asie somnole
Comme étalée sur ses coupoles.

Quand le croissant me paraît trop
Lumineux et qu'il m'ensorcelle,
Mes pas s'en vont vers mon bistrot
Toujours par la même ruelle.

Dans ce repaire, quel fracas!
Je bois, la nuit, dans des buées,
Avec des bandits la vodka,
Lis mes vers aux prostituées.

Mon cœur bat fort, mon mal s'aggrave...
M'oubliant, je dis pour finir :
« Comme vous, je suis une épave,
Sur mes pas pourquoi revenir! »

Oui, la maison sans moi se tasse,
Depuis longtemps mon vieux chien dort;
Dans les rues de Moscou, la mort,
Je le sais, me suit à la trace...

1922

421

Ne criez pas! La belle affaire!
Je ne vends plus de mots, c'est dit!
Je sens, rejetée en arrière.
Ma tête en or qui s'alourdit...

N'aimant plus village, ni ville,
Comment la porter jusqu'au bout?
Que ma barbe pousse tranquille,
Je me fais vagabond, c'est tout!

Adieu les livres, les poèmes!
Je vais partir, le sac au dos...
Les vagabonds, le vent les aime,
Et de ses chants leur fait cadeau.

. . . .

1922

FILS DE CHIENNE

De nouveau, le passé surnage :
C'est un pré fleuri qui bruit;
Comme un ami de mon jeune âge,
Je me rappelle ce chien gris.

Telle ma jeunesse effeuillée,
L'érable nu n'a plus de chants...
Dans ma mémoire réveillée
Passe une jeune fille en blanc.

Dans le collier de ce chien même
Qui pour moi faisait le facteur,
Je glissais billets et poèmes,
(Elle était un hymne en mon cœur).

Elle ignorait mon écriture,
N'ayant jamais lu mes billets,
Mais rêvait souvent en bordure
De l'étang jaune, sous l'obier.

Un jour je partis, solitaire;
Mais son image encor m'émeut,
Quand à la porte familière
Je reviens, poète fameux.

Le chien est mort. De même race
Et de ce même poil bleuté,
Son fils me reçoit à sa place
Aboyant comme un dératé.

Bonne mère! On dirait le même,
Ce chien... Ma peine afflue au cœur.
J'en suis rajeuni de douleur.
J'écrirais billets et poèmes,

Comme jadis, lorsque j'aimais...
Un chant connu passe et me leurre...
Viens, mon ami, dans la demeure,
Tu m'as rendu mon mois de mai.

Cesse d'aboyer! Tu frétilles,
Je t'embrasserai, si tu veux...
En blanc était ma jeune fille,
A présent, j'en aime une en bleu...

1924

LETTRE A MA MÈRE

Tu vis encor, ma vieille mère!
Me voici... Salut cordial!
Et qu'au-dessus de ta chaumière
Brille un rayon d'or vespéral!

On m'écrit que, très inquiète,
En secret pour moi te rongeant,
Dans ton ancienne jaquette
Tu sors sur la route, souvent;

Que, dans l'ombre, parfois, tu songes
Aux querelles de cabaret,
Au long couteau finnois qui plonge
Sa lame bleue au cœur, d'un trait.

Nitchevo [1]! Calme-toi, ma bonne!
Tout cela n'est qu'un cauchemar!
Suis-je donc à ce point ivrogne
Jusqu'à mourir sans te revoir?

Non, je suis toujours aussi tendre,
Rêvant, comme à ma guérison,
De pouvoir au plus tôt me rendre
Dans ta basse et vieille maison.

Quand refleuriront, printanières,
Les branches dans notre jardin,
Je reviendrai; mais surtout, mère,
Ne m'éveille plus le matin!

Paix à ce qui n'a pu se faire!
Paix aux rêves inaccomplis!
Je fus déçu trop jeune, ô mère,
Et je ne cherche que l'oubli.

Non, ne m'apprends pas la prière
Qui n'a plus de place en mon cœur,
C'est toi mon aide et ma lumière,
C'est toi mon unique bonheur!

Ne sois pas toujours inquiète,
En secret pour moi te rongeant,
Mère, et ne sors plus si souvent
Sur la route en vieille jaquette.

1924

1. Ce n'est rien.

BATOUM

Des bateaux vont aux Dardanelles,
Vers Moscou se hâtent les trains,
Et chaque jour se renouvelle
Une tristesse qui m'étreint.

En cette contrée éloignée,
La lune s'incline vers moi;
La mer Noire, à pleines poignées,
Me jette ses liquides pois.

Chaque jour, au débarcadère
J'accompagne, triste, esseulé,
N'importe qui, pourvu que j'erre
En des lointains ensorcelés...

Est-ce du Havre ou de Marseille
Que Jeannette ou Lise viendront?
Leur souvenir en moi s'éveille,
Mais les ai-je connues ou non?

Qui sait, peut-être, à New York même,
Miss Mitchell pense à moi lisant,
Traduit, cet étrange poème...
Ô mer aux appels languissants!

Ainsi, sur d'invisibles traces,
Nous errons dans l'obscurité...
Comme une lampe, dans l'eau passe
La méduse aux reflets bleutés.

Qu'une étrangère me sourie,
Que grincent les bateaux, les trains!
J'entends l'orgue de barbarie,
Le cri des cigognes, lointain.

Est-ce que c'est elle, bien elle?
Comment pourrais-je le savoir?
Son compagnon déjà l'appelle,
Vite elle échappe à mon regard...

Chaque jour, au débarcadère
J'accompagne, triste, esseulé,
N'importe qui, pourvu que j'erre
En des lointains ensorcelés.

Une vie autre se devine...
Dans la nuit, un coup de sifflet,
Avec une adresse canine
Un contrebandier a filé;

Sa course quelquefois s'achève :
Un coup de feu vient de claquer...
Le douanier, veillant sur la grève,
Cette fois ne l'a pas manqué!

Mais la contrebande est vivace,
Quelque dur que soit l'embargo,
Car Batoum bleuit dans l'espace,
Au bord de la mer indigo.

Au boulevard, des bruits, des rires..
Les gens s'amusent d'un luron,
Vieillard qui, pris d'un doux délire,
Se promène, un coq sur le front.

En riant, au débarcadère
Je porte mes pas esseulés,
Comme attiré par le mystère
De ces lointains ensorcelés.

1925

LA CONFESSION D'UN HOULIGAN

Chacun sait-il chanter? Tomber comme une pomme
Offerte, à tout venant?
C'est la confession très sincère d'un homme,
Confession d'un houligan!

Je vais tout dépeigné, avec, sur les épaules,
Une tête pareille à ma lampe à pétrole,
Car, vraiment, il me plaît d'éclairer de ma flamme
Un automne effeuillé, l'automne de vos âmes,
Comme de recevoir les pierres des outrages,
Pareils aux durs grêlons d'un violent orage.
Je sens ma tête en or osciller, que j'étreins
Toujours, toujours plus fort avec mes mains...

Oh! Qu'il fait bon alors se rappeler le jaune
Et broussailleux étang, le cliquetis de l'aulne;
Mon père et ma mère y sont encore qui m'aiment,
Se moquant de mes vers et de tous mes poèmes!
Moi seul je leur suis cher,
Tel leur champ ou leur chair.
Ils accourraient avec des fourches sans tarder
Pour chacun de ces cris dont vous me lapidez.

Ô pauvres, pauvres paysans!
Vous êtes, c'est certain, déjà vieillis et laids,
Et craignez toujours Dieu et les tristes marais.
Pourtant, si vous pouviez vous mettre dans la tête
Que ce fils, en Russie, est le meilleur poète!
Pour sa vie votre cœur se mettait à givrer
Quand il traînait pieds nus dans les flaques d'automne;
Coiffé d'un haut-de-forme, à présent, c'est bien vrai,
En des souliers vernis ses pieds il emprisonne.

Mais il garde toujours sa fougue juvénile
De farceur villageois;
Chaque enseigne de vache aux boucheries en ville,
Il salue avec joie.

Retrouvant les cochers sur la place, à nouveau
Il respire l'odeur du fumier sur la plaine;
Très digne, il porterait les queues de leurs chevaux,
Tout comme s'il tenait de nuptiales traînes.

Oui, j'aime la patrie
Et tout m'y paraît beau;
Sa tristesse de saule! oh, comme elle m'étreint!
La nuit, j'aime les voix sonores des crapauds,
J'aime jusqu'aux cochons et leurs malpropres groins.

Mon enfance, oh! combien ton souvenir m'obsède!
En mes rêves, je vois des soirées d'avril tièdes.
Devant le grand brasier solaire à l'horizon,
Notre érable se chauffe, accroupi, dirait-on.
A ses branches grimpé, combien d'œufs de corbeau
Ai-je volé, mettant ma culotte en lambeaux!
Vêtu d'écorce dure, élève-t-il dans l'air
Son sommet comme avant, aussi haut, aussi vert?

Et toi, chien préféré,
Mon ami véritable,
Dans la cour, la queue basse, encore te traînant,
Ayant même oublié et la porte et l'étable,
Te voilà, de vieillesse aveugle et glapissant.
A ces espiègles jeux, je pense avec amour,
Quand, à ma mère, ayant pris un quignon de pain,
Nous y mordions tous deux et chacun à son tour,
Sans répugnance aucune, ainsi que des copains.

Je suis encor le même
De cœur, le même encor...
Les bleuets de mes yeux fleurissent mon visage
Ainsi qu'un champ de blé. Je veux en ce message
Vous dire quelque chose et de tendre et de fort :
« Bonne nuit à vous tous! »
Le bruit se meurt sur terre
Fauché par le couchant aux prés crépusculaires.

La lumière est si bleue, elle est d'un bleu magique!
De mourir on n'aurait ni regret ni colère.
Qu'est-ce que cela fait si je parais cynique,
Si j'ai même accroché ma lanterne au derrière?

Le vieux, le bienveillant, et surmené Pégase,
Qu'ai-je à faire de lui et de ses embarras?
En austère artisan, je suis venu sans phrases,
Je suis venu chanter glorifiant les rats;
Et ma tête, pareille à ce début d'automne,
Bout, versant le vin clair de mes cheveux d'or blond...

Je veux être la voile jaune
Vers le pays où nous voguons.

1925

＊

Les feuilles tombent, tombent, tombent...
Le vent gémit, mais assourdi;
Ranimant mon cœur qui succombe,
Qui donc va l'apaiser? Oh! dis!

Relevant mes lourdes paupières,
Je regarde un pâle croissant;
Dans cette accalmie singulière,
Déjà les coqs jettent leur chant.

Dans le bleu pur de l'aube proche
Les étoiles filent tout près;
Faut-il donc que vite j'ébauche
Un souhait, mais que désirer?

Que désirer dans cette vie?
Je maudis la maison, le sort,
Sous ma fenêtre ayant envie
De voir une fillette alors...

Afin que ses yeux bleus me plaisent,
Qu'elle pense à moi simplement,
Que mon pauvre cœur elle apaise
De mots neufs, de frais sentiments,

Et que, dans la blancheur lunaire
Saisissant mon bonheur tout près,
Avec sa gaie jeunesse claire
De la mienne je n'aie regret.

Août 1925

*

Entends-tu le traîneau qui vole à perdre haleine,
Il fait bon, tous les deux, courir la vaste plaine!

Ce vent gai, mais timide, est un peu hésitant;
Et dans la steppe roule un clocheton d'argent.

Mon beau traîneau, mon cheval isabelle! En transe,
Là-bas, dans la clairière, ivre, un érable danse.

Allons lui demander : « Qu'est-ce donc qui te prend? »
Et puis nous danserons tous les trois dans le champ.

Octobre 1925

L'HOMME NOIR

(Fin)

L'homme noir

Au village, vivait, là-bas,
Un gars parmi les paysans;
Était-ce, il ne m'en souvient pas,
A Kalouga, à Riazan?
Ses yeux sont bleus, jaune est sa tête,
Il a poussé, le voici grand!
Par-dessus tout, il est poète,
Pas génial mais captivant...
Et ce jeune homme impertinent,
« Enfant terrible » ayant nommé
Une femme de quarante ans,
L'appelait aussi « bien-aimée ».

Essénine

Je te connais depuis longtemps
Homme noir, le pire des hôtes...
C'est pour cela, que, déchaîné,
Je te lance mon jonc au nez!

. . . .

Soudain, m'éveillant je tressaute :
A ma vitre, l'aube bleuit,
Le croissant est mort... De la nuit
Ce n'était rien que la grimace...
En haut-de-forme je me vois...
Je suis seul... Des éclats de glace
Sont répandus autour de moi...

14 novembre 1925

*

Dans un suaire blanc, la plaine disparaît,
Sous la lune, enneigé, mon pays paraît blême,
Et les bouleaux en pleurs regrettent les forêts;
Qui donc est mort ici? Peut-être est-ce moi-même...

1925

*

Au revoir, mon cher! Au revoir!
Ami, je t'ai dans ma poitrine!
Nous nous quittons; de nous revoir
Un espoir déjà se devine...
Sans mots, sans main serrée, en route!
Ton front, pourquoi le rembrunir?
Pas plus que de vivre, sans doute,
Il n'est pas nouveau de mourir.

Dernier poème, écrit la veille de sa mort
avec son propre sang, 1925.
(Mais n'est-il pas tronqué?)

432

NICOLAS TIKHONOV

1896-1979

Né en 1896 à Pétersbourg où son père était artisan, Tikhonov termine, en 1911, l'école commerciale et devient petit fonctionnaire dans l'administration de la Marine.

Soldat de la Première Guerre mondiale, volontaire de l'armée Rouge en 1918, il participe à la défaite de Youdenitch, près de Petrograd. De 1920 à 1940, Tikhonov voyage en Russie, en Europe occidentale et en Asie.

Lors de la dernière guerre, il dirige le groupe d'écrivains du Bureau politique du front de Leningrad et prend part à la défense de la capitale.

Président du comité de la ligue pour la défense de la paix, il est décoré de l'ordre de Lénine et de l'ordre de la Guerre mondiale, et obtient le prix Staline.

Ses premiers livres, publiés en 1922 et 1923, ont un grand succès et le classent parmi les meilleurs poètes de la jeune littérature soviétique. Ses voyages en Europe occidentale élargissent son horizon intellectuel. Dans des voyages à travers l'immense Russie, il étudie les langues et la littérature des différentes populations qui forment l'U.R.S.S. et traduit, tout en gardant sa personnalité, les poèmes de Géorgie et des autres républiques alliées.

Ces pays l'enthousiasment et l'inspirent. Il prévoyait, d'après son observation personnelle en Occident, que la paix n'était qu'un entracte entre deux orages. Il reprend en effet l'uniforme lors de la Seconde Guerre mondiale.

Les vers qu'il écrit pendant et après cette période tragique sont inoubliables. Un recueil, l'Année de feu, en contient une partie.

Ce poète, d'une puissante originalité, homme d'action, voyageur, explorateur, militaire d'une grande audace, habitué aux dangers de l'aventure et de la guerre, fait parfois penser à Goumilev auquel il ressemble aussi par son âpreté et par la perfection de sa poésie.

LE PERMISSIONNAIRE

Le chef de bataillon se lève
Sa main plie un roseau léger...
« Ta femme au loin se meurt?... Tu rêves
En me demandant ce congé...

« Te permettre que tu t'en ailles,
Un fusil en moins... Non, attends!
C'est ce soir l'ultime bataille...
Demi-tour à gauche! En avant! »

Pour des attaques furieuses
Dix fois sortit le bataillon!
Crépitèrent les mitrailleuses
Les flancs tirant à l'unisson...

Puis, sous les tilleuls, en rangée,
On coucha cent dix fantassins...
Oh! ces fatigues prolongées!
Le tabac collait à leurs mains.

Quelques taches rouges montèrent
Au visage de l'officier;
A chacun des morts, il dit : « Frère,
Je viens pour te remercier. »

Et de sa main aussi tranchante
Que le métal d'un sécateur,
Il a serré les mains sanglantes
Des morts, sous les yeux des chasseurs.

Pour les cadavres, la retraite
Ne sonnait pas du même son;
Mais leurs mains retombaient inertes
Aux coutures des pantalons.

« Denisov Ivan, tu m'écoutes?
La voici, ta permission...
Bien que tu ne sois plus, en route!
Tu peux rentrer à la maison! »

Tous les soldats se taisaient, blêmes,
Ainsi qu'un chien tremblait le vent,
Parmi les morts couchés en rang,
Seul, se dressa le cent-dixième.

Griffant sa tête, un corbeau part,
Croassant d'une voix humaine;
Les chasseurs baissaient le regard,
Saisis, retenant leur haleine.

. . . .

Le mort s'en fut, n'ayant laissé
Sur la neige aucune trace;
L'officier dit : « Suis-je blessé? »
En portant la main à sa face.

1919-1922

ZINANDALI

J'ai passé sur l'onde changeante
De l'Alasagne à la moisson,
Chenue autant qu'une légende,
Aussi jeune qu'une chanson.

435

Le Sovkhoze a beaucoup d'ouvrage,
C'est l'automne à Zinandali;
Des oiseaux au sombre plumage
S'envolent dans le ciel pâli.

L'Alasagne roule ses ondes,
Ses pentes s'ornent de raisins;
Les maîtres disaient à la ronde
Que le bonheur était humain.

Jus d'une ivresse bienvenue,
Tu submerges nos désespoirs,
Coulant dans les caves connues
Ton flot rouge, bleu, jaune ou noir.

Mais, dans le silence de l'âme
Sur des sentiers aventureux,
Je voyais une seule femme
Dans le fond de verres nombreux.

Dans l'ombre de grottes voûtées,
Et parmi les bois fraternels,
Sur mon bonheur une pensée
Se répandait comme du sel.

La feuille peut se réjouir,
Volant de-çà, de-là, légère,
Mais je ne pouvais m'établir
Et demeurer sur cette terre.

Je traversais comme un passant
Les clairières et les bois sombres,
Mais mon cœur en était absent,
J'étais une ombre, rien qu'une ombre...

J'ai passé sur l'onde changeante
De l'Alasagne à la moisson,
Aussi chenue qu'une légende,
Aussi jeune qu'une chanson.

SEPTEMBRE

Quelque poisson s'ébroue à peine,
Le feuillage à peine bruit;
J'entends déjà ta voix lointaine
    Me parler avec lui.

La feuille devient plus légère,
L'herbe est plus sèche dans les prés;
Je vois l'heure crépusculaire
    Plus hâlée que tes traits.

Simplement, l'ombre plus obscure
Entre dans la ronde des soirs;
Sur ma face ta chevelure
    Étend ce voile noir.

*

Elle se tenait sur sa porte
Dans la lumière du couchant,
Sur son fuseau, comme une sorte
De sombres laines enroulant;

Et sa main, par intermittence,
S'éclairait, et puis s'effaçait;
Elle filait mon existence,
La montagnarde aux doigts pressés...

Un paquet d'herbes dans la bouche,
Un bœuf remontait dans le soir,
Et je voyais ses cornes rouges
Sous le fuseau de ce fil noir.

Entre les cornes, le village
Entièrement m'apparaissait;
Le soleil couchant caressait
De rayons d'or le paysage.

Les cornes encadraient ce fond
Ainsi qu'une belle peinture;
La fumée montait des toitures
Léchant les tuiles des maisons...

Un vent fatal pourtant s'apprête
A rompre le fil du fuseau;
Encore un tour de la navette,
Déjà c'est le dernier morceau!

Ô vous, montagnes renommées,
Dans le haut ciel vous élevant,
Que sont les chants? De la fumée
Qu'emportera bientôt le vent...

1939

ÉDOUARD BAGRITZKI

1897-1934

De son vrai nom Dzibine, Bagritzki est né à Odessa. Bien que ses parents fussent pauvres, il put faire des études secondaires et s'adonner aux lettres. Fils de la radieuse Odessa, il grandit au bord de la mer Noire, parmi la foule bariolée et bruyante de la ville et du port.

Son talent littéraire mûrit avec la révolution au milieu de la guerre civile, qui, dès 1918, déchirait l'Ukraine et à laquelle il participa comme soldat.

Poète déjà célèbre, il vint en 1925 s'installer aux environs de Moscou et mourut prématurément, en plein essor de son talent.

Son enthousiaste jeunesse se tourna d'abord vers les siècles passés et les pays étrangers, mais bientôt, il voue tout son talent à son époque et à son pays.

Très sévère pour ses écrits, Bagritzki ne fait paraître qu'un choix de ses meilleurs poèmes, en 1928. Son œuvre la plus connue est Oponasse, épopée qui décrit la guerre civile en Ukraine. Quatre personnages symbolisent ce déchirant conflit, dont la scène et l'enjeu sont le « Grenier de la Russie ». La réaction y est peinte sous les traits légendaires de Makno, qui combat sous le drapeau noir des bandits; l'Armée Rouge est représentée par l'intrépide et généreux capitaine Kotovski. Le commissaire Kogan, impitoyable et scrupuleux dans l'exercice de ses fonctions, est la cheville ouvrière de la révolution. Le héros principal, Oponasse, fils de paysans, n'aspirant qu'au paisible travail de la terre, est entraîné malgré lui dans cette guerre fratricide, tantôt sous les ordres de Kogan, tantôt sous ceux de Makno. Les quatre personnages sont tués, mais alors que Kotovski et Kogan tombent glorieusement pour la grande cause, Oponasse périt sans gloire, victime de la fatalité historique.

Le lyrisme passionné du poète, la poignante vérité de son récit, sa profonde humanité, ses hautes qualités viriles, un pathétique d'autant plus émouvant qu'il est sobre et familier, le rythme inspiré par les chants ukrainiens, une langue pleine de saveur, font de l'Oponasse un chef-d'œuvre de la poésie populaire russe. Le poème est émaillé de descriptions de la nature où l'on sent l'amour profond du poète pour sa terre natale.

Certaines de ces qualités se font également jour dans les autres œuvres de Bagritzki, telles que La Pastèque, *court chef-d'œuvre écrit en 1924,* La Mort d'une Pionnière, Février, La Dernière Nuit *et* L'Homme de la Banlieue.

Le lyrisme et le souffle épique s'unissent dans les descriptions poétiques de Bagritzki qui exerça une profonde influence sur d'autres poètes soviétiques.

OPONASSE

I

Oponasse, venant de Balte,
    S'enfuyait par la plaine,
A travers les vignes, sans halte,
    Sur la route d'Ukraine.

Aux pieds le piquent les chardons,
    Et le vent siffle et chante.
Le char céleste tout au long
    Le conduit par les sentes;

Les étoiles au firmament
    Le guident pour aller
Vers les fermes des Allemands,
    Chez ces colons replets.

Oponasse, jette un regard!
    Prends garde à toi! Malheur!
Ne vois-tu pas ce bonnet noir,
    Là-bas, sur le guetteur?

Ta conscience t'a sans doute
    Troublé de ses reproches;
Vers le colon Schtol faisant route,
    De Makno tu t'approches.

Makno porte jusqu'aux épaules
    Une épaisse tignasse,
« D'où viens-tu donc ainsi, mon drôle? »
    Dit-il à l'Oponasse.

« — Parmi nos hommes fais-tu halte
    Contraint ou librement? »
« — J'arrive ici, venant de Balte
    Pour voir Schtol, l'Allemand.

Je viens sous le coup d'une injure
    D'un défi noir, sanglant,
De la brigade de Kogan,
    Contrôleur des cultures.

Sur les pentes, dans les vallons,
    En loup ce Juif furette,
Fouillant les plus riches maisons,
    Les meilleures cachettes.

Son flair se montre sans défaut.
    Il dit dès son entrée :
« Allons, sortez des caniveaux
    La récolte enterrée! »

Si le moujik proteste ou jure
    Il est vite puni!
La moustache dans les ordures!
    Fusillé... C'est fini!

Ce n'est plus qu'un marais gluant,
    La belle terre noire,
Pleine de sueur et de sang...
    Du fusil, j'en ai marre!

Mais, pardon, dis-moi, petit père,
   Le chemin semble long...
Dis, où trouverai-je la terre
   De ce Schtol, le colon? »

« — Schtol, lequel est-ce, mon gaillard?
   Le rouquin, le grêlé?
Fusillé! Près de ce hangar;
   Où veux-tu donc aller?

Je m'explique; ce n'est pas long,
   Ma parole est très claire,
Vois, si tu tournes les talons
   Mon feu te fera taire.

La pelisse pour Oponasse!
   De bon drap qu'on l'habille!
Que l'on verse pour Oponasse
   Du vin vieux qui pétille!

Donnez-lui sa paire de bottes
   Brillant d'un bel éclat,
Un bonnet noir, une culotte,
   Un sabre, un coutelas.

Car, dans mon armée, Oponasse,
   Je veux que tu t'enrôles! »
Makno arbore une tignasse
   Qui pend jusqu'aux épaules...

II

Elle bruit la vaste plaine...
   Et sur son libre espace
Se pavane, danse et s'entraîne
   Le cheval d'Oponasse.

442

Oponasse – une vraie peinture !
  En bonnet à longs poils,
Il porte un manteau de fourrure
  Pris au rabbin rural.

Il a chaud et se met à l'aise,
  Entrouvrant sa pelure ;
On voit un « trench [1] » de coupe anglaise
  Acquis sans procédure.

Un fouet de cuir pend au poignet,
  Un revolver, un sabre ;
Comme chaîne, il s'est assigné
  Celle d'un candélabre.

Oponasse tel fut ton sort,
  Dans le brouillard ourdi ;
Pour bêcher la terre tu sors,
  Et te voilà bandit !

Par hasard, le long d'une piste,
  Sous un portail tu files...
Tuer les Juifs, les communistes,
  Ce n'est pas difficile !

Parmi les brumes et les vents,
  Makno fait route au soir,
Dans la voiture d'un couvent
  Ornée d'un drapeau noir.

Oh ! comme elle gémit la plaine !
  Cette danse la glace,
Tant se pavane et se démène
  Le cheval d'Oponasse !

1. Trench : tunique.

Blés et seigles vont s'épuisant,
  Les chars ne sont pas pleins;
Pour son souper mange Kogan
  Du miel avec du pain.

A table il converse, il explique,
  Ne buvant que du lait;
Par ses paroles bolcheviques
  Les moujiks sont troublés :

« Montrez semailles et impôts,
Sans faire les finauds! »
Sur la route vont au galop
  Les hommes de Makno.

Les chevaux dansent en chemin,
  Légers et désinvoltes;
Oponasse, l'œil aquilin,
  Contemple les récoltes.

Puis sur la plaine minuit tombe,
  Un minuit sombre et triste;
Déjà proches, brillent dans l'ombre
  Les feux des Koganistes.

Les chiens aboient, gardes champêtres,
  Ils hurlent, ils font rage,
Et tel un courant d'air pénètre
  L'avant-garde au village.

Derrière la grille d'église
  Le fer fait sa musique,
On coupe en planches par surprise
  La horde bolchevique.

Dansez, dansez, chiens de village,
  Au son de la ferraille!
Kogan qui dans les blés s'engage
  Est pris comme une caille.

Captif, on l'amène penaud
  Passant à travers champs;
Il est devant Nestor Makno,
  Le citoyen Kogan.

Le toisant d'un regard sévère,
  Sans lui dire un seul mot,
Secouant sa folle crinière,
  A fait signe Makno...

Joseph Kogan, l'heure est passée!
  Tu vois la mort en face,
Avec la tienne s'est croisée
  La route d'Oponasse...

Car voici venir Oponasse,
  Qui dit en te narguant :
« Bonjour, veuillez bien prendre place,
  Camarade Kogan! »

IV

Des bouleaux d'argent... L'atmosphère
  De doux parfums est pleine...
Ukraine, Ukraine, notre mère,
  Doux chant d'amour, Ukraine!

Et monte en la céleste voûte
  Le soleil sur les champs,
Quand avancent sur une route,
  Oponasse et Kogan.

445

Quelle chaleur sur la rivière,
  Elle coule en fumant;
Ses frusques jette sans colère,
  Le prisonnier Kogan.

Nu, son corps au soleil brillait,
  Comme il paraissait blanc!
« — Lorsque tu m'auras fusillé,
  Enlève le restant!

« Mon pantalon, prends-le donc, prends,
  Puisque je vais mourir;
On se connaît depuis longtemps,
  Qu'il puisse te servir! »

Quel soleil! Les maïs ondulent
  Sur de vastes espaces;
Le vent gémit, le vent ulule :
  « Oponasse, Oponasse!

« Des bœufs tu suivais l'attelage,
  Toi qui fus un héros,
En ce doux matin, sans courage,
  Deviendras-tu bourreau? »

Même un oiseau d'en haut lui lance :
  « C'est une sale affaire,
Tuer un homme sans défense
  Et sur ta propre terre! »

Comme un loup, le pays natal
  Hurle, montrant ses crocs;
L'herbe, la pierre, l'animal,
  Tout crie : « Bourreau, bourreau! »

Le soleil brûle son regard
  Et, mal habitué,
Comme ivre, avance le gaillard...
  Il ne veut pas tuer!

Pour l'âme d'un fils de moujiks
    C'est un trop lourd fardeau...
Il dit : « Déguerpis, bolchévik.
    Je tire dans ton dos!

« Si tu survis, va promener,
    Avec Dieu, dans les champs! »
Mais affermit droit son pince-nez
    En souriant, Kogan.

« — Tire, ne fais pas le fumiste,
    Au travail Oponasse!
Il ne sied pas au communiste
    De fuir en chien de chasse.

« Dans l'épais brouillard, là-devant
    J'ai les étangs, regarde;
Ici, les fermiers allemands,
    Et plus bas, c'est la garde!

« Je préfère une mort certaine,
    Je sais ce que je veux! »
Dans le silence de la plaine
    Claque le coup de feu.

Dans un léger tressaillement,
    Poussant un bref soupir,
Lentement s'affaisse Kogan
    Et tombe pour mourir.

Un seul coup en a terminé,
    Au front, ce fut rapide,
Et derrière le pince-nez
    Monte le froid, le vide...

De la mer Noire la poussière
    Tourbillonne, fugace;
Kogan gît là, le nez à terre,
    Droit devant Oponasse.

447

V

Vois donc comme la route est belle
  Près du Dniester puissant;
Les siens au vallon Popov hèle
  Kotovski, commandant.

Il regarde toute la plaine
  En chef, d'un œil perçant;
Sous lui son cheval se promène,
  C'est un beau cheval blanc.

Il soulève d'abord un pied,
  Il pose l'autre à peine,
Comme s'il voulait essayer
  Le chemin de la plaine.

Et du vallon Popov, de front,
  C'est en flèches que volent
Sur la route les escadrons,
  Épaule contre épaule.

Bien nourris, à la mine altière,
  Les Cosaques sont là.
Équipés tout comme naguère,
  Sous le tsar Nicolas.

Les chevaux traversent la plaine,
  Leurs queues flottent au vent;
Il y a juste une semaine
  Que Makno fuit devant.

N'entends-tu pas, mon camarade,
  Le seigle qui bruit?
Non, derrière les chars nomades
  Se cachent les bandits.

La cruche de vodka est pleine;
  Sous la tente grossière
L'Ataman à perte d'haleine
  Avec l'Aîné confère.

« — Il faut accepter le combat,
  Prends parti! Décidons!
Allons, viens parader là-bas
  Devant les bataillons! »

De son poing lourd le petit père
  Frappa soudain la table;
Son pied s'abattit sur la terre
  De son poids formidable.

« — D'accord! Acceptons le combat!
  En perce les tonneaux!
Mangez avant le branle-bas!
  A commandé Makno.

« Pour qu'aux mitrailleuses les mains
  Se soudent d'un seul bond,
Pour que sous leurs bonnets demain
  Mes gars soient des faucons!

« Pour que sur l'eau, dans l'air ardent
  La poudre fume enfin!
Pour que Kotovski, commandant,
  S'étrangle de chagrin! »

. . . .

VI

Les Cosaques avec leurs sabres
  Recourbés se déchaînent!
Les chevaux volent et se cabrent
  Comme vents par la plaine.

449

Et sans presque toucher le sol.
  La folle cavalcade
Arrive en son fougueux envol
  Aux chariots nomades.

Voici le vent qui souffle et vole
  Est-ce un vent de victoire?
Devant ses hommes caracole
  Leur Kotovski Grégoire.

Ses larges épaules s'agitent,
  S'agitent en cadence,
Soudain sur lui se précipite
  L'intrépide Oponasse.

« Galope, coursier frénétique,
  Ô mon cheval fringant,
Que mon sabre ou bien que ma pique
  Fauche ce commandant! »

Déjà l'un à l'autre opposés,
  S'arrêtant dans leur course,
Leurs sabres qui se sont croisés
  Brillent comme des sources.

Le commandant, en plein élan,
  Grand batailleur de race,
D'un seul coup, en deux morceaux, fend
  Le sabre d'Oponasse.

Puis, généreux, son arme il lance
  D'un large geste au loin,
Et dit : « Je te laisse ta chance,
  Luttons à coups de poing! »

Et tel un plomb qui siffle et passe
  Son poing s'abat en flèche,
Assommant le gars Oponasse
  D'un coup sur la cabèche.

Oponasse, qu'arrive-t-il?
  Comme sous un marteau,
Sans te soustraire à ce péril
  Tu tombes sur le dos.

Ton œil gauche se voile d'ombre...
  Tes bras sont grands ouverts.
Oponasse, ton sort est sombre,
  Il se dissout dans l'air!

VII

Balte, c'est une bonne ville,
  Prospère et comme il faut,
En cerises elle est fertile,
  Son vin est sans défaut.

Fromages, pastèques s'entassent
  Au marché, c'est le jour...
Un gars donne aux pigeons la chasse
  Du sommet de la tour.

L'aurais-tu cru, lorsqu'en tes blés
  Tu cheminais, tranquille,
Qu'en prisonnier tu vas aller
  Traversant cette ville?

Tristes, les femmes te regardent,
  Elles plaignent ton sort...
De sa crosse te pousse un garde
  Devant l'état-major.

Hélas! désormais plus d'espoir
  Que jamais tu t'en sortes;
Sans fin des couloirs, des couloirs,
  Dans ces couloirs, des portes...

Et dans un silence qui glace,
   Démarche obligatoire,
Voilà qu'on amène Oponasse
   Pour l'interrogatoire.

L'officier tend des cigarettes,
   Calme sans déroger;
Il frotte, il offre l'allumette,
   Il sait interroger.

« Parlez, dit-il. C'est important,
   Citoyen! Tout d'abord,
Avez-vous guerroyé longtemps
   Avec Makno Nestor?

« Dites-moi sans peur, sans bobards,
   (Je sais voir quand on ment)
Combien de sabres et de chars
   Ont ses détachements?

« Puis, indiquez-moi l'importance
   Des bases fourragères,
Connaîtriez-vous les distances
   Du district militaire?

« — Que sais-je? Les chevaux, les selles,
   Les sabres et les rênes?
La vaste steppe se rappelle...
   Discourir, pas la peine...

« De nos combats, les souvenirs
   Racontent, j'imagine,
Vapnarka, Balte, Jitomir,
   Ainsi que Gaïcine!

« On allait toujours en avant!
   Devant nous tout pliait!
Mais la fin de Joseph Kogan
   Je ne puis l'oublier.

« Finissons ! Mon affaire est faite !
  Je signe maintenant :
De cette main, que voilà prête,
  Est mort Joseph Kogan ! »

. . . .

Oponasse, en passant ce seuil
  Finit ta vie cruelle,
Et seule portera ton deuil
  Cette moisson nouvelle !

. . . .

1926

PAUL ANTAKOLSKI

1896-1978

Fils d'un avocat, Paul Antakolski, né à Pétersbourg en 1896, habite, dès 1904, avec sa famille à Moscou où il entre à la Faculté de droit. A partir de 1915, s'intéressant passionnément au théâtre, il est tantôt acteur, tantôt régisseur, tantôt décorateur, et compose alors des pièces en vers. Brussov, qui s'intéresse aux jeunes poètes, fait paraître ses poèmes dans la revue qu'il dirige.

Antakolski voyage avec sa troupe en Suède, en Allemagne, et séjourne à Paris (1928) où il écrit les poèmes François Villon *et* La Commune.

Rentré en Russie en 1934, il se consacre entièrement à la littérature, traduit des poètes de France et de Géorgie, d'Azerbaïdjan et d'Arménie. Inscrit, en 1941, au Parti communiste, Antakolski perd son fils unique à la guerre en 1942 et reçoit le prix Staline pour son poème Le Fils.

Il publie beaucoup d'autres poèmes, de récits, de critiques et va plusieurs fois au front comme correspondant de guerre.

Un autre de ses poèmes, La Ruelle derrière Arbate, *décrit la bataille de Moscou.*

Sa poésie reflète fidèlement sa vie et son époque, car chez Antakolski, le poète et l'homme ne font qu'un.

LE FILS

(Extrait)

I

Vova, suis-je en retard? Arrête!
Je viens me joindre aux défenseurs!
Pourquoi n'écris-tu pas de lettres
Au père, à ta mère, à ta sœur?

Mais tu ne peux de ton visage
Chasser les pleurs avec ta main,
Lever ton front avec courage,
Et respirer à poumons pleins.

Sous le charbon de tes paupières
Pourquoi s'est figé dans tes yeux,
Sans laisser passer la lumière
Ce bleu mortel, ce bleu, ce bleu?

La vois-tu, notre maison claire
Au cœur de vertes frondaisons,
Ces ponts que tu désirais faire,
Tu vois, les voici faits, ces ponts!

Tu vas, épaule contre épaule,
Dans un clair matin embaumé
Avec, sous sa blonde auréole,
L'élue que je ne veux nommer.

Entends-tu cette canonnade?
Les nôtres vont vers l'Occident;
C'est l'offensive, ô combattant!
Lève-toi! Debout, camarade!

455

Mais, des confins lointains du front,
Sa tête apparaissant en flammes,
J'entends mon fils qui me répond,
Fils unique, âme de mon âme :

« Ne m'appelle pas de tes vœux,
Et ne me touche pas, mon père,
A travers le sang et le feu,
Je vole dans un noir mystère.

« Aucun retour n'est plus permis!
Tous les tués sont mes amis;
Nous ne formons qu'une volée
Indissolublement liée.

« Le combat, père, est-il fini?
Que sommes-nous? Deux grains de sable
Dans le monde incommensurable
Qui ne seront plus réunis! »

1943

STÉPHANE TCHIPATCHEV

1899-1980

Stéphane Tchipatchev est né en *1899* au village de Tchipatchi, dans le gouvernement de Perm. Son père meurt lorsque Stéphane n'a pas quatre ans. Pour la famille, c'est la misère: l'enfant accompagne sa grand-mère obligée de mendier. A neuf ans, il s'engage comme ouvrier et devient tour à tour valet de ferme, manœuvre dans des gisements d'amiante puis, en *1914*, commis de librairie, ce qui lui permet de lire beaucoup. Conscient de son ignorance, il prend des leçons chez un ami, collégien, et essaie d'écrire des vers.

Mobilisé en *1917*, il assiste à la décomposition de l'armée. Rentré dans son village conquis par Koltchak, il est enrôlé de force dans l'armée blanche, mais en *1919* il s'enfuit chez les rouges qui l'envoient à l'École militaire pédagogique de Moscou d'où il sort professeur.

Dans les milieux littéraires de Moscou, il a beaucoup de peine à trouver sa voie parmi tous les « ismes » régnants; il donne sa préférence au groupe prolétarien, La Forge. De *1931* à *1934*, il étudie à l'Institut du professorat rouge.

Depuis *1935*, se consacrant à son œuvre littéraire, il devient le poète populaire de l'amour.

Correspondant de journaux du front pendant la Seconde Guerre mondiale, ses vers sont réunis dans un recueil spécial à la fin de *1951*, et il obtient deux fois le prix Staline, en *1949* et en *1951*.

Ses derniers poèmes décrivent la nature ou bien expriment très simplement ses méditations sur la vie.

●

Le train partait à minuit pour le front,
Tu n'as pas pu m'exprimer ta tendresse...
Te souvient-il aujourd'hui du perron,
L'obscurité nous entourait, épaisse?

Je t'étreignis, je cherchai ton regard,
Et remarquai que mes courroies grinçaient;
Après douze ans, nous comprîmes ce soir
Qu'il restait tant à dire... et l'heure était passée.

1942

●

Que les hommes te dévisagent,
Passe sans t'en apercevoir!
Ne dissimule pas ton âge,
Tes rides devant ton miroir.

Certaines femmes sont semblables,
A peine fanées, à des fleurs;
Tu n'en es que plus désirable,
Plus douce et plus chère à mon cœur.

1944

SEULE

Une ombre bleue a marqué tes beaux yeux
Qui semblent durs... Leur regard est sévère;
Je sais, tu fus épouse en d'autres lieux,
Ayant, depuis, des amours passagères.

Mais à présent de toi nul n'est épris,
Tu n'as personne à qui vouer ton âme;
Comme il est triste, avec des cheveux gris,
De n'avoir pu fixer ta vie, ô femme!

Mais un autre, qui sait, tout au long de ses jours,
Qui ne te connaît pas, souffre privé d'amour.

1945

AUX MORTS DE LA GUERRE

Toute la terre est sous mes pas;
    Je puis aller, venir,
Mais ceux qui ne reviendront pas
    Sont dans mon souvenir.

Je vis grâce à vous, compagnons,
    Vous qui deviez mourir;
Je ne connais pas tous vos noms
    Mais je sais vous chérir.

Et je serais dénaturé
    Si dans un de mes vers
De vieillir perçait le regret
    Ou quelque mot amer.

J'aurais pu être mort déjà,
    Tombé dans le combat,
Soit aux salins de Sivacha,
    Soit auprès de l'Oufa.

Mais, de mon âge, un compagnon
    A ma place était mort;
Sans lui, ma mère à la maison,
    L'aurais-je vue encor?

Je ne connais pas tous vos noms,
    Mais je sais vous chérir!
Je vis grâce à vous, compagnons,
    Vous qui deviez mourir.

Certes, je sais que je vous dois
    Bien plus que des poèmes;
Ah! que ma vie entière soit
    Vouée à vous que j'aime!

1948

ALEXIS SOURKOV

1899-1983

Né en *1899* à *Serednevo, dans le gouvernement de Yaroslav. Sourkov fréquente l'école rurale et travaille, de *1912* à *1917*, dans les ateliers de menuiserie et dans une imprimerie de Petrograd.*

*Volontaire en *1918*, il reste dans l'Armée Rouge jusqu'en *1922*, revient dans son village natal de *1922* à *1924*, et fait partie de l'administration soviétique jusqu'en *1931*. Terminant en *1934* l'Institut du professorat rouge, il entre dans l'enseignement supérieur.*

Correspondant de la Pravda *et de l'*Étoile Rouge *pendant la dernière guerre, Sourkov est membre de la présidence de la ligue pour la défense de la paix.*

*Plusieurs fois décoré, il obtient le prix Staline en *1946* et en *1951*.*

Sa poésie reflète l'état d'esprit du combattant, et c'est pendant la dernière guerre que son art se manifeste dans toute sa maturité.

Le héros de Sourkov n'a rien qui le distingue de la masse des autres soldats, mais sa voix résonne avec une profonde sincérité, un authentique lyrisme.

Combien de mères connaissent les souffrances qui semblent avoir « racheté à la mort la vie de leur fils », combien de fils « depuis l'âge de dix-huit ans sont allés à leur quatrième guerre ».

Sourkov appartient à la génération qui voyait constamment la mort en face, dans un feu d'enfer. Son style laconique devient parfois prosaïque. Sa langue est celle d'un soldat soviétique. Humaniste et poète, il est le témoin de son temps.

461

A SOPHIE KREVS

La tranchée... un poêle qui tire...
Pleurs de résine sur un tronc...
Le feu rougeoie, l'accordéon
Chante tes yeux et ton sourire,

Devant Moscou tous les buissons
Ton doux prénom me chuchotaient...
Ah! que ma voix te soit portée
Par ma tendre et triste chanson!

De moi pour longtemps séparée
Par des champs de neige sans fin,
Long serait vers toi le chemin;
Vers la mort, trois pas suffiraient.

Accordéon, sans te lasser,
Porte au loin ma chanson nouvelle!
Pensant à mon amour fidèle,
J'ai chaud dans ce gourbi glacé.

Sous Moscou, 1941

Le fourrier me remit un billet m'engageant
    D'aller à ma première guerre,
Et dans la quatrième, après mes dix-huit ans,
    Je traîne mon faix militaire.
Dans les rouges lueurs des incendies, depuis
    Sur ma tête ont passé les ans,
Et je n'ai pas senti que ma jeunesse a fui,
    Mes tempes grisonnent, pourtant.
Je passe, sain et sauf, sous les balles. Sans peur,
    A ce feu d'enfer je me fie;
Ma mère a dû, vraiment, par sa longue douleur,
    Racheter à la mort ma vie.
A présent, endurci par la flamme et le plomb,
    Les nerfs forgés sur cette enclume,
Ramenant le bonheur, vainqueurs, nous reviendrons
    Effacer ces temps d'amertume;
Car ce n'est pas en vain que les rêves errants
    D'un pays de soleil, immense,
Nous visitent parfois, comme en nous promettant
    Des jours de joie et d'abondance.

Sous Rjev, septembre 1942

MICHEL ISSAKOVSKI

1900-1973

Fils de paysans, Issakovski est né en 1900 à Glotovka, dans le gouvernement de Smolensk. Sa pauvreté l'empêcha d'aller régulièrement à l'école, car il n'avait pas d'habits décents, surtout en hiver. Aidé par des amis, il réussit néanmoins à finir cinq classes de collège, mais dut abandonner ses études pour travailler avec les siens.

Son premier recueil de vers, Fils téléphoniques dans la Paille, *paraît en 1927.*

En 1931, le poète s'installe à Moscou. Issakovski, comme d'autres poètes folkloriques, comme Tvardovski, comme Sourkov, eut beaucoup de mal à se faire connaître. La critique voulut ignorer sa poésie, dénuée d'artifice, indépendante de tout système esthétique. Gorki fut le premier à signaler le charme et l'authenticité de ce poète.

Issakovski introduit dans la poésie soviétique une source vivifiante, un langage simple et fort qui ne s'adresse pas uniquement à un public choisi, mais va droit au cœur du peuple russe.

Ses vers, d'une simplicité et d'une transparence parfaites, d'un lyrisme mélodieux, qui décrivent la vie paysanne, la nature russe, l'amour et la fidélité, trouvèrent vite, par leur chaleur et leur sincérité, le chemin des cœurs. Ils furent bientôt chantés dans toute la Russie.

KATIOUCHA

Quand les pommiers du paysage,
Tels des bouquets, ornaient les prés,
Katioucha venait au rivage,
Venait au rivage escarpé.

Elle chantait, et tout son être
S'exprimait dans ce chant d'espoir,
Elle aimait... et gardait « ses » lettres...
Sur les eaux passaient des brouillards.

Et la voix de Katioucha, claire,
Traversant rivières et champs,
Au combattant à la frontière
Portait son amour dans ce chant.

Jeune fille, ton cœur s'exhale...
Oh, qu'il se souvienne toujours,
Qu'il garde la terre natale,
Comme tu gardes ton amour!

Quand les pommiers du paysage,
Tels des bouquets, ornaient les prés,
Katioucha venait au rivage,
Venait au rivage escarpé.

1938

ILS AVAIENT BRÛLÉ SA CHAUMIÈRE...

Ils avaient brûlé sa chaumière,
Avaient fait périr tous les siens.
Et tristement, retour de guerre,
Au pays un soldat revient.

465

Soudain, dans sa douleur profonde,
Au croisement de deux chemins,
Jetant un regard à la ronde,
Un tertre il reconnaît, d'instinct...

Alors, tout d'un coup il s'arrête
Et dit : « Puisque tu m'as chéri,
Prascovia, viens, et souhaite
La bienvenue à ton mari,

« Et pour ton hôte, enfin, prépare
La large table dans l'isba,
Vers toi, pour fêter la victoire,
De loin, j'ai dirigé mes pas. »

Mais aucune voix amicale
Ne lui répondit, comme avant;
Seules, des herbes automnales
Dans la steppe ondulaient au vent.

De son sac sur la pierre noire
Il sort sa bouteille de vin :
« A ta santé je venais boire
Et je bois à ta triste fin.

« Prascovia, pardon, ô chère,
Je suis venu comme je suis...
D'autres se retrouvent sur terre,
Nous ne nous verrons plus ici. »

Mêlant le vin à sa souffrance
Dans un gobelet de fer-blanc,
Il dit « J'ai vaincu trois Puissances,
J'allais vers toi, depuis quatre ans! »

L'ivresse et le destin funeste
A ses yeux arrachaient des pleurs;
La médaille de Budapest
Brillait au-dessus de son cœur...

1945

466

NICOLAS SABOLOTZKI

1903-1958

Né en 1903, fils d'un agronome, Sabolotzki fait ses études secondaires à Ourjoum en 1920, et quitte en 1925 l'Institut pédagogique de Leningrad.

Ses vers parurent en 1926 dans quelques journaux de la capitale. Sabolotzki est également connu comme traducteur de la poésie des républiques alliées à l'Union, particulièrement de la Géorgie.

Son recueil, Colonnes d'Imprimerie, *parut en 1929. Ses premières œuvres, brillantes, originales, déchaînées, sont écrites dans un style excentrique et l'apparentent à la tendance futuriste, avec ses images d'un coloris intense et son accent populaire.*

Les livres suivants sont plus conformes aux canons soviétiques, mais quelques traits propres à ce poète demeurent, et surtout un chaleureux attendrissement devant la nature, souvenir du symbolisme.

•

Aux portes de l'Asie, au fond des bois sauvages,
Où les antiques pins plongent dans les nuages
Leurs sommets orgueilleux que pétrifie le gel;
Où trébuche le loup sous un souffle mortel;
Où l'oiseau en plein vol, soudain dans l'atmosphère,
Le sang figé, s'arrête et choit telle une pierre;
Où comme en des cercueils de glace se cachant,
A peine, à peine coule une eau lente et secrète,
Imperceptible au fond du fleuve éblouissant;
Où, fait de fins cristaux brillants, un air intense
Diffuse le réel bonheur de l'existence;
Où, sous le soleil ceint comme d'un rouge anneau,
Les hommes, en bonnets semblables à des cônes
Et, la barbe gelée, assis dans leurs traîneaux,
Voient leur souffle sortir en de longues colonnes;
Où, pareils aux mammouths, courent dans leurs brancards
De vigoureux chevaux, et montent des toitures
Des statues de fumée, étonnant le regard;
Où la neige descend étincelante et pure,
Et pose sur la main tantôt un papillon,
Tantôt sa fine étoile ou bien quelque fleuron;
Où l'homme est en touloupe et la femme en pelisse;
Aux portes de l'Asie et par le gel étreint,
Ses immenses trésors enfouis dans son sein,
Gît mon pays au fond des neiges protectrices.

LODÉNIKOV

(Fin)

Lodénikov suivait un nébuleux croissant
Qui montait dans le ciel au-dessus du village;
Et la voix du silence, et les voix des herbages,
Réunis, lentement se transformaient en chant.
La nature chantait, le bois levant la tête,
Chantait avec le pré, pendant que de son eau
La rivière tintait, ainsi qu'un clair anneau.
De son pas régulier, au son de la guitare,
Superbe, Sokolov marchait à travers champs;
Sur ses bottes les fleurs se penchaient tendrement;
De menus moucherons, ainsi que vers un phare,
Volaient vers sa poitrine... Alors se réveillant,
Tout à fait isolé dans sa paresse heureuse,
Lodénikov put voir, allumés en veilleuses,
Briller autour de lui, nombreux, les vers luisants...

LES CIGOGNES

Quittant l'Afrique au mois d'avril,
Volent vers leur plage natale,
En triangle dans l'azur pâle,
Les cigognes rentrant d'exil.

Vers la plaine de l'abondance,
Son petit peuple dirigeant,
Leur guide dans le ciel immense
Étale ses ailes d'argent.

Soudain au soleil étincelle
Sur le bord d'un lac miroitant,
D'un vert buisson levé vers elles,
Un fusil braqué, menaçant...

Brusquement un rayon de flamme
Frappe à mort l'oiseau conducteur
Qui pousse une plainte, se pâme
Et tombe droit, atteint au cœur ;

Et dans un désespoir immense
Ses ailes embrassent les flots,
Son peuple alors plus haut s'élance,
Un cri répond à ses sanglots.

Aux cieux où se meuvent les astres,
Comme pour réparer ses torts,
La vie efface le désastre,
Rendant ce qu'avait pris la mort :

Le fier élan, la hardiesse,
L'inébranlable volonté,
Tout ce qu'une ardente jeunesse
De ses aïeux peut hériter.

Vêtu de sa brillante robe,
Lentement, le pilote mort
S'enfonce dans le lac, et l'aube
L'auréole d'un rayon d'or.

1948

MICHEL GOLODNY

1903-1949

Michel Golodny, fils d'un ouvrier, né à Bakhmout, achève ses études à l'école de la ville, puis travaille en usine dès l'âge de douze ans.

En 1924, il va vivre à Moscou et s'inscrit à l'Institut supérieur littéraire et artistique Brussov.

Son premier recueil de vers parut en 1922, pendant la guerre civile. La Seconde Guerre mondiale lui inspira de nombreux poèmes.

LA NUIT ROMANTIQUE

Le jour se meurt; je ne dors guère,
    J'appelle en vain l'oubli;
C'est la grande ombre de la guerre
    Qui descend sur mon lit.

Mon lit! Trois planches charpentées,
    Un maigre matelas...
Ma coupe pas même vidée,
    Mon tabac que voilà...

Mon manteau qui sur le sol traîne;
    Un coffre abandonné...
Ma femme est à cent lieues qui peine,
    Avec mon garçonnet.

J'entends des rumeurs automnales,
    Mon lit grince, fourbu,
Est-ce le sifflement des balles,
    Des shrapnells, des obus?

La Muse apparaît dans la porte,
    Sous un pesant fardeau;
Son aile est brisée, elle porte
    Un fusil sur le dos :

« Tous les pays sont en alerte!
    Un défi chaque jour!
Et vois! Crevé, muet, inerte,
    Mon fidèle tambour!

« J'étais chez Svetlov tout à l'heure,
    Il ne dort plus, mon cher,
Et Bagritzki dans sa demeure
    Fourbit une Winchester;

« Au portail Asséev t'appelle
    En chantant son refrain.
Ton poème d'amour, ô frère,
    Sera pour l'an prochain! »

Rumeurs de la nuit automnale,
  Mon lit grince, fourbu...
Est-ce le sifflement des balles,
  Des shrapnells, des obus?

Debout, planté devant ma glace,
  J'entends des vers altiers,
De Bagritzki, c'est « l'Oponasse ».
  De Svetlov, « Le Guerrier ».

« Tu n'as jamais aimé l'Ukraine,
  Ton sang n'est que de l'eau!
Sur l'amour, dédaignant nos plaines,
  Tu versifies à flots!

« On ne te croit plus. Tu nous lasses!
  Dors donc, en te cachant,
Car tu préfères ta paillasse
  A la beauté des champs! »

. . . .

Rumeurs de la nuit automnale...
  Mon lit grince, fourbu,
Est-ce le sifflement des balles,
  Des shrapnells, des obus?

L'aube... D'une avare lumière
  Mon réduit s'est empli,
C'est la grande ombre de la guerre
  Qui descend sur mon lit.

1927

JOSEPH OUTKINE

1903-1944

Né dans la gare de Hingan, située sur la voie ferrée chino-orientale, Joseph Outkine étudie au collège d'Irkoutsk. En 1920, il s'enrôle dans l'Armée Rouge et prend une part active à la guerre civile en Sibérie. Démobilisé, il s'installe à Moscou et entre à l'Institut d'Études journalistiques.

Correspondant de guerre dès 1941, il est grièvement blessé, mais retourne combattre après sa guérison. Il périt dans une catastrophe aérienne, en revenant du front de Moscou.

Ses vers paraissent depuis 1923. Son poème principal, L'Histoire de Motelé, le Rouquin, *décrit la vie résignée et courageuse d'un petit tailleur juif de Kichinev et les changements apportés par la révolution à cette pauvre existence. Ce poème, pénétré de chaleur et d'humour, est d'un vivant lyrisme.*

Un des recueils d'Outkine s'intitule De la Patrie, de l'Amour et de l'Amitié, *et ce sont là, en effet, les principaux thèmes de sa poésie; vouée surtout aux sujets révolutionnaires et nationaux, elle aborde parfois des sujets plus intimes.*

LA TROÏKA

Une troïka va, rapide,
Sous la lumière du croissant,
Et sa clochette au son limpide,
Tinte, loquace, en conversant.

Trop étroite est la carriole
Pour l'ample essor de la chanson
Qui, d'une épaule à l'autre épaule,
Résonne et danse à l'unisson.

Le chanteur accordéoniste,
A son instrument l'attachant,
Au Kremlin ou chez l'aubergiste,
A promené partout son chant.

Sur la neige, brouillant les traces,
Le vent soulève un tourbillon,
Mais dans le cœur point ne s'efface
Le souvenir de la chanson.

Cet imagé, ce clair langage
Du chant sonore et coloré
Retentit, au loin se propage,
Du cœur du peuple il est tout près!

La troïka vole et projette
Ses rires le long du chemin,
Dans les crinières, comme en fête,
Brille l'andrinople carmin.

Qu'est-ce-donc, Un loup, une pierre?
Le pur-sang russe pommelé,
Ouvrant ses obliques paupières,
Louche déjà tout affolé.

Mais on ne voit aucune trace
Sur la neige nouvelle car,
Au chant russe cédant la place,
Dans la forêt le loup repart.

Et le chant, vibrant de promesses,
S'envole au loin sur la blancheur;
Il monte, s'assourdit, et meurt,
Ainsi que le fait ma jeunesse.

1939

CHANSONNETTE

Pour partir, donne-moi, fillette,
Des babioles anodines :
La théière, des cigarettes,
Un petit livre de Pouchkine.

Pour un soldat, on peut le dire,
Le sort n'est pas toujours aisé;
Parmi les biscuits, je désire
Prendre avec moi quelques baisers.

Et, si sous un chêne on me couche,
Il sera doux au moribond
Que tu réchauffes de ta bouche
Le froid répandu sur mon front.

Qui sait, peut-être même entière,
La rapportant à mon retour,
Je te rendrai cette théière
En y joignant tout mon amour.

IVAN MOLTCHANOV

1903-1958

Né en 1903, fils de matelot, Moltchanov entre comme aide ajusteur serrurier dans le dépôt ferroviaire d'Irkoutsk, et tout en travaillant, achève ses études à l'université de la même ville.

Il commence à publier ses vers dans les journaux locaux et participe, en 1933, à la direction d'un cercle littéraire à Irkoutsk qui édita ses recueils, très appréciés par Gorki.

Pendant la guerre, Moltchanov publie ses vers dans les journaux de l'armée, il est aussi auteur de plusieurs livres pour les enfants.

Décoré de l'Étoile rouge, il fit paraître son premier livre en 1933.

CHANT DE SOLDAT

(Ci-gît un soldat de l'Armée Rouge, originaire de Taganrog. « Adieu notre ami » — est inscrit sur la tombe du combattant soviétique, tombé en pays étranger.)

A travers plaines et Carpates
Allait un courageux soldat;
De battre Hitler il avait hâte,
L'intrépide Maïboroda.

Avançant par champs et chemins,
Où tant de nos amis tombèrent,
Il dirigeait sa marche altière
De Taganrog jusqu'à Berlin.

En prenant son fusil, stoïque,
Il disait, avant le combat :
« En avant, soldat soviétique,
Emboîte à Souvarov le pas! »

Après l'assaut, dans la chaumière
Ou la tranchée, il dit toujours :
« Une verste de moins à faire,
Notre chemin devient plus court! »

L'obier fleurit, juillet arrive,
Les eaux tiédissent sur les rives;
Mais à Berlin ne parada
Jamais l'ami Maïboroda.

Dans le fracas de la mitraille
Le destin se montra cruel,
Loin de chez lui, dans la bataille
Le terrassant d'un coup mortel.

La main sur la poitrine, à terre,
Il dit ce qu'il disait toujours :
« Une verste de moins à faire,
Notre chemin devient plus court! »

Des fleurs tombèrent quelques gouttes
Claires... et son cœur s'arrêta...
Il fut enseveli en route,
Près de la ville de Senta.

Il repose dessous l'ombrage
D'un acacia bienveillant
Qui protège de son feuillage
Maïboroda, le combattant.

Nul plus ne lui demandera :
« Comment cela va-t-il, mon vieux? »
Mais les Slaves qu'il libéra
Lui porteront des fleurs d'adieu;

Et l'habitant, de tout son cœur,
Dira : « Par forêts et rapides,
Tu vins à nous, libérateur,
Offrir ta vie, homme intrépide! »
. . . .
La route poudroie... Épilogue...
Chez eux retournent les soldats :
« Adieu, guerrier de Taganrog!
Adieu, l'ami Maïboroda! »

1948

MICHEL SVETLOV

1903-1964

Fils d'un artisan, né en 1903 à Ekaterinoslav, Michel Svetlov achève en 1917 ses études primaires, collabore à la Bourse du travail et devient photographe, puis journaliste. Il s'enrôle comme volontaire dans l'Armée Rouge. Puis, de 1922 à 1928, étudie à la Faculté des Lettres et des Arts de Moscou, et se consacre ensuite à son œuvre littéraire.

Correspondant des journaux du front lors de la Seconde Guerre mondiale, il est deux fois décoré de l'Étoile rouge. Il commence à publier ses poèmes en 1917, et son premier livre, Les Rails, paraît à Kharkov en 1922.

Dès ses premiers vers, Svetlov conquit la sympathie du public et surtout celle de la jeunesse. Ses dons sont personnels; il montre une attachante sincérité, son émotion est directe, son lyrisme chaleureux et tendre avec parfois des accents d'ironie. Ses thèmes sont la guerre civile et les exploits guerriers de la jeunesse paysanne. Certains de ses poèmes, comme Grenade, connaissent une immense popularité et comptent parmi les meilleurs de l'époque.

Le style de Svetlov se distingue par la perfection rythmique et verbale. Il sut éviter la trop grande simplification des caractères et la tendance à ne chanter que les succès de la vie soviétique, comme le firent d'autres poètes de son groupe.

GRENADE

Sur nos chevaux au trot
Ou parmi la bataille,
Nous chantions « Yablotchko »
Au bruit de la mitraille.
Jusqu'à nos jours, ce chant
La jeune herbe le chante,
L'herbe et toutes les plantes,
Malachites des champs.

Mais un des camarades
Dans sa selle logeait
Une vieille ballade
D'un pays étranger.
Des yeux le camarade
Parcourait nos beaux champs,
Mais « Grenade, ô Grenade,
Grenade! », était son chant.

Sans cesse il le répète,
Il le connaît par cœur.
Dans cette jeune tête
D'où vient ce chant d'ailleurs?
La question me hante,
Suis-je devenu fou?
Depuis quand donc on chante
En espagnol chez nous?

Dans la steppe es-tu né
Où résonne l'écho,
Où tomba le bonnet
De Tarras Chevtchenko[1]?

---

1. Poète ukrainien.

D'où te vient, camarade,
Cette étrange chanson,
« Grenade, ma Grenade »,
Dis-le-moi, mon garçon!

Enfin, il me le livre
Son secret, ce rêveur :
« J'ai trouvé dans un livre
Ce pays enchanteur.
Quelle belle parole!
Grenade de mon cœur,
Grenade est espagnole,
Une terre d'honneur!

« Je partis à la guerre
Lutter pour qu'à présent
A Grenade la terre
Revienne aux paysans.
Au revoir ma bourgade!
Au revoir tous les miens!
Ô Grenade, Grenade,
Ma Grenade... Je viens! »

Une balle mortelle
Siffle et, dans un soupir,
Il n'a quitté sa selle,
Hélas! que pour mourir!
Au-dessus de son corps
La lune s'inclina,
Mais au seuil de la mort
Il murmura : « Grena... »

Plus haut que les nuages,
Plus haut que les moissons,
Il part, pour tout bagage
Emportant sa chanson.
Depuis lors sa ballade

Dans nos champs bien-aimés :
« Grenade, ma Grenade »,
Ne résonne jamais.

Sans remarquer leur perte
Ses amis vont grand train,
« Yablotchko », chant alerte,
Chantant jusqu'à la fin.
Seule, dans le ciel calme
Glissaient un peu plus tard
La pluie ou bien des larmes
Sur le velours du soir.

Mais des chansons nouvelles
La vie en a créé,
Et nous serons fidèles
A nos chants préférés!
Oublions, camarades,
Oublions sa chanson :
« Grenade, ma Grenade,
Ô Grenade », oublions!

1926

LA PETITE VIEILLE

« Dieu, les temps ont changé, l'homme oubliant sa place,
La terre est différente, on en sait bien plus long;
Jadis on travaillait avec Dieu, dans sa grâce,
Mais à présent on dit : « Nous nous en passerons! »

Comme un poète, elle est incomprise des masses.
Petite vieille, à qui raconter tes malheurs?
Ce boulevard Nevski, quel effrayant espace...
Comment le traverser sans frissonner de peur?

En vieillissant, parfois, l'on devient plus avare.
Le tramway va partout, ne coûte presque rien;
Même au diable vauvert, il y va dare-dare,
Sept kopeks seulement! Vous y serez si bien!

Au journal, j'ai gagné quelque peu de monnaie;
Faites-moi l'amitié d'accepter cet argent...
Marie Ivanovna, sept kopeks la tournée!
Le reste, gardez-le pour des frais moins urgents.

Poète des combats, des canons et des veilles,
Sculpteur de monuments dans la flamme et le sang,
Ami, pardonne-moi, je plains les pauvres vieilles,
Et si c'est mon défaut, n'est-il pas innocent?

1927

L'ITALIEN

Remise à son unique enfant
Par quelque famille modeste,
Sa croix noire, sans ornement,
N'est plus qu'un symbole funeste...

Mais pourquoi donc, Napolitain,
Pour ces froides steppes fatales
As-tu fui ta plage natale
Et la paix d'un heureux destin?

Pourtant, mes balles ne sifflèrent
Jamais sur ton sol de beauté,
Je n'ai point profané la terre
De Raphaël ni ses étés.

Je suis sur ma terre natale,
Fier de moi-même, et fier des miens;
Les vieux récits de nos annales
Ne se font pas en italien!

Qui laboura la terre russe,
Un paysan napolitain?
Est-ce un savant venu de Prusse
Qui prospecta le Don moyen?

Pour conquérir des colonies
Tu fus amené, caporal,
Mais ta modeste croix bénie
N'est plus qu'un signe sépulcral.

Je n'ai pas voulu que pâtisse
Ma patrie sous un joug amer;
J'ai tué – mais quelle justice
Vaudrait cette balle de fer?

Tu n'as pas connu la Russie,
Mais dans sa neige et ses brouillards
Gît un reflet de l'Italie
Son ciel, figé dans ton regard.

1943

1906-1972

Kirsanov qui naquit en 1906 à Odessa où son père était tailleur, termina ses études à la Faculté des Lettres d'Odessa.

Depuis 1922 il publie ses vers dans les périodiques de la ville, et s'installe, en 1925, à Moscou, où il collabore au journal LEF. Kirsanov accompagne Maïakovski dans ses voyages et ses conférences à travers les villes de l'U.R.S.S. et visite les mines, les usines et les « sovkhoze » dans les premières « quinquennales ».

Pendant la guerre mondiale, correspondant au front, il fut ensuite un des créateurs des vitrines de propagande de Tass. Décoré des médailles de l'Étendard rouge et du Travail, il obtient en 1951 le prix Staline. Son premier recueil parut en 1926 à Moscou.

Le jeune poète rechercha avant tout la surprise de la nouveauté et fit souvent preuve de beaucoup d'audace; mais ces tentatives ne furent pas toujours heureuses. C'est peu à peu que son talent acquit la maturité que l'on trouve dans son poème, Le Ciel au-dessus de la Patrie. Ses poèmes de guerre, échos immédiats du front, cédèrent plus tard la place à des chants épiques, inspirés par les événements du passé.

ENTRE QUATRE-Z-YEUX

Grincheux, le torrent m'éclabousse,
Il mène un train d'enfer;
Je voudrais au torrent qui mousse
Lire mes derniers vers.

Déchirant comme une dentelle
   L'écume dans son cours,
Aux rimes que je lui révèle,
   Le torrent reste sourd!

Alors répétant mon instance,
   Je ne me fâche pas,
Et lui demande le silence,
   Le saluant très bas.

Mais il grommelle en sa colère,
   Son dos devenant blanc :
« J'ai des affaires, des affaires!
   Ce n'est pas le moment! »

Sur moi se sont croisés les sabres
   De ses jets écumants;
Ah! Tu refuses, tu te cabres,
   Toi, vieillard impudent!

Tapant du pied, je contre-attaque,
   En arrière, tes flots!
Assez, couché, comme une flaque!
   Et ferme-la, ballot!

Soudain, après mes invectives,
   Comprenant la leçon,
L'écume du torrent s'esquive
   Et fuit dans les buissons.

Devenu caressant et tendre,
   Rampant comme un ruisseau,
Il vient devant moi se répandre :
   « Lis encore un morceau! »

Je débite alors mon poème
   Sans faiblir, en entier,
Et puis, je dis : « Plus de problème!
   Va faire ton métier! »

1934

CENDRILLON

(Extrait)

Le gros loup au rude pelage,
Le loup qui rôde en ces parages,
Sur la neige, dans la forêt
Cherche un aliment tendre et frais.
Longtemps, mais en vain, il braconne,
On sent qu'il n'a mangé personne.
Sous un pin, Cendrillon le voit :
« Dévore-moi, je meurs de froid. »
Claquant des dents, et l'œil farouche,
Le loup sur la robe à fleurs louche...
« Mieux vaut périr entre tes dents,
Une marâtre est mon tourment!
Mange-moi donc! » Mais le loup rentre,
Bien qu'il soit affamé, son ventre :
« Quel profit retirer de toi?
Je ne suis pas si loup qu'on croit!
Te manger? Non, mauvaise affaire!
Fillette, tu ne pèses guère. »
Tapant de son joli peton
Elle crie : « Et le Chaperon
Rouge, dis-le, qui l'a mangé?
Alors pourquoi me négliger? »
Grinçant des dents, le loup réplique
En gardant son air famélique :
« Ce soir je n'ai pas d'appétit,
Passe ton chemin, mon petit! »
Un coup de queue, puis il détale...
Une ombre bleue, comme la trace
D'un féerique traîneau qui passe,
S'est allongée sous les étoiles...

1935

LA POIGNÉE DE TERRE

Nos divisions s'éloignèrent
　　Vers l'épaisse forêt;
J'ai pris une poignée de terre
　　Et je la garderai.

Sur le sol éclata la mine
　　Avec un hurlement;
Et ma poignée tomba, voisine
　　Des morts, des survivants.

Nouveaux remblais... Couché derrière,
　　Dans un terrain boisé,
J'ai sauvé ma poignée de terre
　　Que je viens d'embrasser.

Si je survis, à mon retour,
　　Lavant l'offense amère,
Je viendrai la rendre un beau jour
　　A cette même terre.

Dans un mouchoir fin, je la cèle,
　　Soigneusement plié,
Jurant de revenir, fidèle,
　　De ne pas oublier.

1941

OLGA BERGOLTZ

1910-1975

Née en 1910, fille de médecin, Olga Bergoltz termine ses études secondaires en 1926 et quitte, en 1930, la Faculté des lettres. De 1930 à 1931, elle est correspondante et rédactrice de journaux. Pendant le blocus de Leningrad, elle fait des conférences à la radio, dans les usines, dans les formations militaires et sur les vaisseaux de la flotte de la Baltique.

Elle obtient le prix Staline en 1951.

La poésie d'Olga Bergoltz attira l'attention du public pendant la dernière guerre. Cette voix qui parvenait de Leningrad chantait le blocus de la ville, les épreuves, l'héroïsme de ses habitants. L'authenticité de ce témoignage vécu le rendait particulièrement émouvant. Le poète décrit la fatigue, la famine, les maisons sans feu et sans eau, les êtres qui ont perdu leurs proches; mais ce n'est pas pour se plaindre. Tout au contraire, sa poésie exalte la résistance et la force d'âme.

JOURNAL DE FÉVRIER

(Extrait)

I

Elle vint me rendre visite;
Elle avait perdu son ami;
Et dans un silence insolite,
Sans pleurs, nous passâmes la nuit.
Je suis, de même qu'elle, veuve,
Quels mots lui dire en son épreuve?
Nous mangeâmes tout notre pain,
Sous un seul châle écoutant comme
Leningrad se taisait. Serein,
Seul tictaquait mon métronome.
Lentement l'on s'engourdissait...
Formant comme un anneau lunaire,
Une chandelle languissait,
Petit arc-en-ciel de lumière.
Quand le ciel s'éclaircit enfin,
Qu'on alla chercher l'eau, le pain,
D'une canonnade rythmée,
On entendit le grondement :
Brisant le blocus, notre armée
Faisait feu sur les Allemands.

Janvier-février 1942

491

ALEXANDRE TVARDOVSKI

1910-1971

Né en 1910 à Sagorié, dans le gouvernement de Smolensk, où son père était forgeron, Tvardovski a vécu dans son village jusqu'en 1928. A dix-huit ans, il est à Smolensk où il étudie à l'Institut pédagogique et collabore aux journaux locaux; puis il s'installe à Moscou (1939) et termine ses études à la Faculté des lettres.

Correspondant spécial au front pendant la dernière guerre, il devient, ensuite, rédacteur au journal Le Monde nouveau. *Plusieurs fois décoré, Tvardovski reçoit en 1941, en 1946 et en 1947 le prix Staline pour ses poèmes* Le Pays de Mouraveï, Vassili Terkine, La Maison au bord de la route.

Son premier recueil, paru en 1931, s'intitule Le Chemin vers le Socialisme.

*Tvardovski doit beaucoup à son compatriote Issakovski qui, déjà célèbre, encourage ses débuts et fait paraître dans la presse de Smolensk, où ils habitaient alors tous deux, les premières œuvres de son ami. Sa poésie reflète fidèlement les principales étapes de la vie du peuple russe après la révolution : la collectivisation du travail agricole (*Le Pays de Mouraveï*), l'héroïsme quotidien et sans emphase du soldat soviétique (*Vassili Terkine*), et, enfin, le travail de reconstruction d'après-guerre (*La Maison au bord de la route).*

La tradition classique et la poésie populaire s'unissent en ses vers pour rejoindre la nouvelle tendance du réalisme socialiste. Tvardovski obtient de nouveau le prix Staline en 1961.

Yvouchka, le fumiste, est mort;
Le vieux était solide encor :
Un boute-en-train, fumant sa pipe,
Joyeux bavard; à ses repas
Il attachait, comme à ses nippes,
Moins d'intérêt qu'à son tabac.

De sa « makhorka[1] » fort honnête
M'offrant parfois une bouffette,
Il disait : « Fais-moi l'amitié!
Je te l'offre bien volontiers,
Tends ta pipe que je l'allume,
Mon bon tabac vaut le tien. Fume! »

Et, dans chaque invitation
On sentait tant d'affection,
Et pour l'ami cher tant d'estime
Qu'on fumait son tabac en prime.

Est mort Yva, le boute-en-train,
Fumeur célèbre et bon copain.

Avant que son âme s'envole,
Dit-on, ses dernières paroles
Furent : « Adieu, mes biens-aimés,
Je crois avoir assez fumé. »

Est-ce dire qu'après tant d'années,
D'Yvouchka ne reste ici-bas
Que cette pipe calcinée
Et sa vieille blague à tabac?

Non. Il ne fut pas inutile,
Yva, fumiste renommé;
Vivant sans vanité futile,
Il n'avait pas fait que fumer!

1. Makhorka : tabac ordinaire.

493

Autant qu'il était de bons poêles
Dans le pays comme alentour,
Avec ses mains d'or, sans égales,
C'est lui qui les montait toujours.

Il avait même l'habitude,
Allumant un poêle à l'essai,
De faire avec sollicitude
Aux clients ce discours sensé :

« Vivez dans l'entente amicale,
Cuisez en paix votre bon pain,
Et je vous garantis le poêle,
Il marchera vingt ans bon train !

« Que vos actes soient bienfaisants,
Et que partout ils vous signalent ! »
Puis sur chacun des nouveaux poêles
Il inscrivait le jour et l'an.

Le voici mort ! Sans crier gare,
Sans seulement qu'on s'y prépare,
Est mort Yva, le boute-en-train,
Fumeur célèbre et bon copain.

Modestement, sans grande escorte
Il part, et l'on dirait vraiment
Qu'Yva toujours est bien vivant
Et vient de sortir par la porte.

Avec un sourire les gens
Disent parfois en l'imitant :
« Tends ta pipe, que je l'allume,
Mon bon tabac vaut le tien. Fume ! »

Et, par de clairs matins de neige,
Gaiement, sur les toits des maisons,
Les fumées en joyeux cortèges
Montent au ciel à l'unisson.

Les poêles chauffent dans le froid,
Et tout marche comme il se doit!

1938

ALEXANDRE SMERDOV

1910

Alexandre Smerdov naquit en *1910*, près de l'usine de Teplogorodsk, dans le gouvernement de Perm.

Il fit ses études à l'Institut de Navigation de Sibérie et à l'Institut littéraire Gorki en *1940*.

Smerdov qui fut correspondant de guerre en Sibérie pendant la Seconde Guerre mondiale, traduisit les œuvres des poètes de Chor et d'Altaï; son premier recueil, Lettres de route, parut en *1941* à Novosimbirsk.

LES MONTAGNES DE POUCHKINF

(Extrait)

A cent mètres de l'objectif,
Au centre de la canonnade,
Est couché sous les explosifs
Snejkov avec ses camarades.

Un moment encore, et ce vent
Aura balayé corps et âmes.
Il reste une issue — en avant —
Pour briser cet anneau de flamme.

Mais plonger dans le vent d'enfer,
Affronter l'horrible tourmente,
C'est, dans l'espace d'un éclair,
Être fauché comme une plante!

Un champ de feu... Cent mètres! Cent!
Ah! combien cette enclave est chère!
Quelqu'un doit se lever pourtant,
Pour la reprendre notre terre...

Jadis ce fut dans ces parages,
Que seul à seul avec son mal,
Pouchkine errait, sous les ombrages,
Parmi le silence automnal.

Ses vers, ah! ses vers, que jamais
La mémoire du cœur n'oublie :
« Les lieux où j'ai souffert, aimé,
Où mon âme est ensevelie... »

« Où j'ai souffert », dit le poète,
Dans le fracas, le hurlement
Des balles sifflant sur nos têtes...
« Où j'aimais »... cette voix reprend.

La terre est brisée, avilie,
Pas de force pour se lever...
« Où mon âme est ensevelie... »
Ces mots, dans notre esprit gravés!

Soudain, dans le chaos du champ,
Vêtu d'un manteau-pèlerine,
Vient, comme s'il était vivant,
Le grand fantôme de Pouchkine.

Il s'est dressé dans la rafale,
Plongé dans le feu jusqu'au cœur,
Invulnérable sous les balles,
Il vient vers ses libérateurs

Ses yeux irradient le courage,
Ses boucles flottent dans le vent,
La main tendue, il nous engage
A nous élancer en avant!

Vois, derrière lui, diabolique,
Se glisser Danthès, l'étranger,
Qui lève l'arme fatidique,
Alors qu'au mépris du danger,

Pouchkine va, toujours en tête,
Sa grande voix nous appelant;
Mais barrant la route au poète,
Les mines sautent en hurlant.

Proche ou lointaine... Toujours elle,
Sa voix aimée avec clarté
Répète : « Viens! Viens! Je t'appelle,
Viens, je t'attends, ô Liberté! »

Ainsi monte de la mémoire
Le chant sonore de ses vers;
Pouchkine émerge dans sa gloire
De l'ouragan de cet enfer!

Explosion!... La terre vole...
Snejkov en est couvert soudain;
Assourdi, blessé à l'épaule,
Mais son esprit n'est pas atteint.

Il entend la voix du poète,
Dominant l'affreux branle-bas,
Qui dit ce vers dans la tempête :
« L'étrange ivresse des combats! »

Alors se fait un grand silence
Où ne chante plus que le cœur,
Le corps, étrange délivrance,
Ayant perdu sa pesanteur;

Et Snejkov, de toute sa taille,
Dressé dans l'ouragan de feu,
Qui lui brûle un instant les yeux,
S'est élancé dans la bataille...

Entre vivants et morts, il part
A travers le feu, le tonnerre,
Et son chant, son chant sur la terre
Flotte comme un rouge étendard!

Il chante, chante sa patrie,
Les indéfectibles liens
De la fidèle Sibérie,
Des fidèles Sibériens!

Sa voix ranime les courages,
Elle va droit au fond des cœurs;
Et la mort, suffoquant de rage,
N'osa pas toucher au chanteur...

1946-1949

SERGE VASSILEV

1911-1937

Né en *1911* à *Kourgan, gouvernement de Tobolsk, où son père était fonctionnaire, Vassilev entre en 1928 à l'École des beaux-arts de Moscou, et travaille aussi dans une usine de tissage et dans une imprimerie.*

En 1938, il quitte l'Institut littéraire Gorki.

Engagé volontaire, il reste sur le front en qualité de correspondant de guerre.

Son premier recueil date de 1933.

LE BOULEAU BLANC

Par une bombe atteint au cœur,
Un bouleau blanc montrait sa plaie
D'où s'épanchait la sève en pleurs
Sur son écorce mutilée.

Les canons tonnaient à grands coups,
La fumée s'étendait en voile;
Nous sauvâmes la capitale
Et ce bouleau blanc sous Moscou.

Se couvrant d'un jeune feuillage,
Tout au début de ce printemps,
De nouveau notre bouleau blanc
Embellissait le paysage.

Depuis, nous pouvons proclamer,
Malgré les menaces futures,
Que nous n'admettrons plus jamais
Qu'au bouleau russe on fasse injure!

1951

YAROSLAV SMÉLIAKOV

1913-1972

Sméliakov est né en *1913* à Lounka, gouvernement de Volynek, où son père était fonctionnaire.

Il achève ses études secondaires et travaille ensuite comme portier, comme chauffeur et comme reporter.

Diplômé en *1931* de l'École polygraphique, il entre dans un atelier de typographie.

Depuis *1933*, le poète se consacre à ses travaux littéraires. Son premier recueil Le Travail et l'Amour, parut à Moscou en *1932*.

LES GENTILLES BEAUTÉS RUSSES

Sous l'électrique orage de la scène
Meurt Juliette, abolissant les haines.

Le chant plaintif et tendre d'Ophélie
Émeut les cœurs dans les loges remplies.

Cendrillon danse au milieu d'une fête
Parmi les feux dorés de ses paillettes.

Mais, pour nos sœurs, présentes dans ces salles,
Nous n'avons pas fait d'œuvres qui les valent.

Dans les abris, loin des rêves fantasques,
Nos femmes ont longtemps porté des casques.

Sur les brancards mouraient les muses russes
Sous les obus de la cruelle Prusse.

Montant la garde, en leur douleur muette,
Les mitrailleurs se tenaient à leur tête.

Mais aujourd'hui, laissant cabans, capotes,
Elles ont mis leurs chaussures vieillottes...

Bientôt, pour vous, beautés de la patrie,
Nous construirons des palais de féerie!

Nous couvrirons vos épaules divines
De brocarts d'or, de chaudes zibelines;

Nous écrirons, pour vous en faire hommage,
Vibrant d'amour, de beaux, de grands ouvrages.

1945

503

ALEXIS NÉDOGONOV

1914-1948

Fils d'ouvrier, Nédogonov est né à Chakta (région de Rostov) en 1914. Il est d'abord charpentier, puis étudie dans une école de mines. En 1932, se rendant à Moscou, il travaille dans une usine de guerre et termine ses études à l'Institut littéraire Gorki en 1939.

Soldat de la guerre de Finlande et correspondant de la guerre mondiale, il est décoré à titre militaire et obtient le prix Staline pour le poème Drapeau sur le Soviet rural, *paru en 1947.*

Ce poème, qui décrit le retour du combattant soviétique dans ses foyers, fut apprécié par le grand public. Depuis 1938, il avait déjà fait paraître de nombreuses œuvres.

Grièvement blessé, il repart à peine guéri pour le front et termine la guerre au-delà des frontières russes.

En décrivant le nouveau village kolkhosien et ses gens, passionnément intéressés à la vie du pays, il expose avec force et clarté des faits nouveaux qui n'avaient pas encore été traités en poésie.

Un accident tragique lui coûta la vie à l'âge de trente-quatre ans, brisant le brillant avenir que promettait son talent.

DRAPEAU
SUR LE SOVIET RURAL

(Extrait)

XV

Se dirigeant vers le village,
Tout heureux cheminait Egor,
Et dans sa joie il avait chaud,
Bien que ce fût l'hiver encor.

Il n'apercevait pas la neige,
Le seigle poussait dans les champs;
Parmi les forêts et les prés,
Quel jour c'était, quel jour plaisant!

Un chœur résonnait à présent :
Chantaient les prés, chantait Egor,
Chantait le pays de Riazan,
Par la voix de ses épis d'or.

Chirocov arpentait la steppe,
L'herbe s'étalait sous ses pas :
« Ne piétine pas les bleuets!
Prends garde aux fleurs des petits pois! »

Egor ne sent pas la fatigue,
Marchant par des sentiers étroits,
Egor s'enorgueillit en route
Des potagers, du blé qui croît.

Et le seigle l'appelle comme
Aussi ce somptueux froment,
Tout dit : « Camarade agronome,
Examinez-nous un moment! »

Le tournesol sourit, disant,
Avec sa casquette en arrière :
« Egor Savélitch, quel beau jour!
Que la route vous soit légère! »

Il marche, Egor, il chante et chante
Et, telle une jeune beauté,
Le blé vient lui frôler l'épaule
En essayant de l'arrêter.

Les prés verts attendent la faux,
Les blés bruissent sur la plaine,
« Pays, pays de mon destin,
Ma belle terre kolkhozienne! »

. . . .

« — Agraféna Nicolavna, bonjour!
De Berlin vous arrivent des visites!
— Mon Dieu, mon Dieu, vous êtes de retour,
Allons, quittez votre pelisse, vite! »

La belle-mère avait comme perdu l'usage
De ses talents divers dans les soins du ménage;
Elle tournait, tournait, devenue inutile,
Laissant partout tomber ses clefs, ses ustensiles.

« Egor! C'est toi! » Sa fiancée, câline,
Entre ses bras le serrait, appuyant
Sa jeune tête à sa large poitrine,
Tel un oiseau léger et palpitant;

Et le voici debout, l'âme apaisée,
Étreignant son bonheur miraculeux;
La joue de sa fiancée aux yeux bleus
Brillait sous une émouvante rosée.

1947

CONSTANTIN SIMONOV

1915-1979

Constantin Simonov, né à Petrograd en *1915*, fut élevé dans la famille d'un militaire. Il termine, en *1930*, ses études secondaires, puis travaille comme tourneur sur métaux à Saratov et à Moscou.

De *1934* à *1938*, il poursuit ses études à l'Institut littéraire Gorki.

D'abord correspondant de guerre en Mongolie, il est ensuite correspondant de l'Étoile rouge.

Simonov a écrit des vers, des romans, des pièces de théâtre, des récits. Décoré de divers ordres militaires, il obtint six fois le prix Staline.

Ses vers eurent une grande popularité pendant les années de guerre. Ils expriment un profond amour de la patrie, la haine terrible de l'ennemi, le sentiment du devoir militaire, la fidélité dans l'amour : Attends-moi, attends sans cesse.

Sincères, émouvants, très simples de style, ses vers parurent en de nombreux journaux du front, ou sur des feuilles volantes, atteignant des millions de lecteurs.

ATTENDS-MOI !

Attends-moi, attends sans cesse,
    Résistant au sort;
Par la pluie et la tristesse,
    Attends-moi encor!
Attends-moi par temps de neige
    Et par les chaleurs;
Lorsque les regrets s'allègent
    Dans les autres cœurs,
Quand, des lointaines contrées,
    Sans lettre longtemps,
Le silence et la durée
    Lasseront les gens.

Attends-moi, attends sans cesse
    Et sans te lasser;
Sois pour ceux-là sans faiblesse
    Qui diront « Assez! »
Quand mon fils, ma mère tendre
    Acceptant le sort,
Quand mes amis, las d'attendre,
    Disant « Il est mort »,
Boiront le vin funéraire,
    Assis près du feu,
Ne bois pas la coupe amère
    Trop tôt avec eux!

Quand, fidèle à ma promesse,
    Revenant un soir,
Je narguerai la mort, laisse
    Dire « Le veinard! »
Ceux qui sont las de l'attente
    Ne sauront point, va,
Que des flammes dévorantes
    Ton cœur me sauva.
Nous deux, seuls, pourrons comprendre
    De quelle façon
J'ai survécu pour me rendre
    Dans notre maison
                        1941

MICHEL DOUDINE

1916

Né en 1916 dans le village de Kleveno (gouvernement de Kostroma), Doudine étudie à l'école du village, puis entre dans un atelier de tissage. Collaborant d'une manière très active à la rédaction des journaux d'Ivanov, il poursuit en même temps ses études dans les écoles de la ville.

Pendant la guerre mondiale, il combat pour la défense de la presqu'île de Hanko et devient ensuite correspondant de guerre sur le front de Leningrad.

Son premier recueil, Averse, *a paru en 1940.*

Dans les journaux du front, paraissent ses satires, ses épigrammes, ses légendes pour caricatures, ses improvisations satiriques. Mais il est avant tout un poète lyrique de l'amour et de la nature russe.

Ce poète soldat se voue désormais à l'œuvre de paix.

Dans mon sort anxieux, dans mon sort difficile,
  Tu restes présente à jamais.
Quand m'emportaient vers toi les trains en longue file
  Je me suis mis à les aimer.

Alors, tout en suivant les rails brillants qu'éclairent
  Les signaux lumineux, j'ai su
Que j'aimais leurs rubans et que j'aimais la terre
  Parce que tu marchais dessus.

Devant moi tu flottais dans la fumée épaisse,
  Toi, mon espoir, mon mois de mai!
Si je m'aimais un peu, sans doute alors était-ce
  Parce que toi, tu m'as aimé.

1947

MARC MAXIMOV

1918

Marc Maximov, de son vrai nom Marc Lipovich, naquit en 1918 dans le gouvernement de Tchernigov. Il termina en 1936 ses études secondaires. En 1940, il obtient le diplôme de la Faculté des lettres de l'Institut pédagogique Gorki à Kiev.

Combattant de la guerre mondiale, il fut fait prisonnier, mais s'évada et fit partie d'un détachement de partisans, comme éclaireur à cheval.

Depuis lors, il se consacre à ses travaux littéraires. Son premier recueil, qui parut en 1945, s'appelle L'Héritage et réunit tous ses vers de guerre. Maximov met dans sa poésie sa riche expérience de partisan; il dit la mort des amis, leur courage, leurs rêves devant les feux de bivouac.

Dans son deuxième recueil, paru en 1947, le poète chante la reconstruction du pays. Un monde nouveau surgit dans lequel il cherche à prendre sa place par son travail : de nouvelles images sont exprimées avec un lyrisme réaliste et avec un talent mûri par l'effort et les épreuves.

Maximov appartient, comme Nédogonov, comme Goudzenko, comme Doudine, comme Orlov, à la jeune génération des poètes soviétiques.

Nous voulions entourer notre dur adversaire;
Un coup d'œil à sa montre et déjà l'éclaireur
Bondit sur son cheval, dont les sabots sautèrent,
Emportés aussitôt par la neige en fureur.

Mais le cheval revint qui ne portait personne,
Et nous vîmes plus tard, dans le bois de sapins,
Avec des ongles noirs, toute raidie et jaune,
D'un grand monceau de neige émerger une main.

Les sapins se dressaient comme des sentinelles;
Sur le poignet du mort, sa montre comme avant
Marchait, marchait toujours, angoissante et cruelle,
Prolongeant son tic-tac que l'on eût dit vivant.

Le chef la détacha... D'une manche rugueuse
Le givre balayé de son visage las,
Pensif, il étendit sur sa paume calleuse
Le bracelet de cuir et, calme, il nous parla :

« Ainsi donc c'est minuit... Vérifiez vos montres! »
Pour la première fois et combien simplement,
L'éternité venait comme à notre rencontre,
Le temps nous enjambait dans sa marche en avant.

1943-1946

SERGE ORLOV

1921-1977

Né en *1921* dans la région de Vologda, fils d'un maître d'école, Serge Orlov finit ses études secondaires à Beloosersk et entre à la faculté d'histoire de Petrosavodsk.

Pendant la Seconde Guerre mondiale, il est commandant de tanks. En *1951*, il reprend ses études à l'Institut littéraire Gorki.

Ses premières œuvres furent imprimées en *1941*. Orlov appartient à la génération vite arrachée aux études, mais formée par la rude école de la guerre. Sa poésie apporte le témoignage d'un temps grandiose et tragique. Il décrit les combattants au repos ou dans la bataille, le travail quotidien du soldat et la mort des amis. Ces scènes ont pour décor les paysages du nord. Son poème :

> On l'a mis à jamais en terre
> Ce n'était qu'un soldat...

parut d'abord dans le journal L'Étendard et lui valut aussitôt l'attention des lecteurs. Plus tard, il collabora aux journaux littéraires.

La poésie d'Orlov est pleine de vie, de poignant réalisme, de force d'âme et de pureté. Il a beaucoup voyagé à travers l'Union soviétique, dans les Carpathes et en Asie Mineure.

Il est décoré de l'ordre de l'Étoile rouge.

LE GLOBE TERRESTRE

On l'a mis à jamais en terre,
Ce n'était qu'un soldat,
Rien qu'un simple soldat, mes frères,
Portant son lourd barda.

Ce globe est son grand mausolée
Pour un temps infini,
Sur qui poudroient, tout étoilées,
Les voies lactées des nuits!

Sur les monts dorment les nuages,
L'orage est là soudain,
Le tonnerre gronde, sauvage,
Les vents courent sans frein.

La guerre enfin s'en est allée
Qu'ont finie tes amis,
Soldat, comme en ton mausolée,
Dans ce globe endormi!

Juin 1944

514

SIMON GOUDZENKO

1922-1953

Simon Goudzenko qui naquit à Kiev en 1922 entra en 1939 à l'Institut littéraire de Moscou. Volontaire au front pendant la guerre mondiale, il prit part aux batailles sous Moscou. Après avoir été grièvement blessé et avoir fait un long séjour à l'hôpital, Goudzenko reparut à Moscou où il fit connaître ses vers. C'était la poésie d'un soldat, née dans l'armée au milieu des combats. Tous les sentiments évoqués sont d'une émouvante sincérité : la peur naturelle de la mort, le devoir de la vaincre et de ne pas déchoir dans la bataille, l'affection des camarades, le repos au bivouac. Il voulait transmettre son témoignage, sans rien dissimuler, sans idéaliser :

> J'ai curé avec mon couteau,
> Mes ongles d'un sang étranger

Goudzenko sut également adapter sa poésie aux conditions du travail d'après-guerre. Mais, après avoir été deux fois trépané, il mourut à trente et un ans.

AVANT L'ATTAQUE

Lorsqu'on marche à la mort, on chante,
Avant, on aurait pu pleurer;
Rien n'est plus affreux que l'attente
D'une attaque. On va mieux après.
Sur la neige sale, parmi
Les trous des mines précédentes,
Une autre... Non, c'est pour l'ami...
Encore, encore indifférente,
La mort m'épargne. A quand mon tour?
Je suis le gibier du manège,
L'an quarante et un est trop lourd!
Le soldat gèle dans la neige...
On dirait que je suis l'aimant,
Que, les mines, je les attire.
Qui râle? Ah! c'est le lieutenant!
La mort passe encor, je respire.
Et sans attendre d'autres coups,
A travers les tranchées, la haine
A la baïonnette nous mène,
Avec sa pointe dans nos cous.
Mais le combat cesse, aussitôt
En buvant un alcool figé,
J'ai curé avec mon couteau,
Mes ongles d'un sang étranger.

1942

ROBERT ROJDESTVENSKI

1932

Né en 1932 dans l'Altaï, fils de militaire. Université de Carélie,
Institut Gorki de Littérature, très en faveur parmi la jeunesse.

LES ILES DÉSERTES

Les sportifs rêvent aux records,
Les poètes aux beaux accords,
Les amoureux des grandes villes
Ne rêvent qu'aux étranges îles,
Désertes sous le firmament,
Qui n'appartiennent qu'aux amants.

Les plus secrètes, et lointaines,
S'offrant aux vents de trois côtés;
Aux amants seuls sont ces domaines,
Perdus en mer, inhabités...

Ces îles pures, toutes neuves,
Où coulent, calmes, de beaux fleuves;
Des nuages y sont si lents,
Si longs, si fins, si blancs, si blancs...

De libres vents, des cieux immenses,
Des oiseaux qui chantent sans peur;
Les monts y dressent leur puissance,
La mer y bat comme un grand cœur.

Là, frissonnent des herbes molles,
Et, blanches, les cascades volent;
A ceux qui s'aiment sans détours
S'ouvrent ces îles de l'amour.

Deux, sur l'île sous les rafales,
Avec l'éternité des cieux,
Deux, sur l'île sous les étoiles,
Deux, des étoiles plein les yeux...
Mais rien n'est simple sur ces îles
Qui sont étrangement subtiles...

Les lanternes aux carrefours
S'allument au déclin du jour,
Et le néon publicitaire
S'estompe en halos orangés...
Le bruit s'assourdit aux artères,
Tout va dans le sommeil plonger.

Aux îles, par le rêve étreintes,
Les fenêtres se sont éteintes...

◆

Assez blagué... Dans votre cœur,
J'entends un bruit, dit le docteur...
Un bruit au cœur cela m'ennuie,
Peut-être est-ce un bruit de la pluie,
Ou gémit-on à l'hôpital?
Nous y donnions un festival.

Ce fut un concert de musique;
Bizarre, le chef de clinique
Vint nous remercier alors;
L'infirmière pleurait encor...
Et sur un lit, telle une taie,
La lettre non décachetée...

Bruit du cœur ? Taïga... le feu...
Il faut courir ! Sauve qui peut !
Sur les branches rampe en tremblant
La flamme avec un bruit craquant ;
Et l'ourse sous le givre d'ouate
Glapit en secouant sa patte.

Bruit de tourmente ou bruit du cœur,
Un jour voici qu'un ingénieur
Se perdit sans laisser de trace...
Le dos sous la croûte de glace,
Comme en armure nous errâmes,
Mais c'est en vain que nous tirâmes.
Nos feux au ciel s'étaient levés,
Nous ne l'avons pas retrouvé.

Un bruit au cœur ? J'entends encor
Le bruit de tes pas vers ton sort,
Quand tu venais vers l'espérance,
Vers les rêves, la médisance,
En ce jour lent sans te hâter,
Vers ta nouvelle parenté.

Tu vins vers des lèvres jalouses
Et vers ton nouveau nom d'épouse,
Les langes, le poêle allumé,
Et l'amour, de ton pas rythmé.

Était-ce au cœur, ce bruit de foule,
Ivre, qui se cabrait en houle...
Étaient-ce des soldats buvant
Pour les morts et pour les vivants ;
Ils rentraient vainqueurs de la mort,
Où feraient-ils du bruit dès lors ?

EUGÈNE EVTOUCHENKO

1933

Né en 1933 à Sima, dans le gouvernement d'Irkoutsk, Eugène Evtouchenko, après avoir achevé ses études secondaires, commence à publier ses écrits en 1949 et entre, en 1951, à l'Institut pédagogique Gorki.

Son premier livre, Les Éclaireurs, parut à Moscou en 1952.

LA COMPAGNE DE ROUTE

Dans son grand châle, attaché par-dessus
Un bonnet drôle, aux pompons de soie grise,
Et ses yeux pleins de larmes, j'aperçus
Sur un remblai cette fillette assise.

De notre train bombardé s'enfuyant,
Elle perdit, elle aussi, sa grand-mère.
Désemparée, elle ne sait que faire;
Son nom? Katia! Son âge? Elle a neuf ans.

Comment agir à présent? me disais-je.
Puis écartant tous mes doutes, soudain
Je conclus : « Il faut que je la protège!
Bien que fillette, elle est un être humain! »

Un bruit d'enfer de moteurs et de bombes
Venait à nous, apporté par le vent...

Prenant son bras, je lui ai dit, l'air sombre :
« Que fais-tu là? Viens, partons! En avant! »

Mais trop jeunets, nous n'avancions pas vite,
Sur cette terre immense nous traînant;
En bottillons cheminait la petite;
Moi, je portais des bottes comme un grand.

Des gués, des champs, des forêts et des grottes...
Il me fallait constamment pour marcher,
Faire d'abord un faux pas dans ma botte.
J'ai cru, Katia, te voir bientôt flancher.

J'ai cru vraiment, dans ma fierté virile,
Qu'avec des « Ah! » et des « J'ai mal aux pieds! »
Perdrait courage une enfant si fragile,
Mais ce fut moi qui flanchai le premier.

Je grommelai, en m'asseyant par terre :
« J'en ai marre, oh! je n'irai pas plus loin! »
Mais Katia dit : « Ne fais pas de manières,
Mets donc ce foin dans tes bottes, et viens!

« As-tu faim? Oui? Pourquoi ne pas le dire?
Tiens, prends ceci... C'est du crabe en conserve,
Mangeons un peu. Les garçons me font rire,
Prenant des airs, mais il faut qu'on les serve! »

Avec Katia, de nouveau sur la route,
La tête droite et redressant le corps,
(Mon jeune orgueil s'est réveillé sans doute)
En sifflotant, je marchai droit, dès lors.

Des trous d'obus, des villes enflammées
Dans un chaos passaient devant nos yeux...
Appuyés aux colonnes de fumées,
C'était l'année où vacillaient les cieux.

1954

Non, je n'ai pas besoin d'une chose à moitié,
Mais donnez-moi la terre et le ciel tout entiers,
Car les fleuves, les mers et les torrents sauvages
Sont à moi désormais, et cela sans partage...

Le bonheur je le veux, mais non pas sa moitié,
Et même le malheur, je le veux tout entier.
D'une part de la vie, allons! je n'en ai cure,
Je veux sa plénitude, elle est à ma mesure.

Je ne veux la moitié que de cet oreiller
Où, tendrement blottis, je vois ensommeillés,
Ton visage et ta main dans sa grâce troublante,
Dont l'anneau luit pareil à l'étoile filante...

BABY YAR

Il n'est au Baby Yar sur tant et tant de tombes
Pas d'autres monuments que ce triste ravin.
J'ai peur... Quel poids ici sur mes épaules tombe!
Ô peuple juif, vraiment, j'ai ton âge soudain.

Je me vois en Égypte errer aux temps antiques...
Je me vois expirer cloué sur une croix;
Désormais j'appartiens à la race hébraïque
Et ces marques de clous je les porte sur moi.

Me voici devenu Dreyfus, le capitaine,
Et le petit bourgeois me juge, accusateur,
Derrière les barreaux, pris au piège des haines,
Couvert par les crachats ignobles des menteurs.

Petites femmes, vous, aux volants de dentelles,
Glapissant vous pointez sur mon front vos ombrelles...

A Biélostok, je suis l'enfant saigné à blanc,
Et mon sang a rougi les planchers en coulant.

Ton âme, ô peuple russe, est internationale;
Je hais leur imposture à ces vils houligans,
Eux qui voudraient saisir, Russie, dans leurs mains sales
Ton nom sacré, ton nom, pour en faire un slogan!...

Devenant Anna Franck, pure comme une tige
D'avril, sans phrases j'aime, échangeant des regards...
C'est tout... Pas de feuillage et pas de ciel, que dis-je,
A peine est-il permis de respirer, de voir...

C'est peu... mais c'est beaucoup, car voici notre étreinte
Si tendre dans la pièce en son obscurité...
On vient! Quels sont ces pas? Mais non, reste sans crainte,
Ce n'est que le printemps qui vient nous visiter...

Fais vite! Donne-moi tes lèvres, ton visage,
On enfonce la porte... ô non, c'est le dégel...
A Baby Yar[1] j'entends ce soir l'herbe sauvage,
Je vois les arbres tels des juges solennels.

Tout crie et crie ici dans le poignant silence
Et je me sens blanchir dans ce morne décor,
En devenant moi-même un cri muet, immense,
Un cri sur des milliers et des milliers de morts.

Je suis chaque vieillard qui tomba sous les balles,
Et je suis chaque enfant fusillé dans ces lieux...
Qu'un jour au grondement de l'Internationale
L'ultime antisémite aille chez ses aïeux!...

Je n'ai pas de sang juif, que je sache, en mes veines,
Mais que je sois haï comme si j'étais juif,
Par chaque antisémite en sa démente haine;
Tel est mon vœu de Russe, et russe est son motif...

1. *Baby Yar*, près de Kiev, où les nazis ont massacré quatre-vingt-dix mille Juifs.

ANDRÉ VOZNÉSSENSKI

1933

Né à Moscou en 1933, fils d'un chercheur scientifique. Études d'archi-tecte, représente la jeune poésie.

●

Ambassade d'ozone et de rayons solaires,
Cent générations n'auraient osé te faire
Et bâtir sans appuis ce grand verre d'azur
Qui, sans verre, se fige et monte droit et pur.

Ayant à ses côtés banques, bâtisses closes,
Œuvre immatérielle, un aéroport ose
Dire au pont de Brooklyn : « Pauvre nigaud de pierre,
Je suis le monument, seul digne de notre ère. »

On attend les galants, les fabuleux bagages,
Cinq caravelles qui, scintillant dans le ciel,
Vont se poser sortant leur train d'atterrissage...
Mais que fait la sixième? Elle manque à l'appel...

Espèce de sauteuse, oisillon, garce, étoile,
Au-dessus des cités électriques du soir,
Dis, où donc planes-tu, folâtres, geins, t'emballes,
Cigarette allumée, au milieu des brouillards?
        En vain la météo l'appelle
        Car la terre ne veut plus d'elle...

L'APPEL DU LAC

Les premiers froids... le grand silence...
Et dans ce lac sans écriteau
Trois hectares de vie intense
Gisent noyés dans leur ghetto...

« Ça mord, venez donc à la pêche »
Crie un bonhomme au veston vert...
Mais son appât nous en empêche
Qui saigne à l'hameçon de fer.

Volodia dit : « Je suis solide
Et tape dur quand je me bats,
Mais ça dans ma tête stupide
Ça n'entre pas... ça n'entre pas... »

En me lavant dans cette eau vive,
Quel cœur aurais-je bousculé?
De Mosché, de Macha la Juive,
Qui sur ma face ai-je étalé?

Pêcheur dans ta barque légère,
Invalide très honoré,
Pose ta main sur cette eau claire
Tu lui fais mal, sans faire exprès.

Ce lac... Je pense à ma torture
Si c'était ma femme, ses mains,
Ses bras, son front, sa chevelure,
Qui s'y trouvaient dissous demain?

Se peut-il que ce bruit sinistre
Du poisson dans le réservoir
Ait eu des yeux cernés de bistre,
Sur les genoux aimant s'asseoir?

Volodia dit : « J'entends des râles,
Sans sommeil, dans ces nuits d'enfer...
Je vois des femmes dans les poêles,
Danser avec des cris amers. »

Ivre, trois nuits Kostrov appelle...
Du ravin montent ses clameurs,
Quand vient vers lui, à tire d'aile,
La merveille des profondeurs.

« Poisson à tête de madone,
Aux ailes blanches de vapeur,
Tu te nommais Riva, démone;
Que m'importe ton nom, d'ailleurs...

Poisson de la douleur, poisson de la détresse,
A ta lèvre percée un bout de barbelé,
Pardonne ou maudis-moi, ton silence m'oppresse! »
Mais le poisson volant ne veut pas lui parler...

Avec ses trois sapins, voisin de la frontière,
Le lac silencieux reflète les hauteurs,
En gardant à jamais, ainsi qu'un cimetière,
Le nuage et la vie entre ses profondeurs.

VICTOR SOSNORA

1936

Né en Crimée en 1936, fils d'un militaire.
Étant enfant, supporta le blocus de Leningrad et connut l'occupation.
Changea souvent de résidence.
Profonde connaissance de la langue russe.

*

Les cloches sonnent des hauteurs
Sur Ladoga... Son eau magique
Scintille dans les profondeurs,
Sa faune a des reflets cosmiques.

Avec leur frange de carmin,
Les nuages semblent des roches...
En intermède avec les cloches
Chante un cousin, chante un cousin...

De mes tolets un accord monte,
De l'aviron sur le métal;
Glissant, j'entends ce que me conte
Le son des cloches vespéral...

J'écoute parmi les virages
Le lac au dégel musical...
Que regretter? N'ai-je au passage
Vécu, vogué, chanté, sans mal...

Que me sont les beaux jours d'« Ailleurs »,
Quand sur les arbres tels des pleurs,
Tremblants, des oisillons se penchent
Formant des chiffres sur les branches;

Quand, multiformes, des rayons
Font rêver à la Sibérie,
Et que pour moi, dans ma patrie,
Sonne le soir un carillon...

*

Adieu Paris!

Les avions traversent
Le ciel immense aux rouges parallèles,
Et comme des soldats étrangers, quelques pluies
Passent par la Hollande, en route pour Berlin.

Adieu Paris!

Je ne reviendrai plus
Où les feuilles tombaient ainsi que des étoiles,
Où les lustres pareils aux arbres s'effeuillaient
Sur le trottoir du vieux quartier de Babylone.

Pardonne les milliers de ces pressentiments
Qui montent de mon cœur, ma tour de Babylone,
Pardonne également mes prières mongoles,
Mon monachisme joint au complexe d'Hamlet.

Pardonne de n'avoir pas entendu tes rues,
Mon âme étant soumise aux rouges parallèles.
Qui donc m'avait promis un ciel sur cette terre,
Ce ciel n'ayant jamais nulle part existé?

Car les hommes s'en vont ainsi que des minutes,
Atlantes endormis, bercés par des mollusques.
Je meurs... comment savoir le nom du citoyen
Qui versa ce venin au creux de mes oreilles.

Adieu Paris! Garde mon souvenir!

BELLA AKHMADOULINA

1937

Née à Moscou en 1937. Études secondaires, puis Institut littéraire Gorki.
Elle est très en faveur auprès de la jeunesse, ainsi que ses amis Evtouchenko, Voznéssenski, Sosnora, Rojdestvenski.

MAGNÉTOPHONE

Le vieil homme dans sa mansarde,
Logis pauvre mais souverain,
Désuet, est saisi soudain
Par une fougue d'avant-garde.

La table est crasseuse et l'on
Sent prétentions et misère,
Mais l'ange aux ailes de nylon
Y tourne en sa grâce légère.

Dans le silence de la nuit
Du fond de ce magnétophone
Pleure ma voix qu'il désunit,
Que ne défend plus ma personne.

Je sais que, tandis que je dors,
Un sorcier, comme une chandelle,
Brûle ou souffle, ou brûle encor
Ma faible âme qu'il ensorcelle...

Ma voix paraît sous les regards
Des étrangers toute éperdue,
Douce orpheline, par hasard,
Aux gens du cirque étant vendue.

Ma voix, message essentiel
De mon larynx, de ma poitrine,
Qui ruse en prononçant les « el »,
Parfois au bégaiement encline,

Si proche, jaillissant de moi,
Par mes lèvres modelée,
D'un seul bond sans retour ma voix
Comme un soupir s'est envolée.

Désincarnée, elle a goûté
Sa nudité, plaisir intense,
Savourant de sa liberté
L'impudeur et l'invraisemblance.

Le Vieux encor, sans l'épuiser,
La requiert dans la nuit étrange,
Baisant les ailerons usés
De l'hôte apprivoisé, son ange...

Et le magnétophone s'active
Sur leur étreinte de déments;
D'un doigt spectral ma voix captive
Chatouille les pieds des amants...

A leur malice, en ma faiblesse,
Elle abandonne ses douceurs
Grasseyantes, et leur confesse
Mes brumes, rêves et langueurs...

LISTE CHRONOLOGIQUE DES POÈTES

Liste alphabétique des poètes

Le domaine russe
en Poésie/Gallimard

DERNIÈRES PARUTIONS